Sanación instantánea

SUSAN SHUMSKY

Sanación instantánea

Obtén fortaleza interior,
empodérate y crea tu propio destino

EDICIONES OBELISCO

Si este libro le ha interesado y desea que le mantengamos informado de nuestras publicaciones, escríbanos indicándonos qué temas son de su interés (Astrología, Autoayuda, Ciencias Ocultas, Artes Marciales, Naturismo, Espiritualidad, Tradición…) y gustosamente le complaceremos.

Puede consultar nuestro catálogo en www.edicionesobelisco.com

Colección Espiritualidad y Vida interior
SANACIÓN INSTANTÁNEA
Susan Shumsky

1.ª edición: marzo de 2019

Título original: *Instant Healing*

Traducción: *David N. M. George*
Corrección: *Sara Moreno*
Diseño de cubierta: *TsEdi, Teleservicios Editoriales, S.L.*

© 2013, Susan Shumsky
(Reservados todos los derechos)
© 2019, Ediciones Obelisco, S.L.
(Reservados los derechos para la presente edición)

Edita: Ediciones Obelisco, S.L.
Collita, 23-25. Pol. Ind. Molí de la Bastida
08191 Rubí - Barcelona - España
Tel. 93 309 85 25 - Fax 93 309 85 23
E-mail: info@edicionesobelisco.com

ISBN: 978-84-9111-428-4
Depósito Legal: B-929-2019

Printed in Spain

Impreso en España en los talleres gráficos de Romanyà/Valls, S.A.
Verdaguer, 1 - 08786 Capellades (Barcelona)

Para todos aquellos que reconocen la ilusión de este mundo
y que anhelan la verdad que se encuentra más allá,
para todos los que sufren la agonía de la separación
y que ansían el júbilo de la unidad:

venid ahora y abríos
a la presencia divina en vuestro interior.
Venid al centro de vuestro corazón.
Venid aquí y encontrad consuelo.

Aquí aliviaréis vuestra alma.
Aquí regresaréis a casa
y encontraréis el consuelo que buscáis.
Aquí hay un tesoro para todos los que buscan
la joya de la corona de la paz.
Aquí volveréis a sentiros plenos de nuevo.

Nota del editor

Sanación instantánea puede familiarizar a los lectores con el complejo asunto de la sanación espiritual, la afirmación y la plegaria, pero de ningún modo afirma enseñar por completo las técnicas descritas. Así pues, se recomienda la enseñanza personal.

Sanación instantánea no es una guía independiente para la auto-sanación. Susan Shumsky no es médica, psiquiatra ni psicóloga, y no diagnostica enfermedades ni receta tratamientos. Este libro no insinúa reivindicaciones ni curaciones médicas, incluso aunque se mencionen «beneficios», «sanación» o «tratamientos» concretos. Se recomienda a los lectores que practiquen los métodos que aparecen en este libro sólo bajo la orientación y la supervisión de un médico o psiquiatra cualificados, y el uso de estos métodos se realizará bajo su propia cuenta y riesgo.

Susan Shumsky, Divine Revelation®, Teaching of Intuitional Metaphysics, New Page Books y cualquier otro afiliado o socio, agente, beneficiario o personas o representantes autorizados no aseveran ni obligan a nada, ni asumen responsabilidad legal alguna por la eficacia, los resultados o los beneficios resultantes de la lectura de este libro o por el uso de los métodos recomendados; rechazan cualquier responsabilidad por cualquier lesión o daños que pudieran sufrir los lectores y serán exonerados de toda responsabilidad frente a cualquier reclamación, responsabilidad, pérdida o daños causados o que surjan debido al seguimiento de cualquier recomendación hecha en este libro o debido a la contratación de cualquier persona listada en esta obra o en www.divinerevelation.org

Prólogo

Toda sanación es instantánea en el momento en el que aceptamos nuestra integridad, bondad y perfección divinas como alma espiritual. Lo que lleva tiempo es nuestra aceptación. Las dudas, que deben superarse, suponen nuestro mayor reto. Esto se debe a que los aspectos externos de la carencia, la enfermedad y los problemas pueden ser tan convincentes como si fueran algo absoluto cuando, de hecho, son simplemente el efecto de causas anteriores. Pueden cambiar y cambiarán cuando haya una causa diferente. Las apariencias o manifestaciones externas en el cuerpo, la mente y los asuntos están provocadas por nuestros pensamientos, creencias y acciones previas, y no son la verdad en absoluto, sino un efecto.

La doctora Shumsky se ha ocupado, de forma experta, del asunto de las dudas, el miedo y las carencias escribiendo y aportando plegarias y afirmaciones positivas que nos proporcionan una forma poderosa de convencernos de nuestra perfección, sanación, habilidades y poderes divinos.

Las afirmaciones son, al igual que los mantras, declaraciones de una verdad superior que la que hemos reconocido o aceptado previamente. A pesar de que en el momento de la aceptación nos parece obvio que somos prósperos, felices y amados y que estamos sanos, el proceso de alcanzar la verdad obvia y superior implica escuchar y leer un conocimiento sagrado sobre una realidad superior que la que he-

11

mos aceptado y creído anteriormente. La repetición de afirmaciones y mantras es de la máxima importancia hasta que aceptemos estos conceptos más allá de cualquier sombra de duda.

El mero hecho de que haya creencias y conceptos compartidos y aceptados como verdades no hace que estas ideas sean absolutas, sino meros conceptos. No es normal que la gente sepa y acepte que son seres eternos, además de divinos, y que poseen unos poderes, cualidades y habilidades asombrosos que desafían a la norma aceptada de lo que constituye un ser humano.

La doctora Shumsky ha redactado, meticulosa y magníficamente, unas afirmaciones poderosas que nos proporcionan las palabras y el conocimiento sagrado que traspasan el muro del miedo y de las carencias que han tenido a la humanidad encerrada en la limitación, provocando todo tipo de problemas innecesarios. Estas afirmaciones los liberarán.

Cuando iniciamos este camino espiritual, la verdad puede sonar como una mentira, ya que hemos sido programados para creer que lo falso es verdad y que lo cierto es mentira. A veces creeremos que es imposible ser dichoso, próspero y amado, y que una afirmación o mantra no es verdad, porque la tristeza y las carencias sí lo son. El grado en el que dudamos de nuestro mérito es el grado en el que hemos sido dañados por lo que nos han enseñado mediante el proceso educativo de la religión, la cultura, la escuela, los medios, la familia, etc.

Sólo la gente valiente que esté dispuesta a alzarse por encima de la desinformación y el adoctrinamiento basado en el miedo procedente de todas estas fuentes es capaz de afirmar su identidad, despertar del hechizo que le han lanzado, confiar en sí misma y reclamar su herencia divina.

La doctora Shumsky, que es amiga mía y de todos aquellos que reciben sus enseñanzas en persona y a través de sus libros, ha vuelo a escribir una obra maestra de sabiduría, orientación e inspiración que es como agua bendita vertida sobre tu alma, que ahora florece debido a la infusión de bondad, amor y alegría divinos.

TERRY COLE-WHITTAKER, doctora en Teología

Introducción

Estamos empezando, en un mundo de caos e incertidumbre, a despertar a la realidad de que ya no podemos depender de las instituciones sólidas e inalterables con las que contábamos anteriormente, incluso para nuestra propia supervivencia. Existe un miedo creciente y hastiante al futuro que está agotando nuestra salud mental y física. A medida que nuestra vida parece estar deslizándose hacia un abismo, parece no existir una salida de esta locura.

¿Cómo podemos encontrar un camino para un mayor bienestar? ¿Existe una forma de revertir la espiral descendente de confusión y frustración internas? Este libro proporciona una respuesta. Puede ayudarte a encontrar una transformación instantánea. Mediante el empleo de fórmulas sencillas de oración y afirmación puedes experimentar una sanación, consuelo y solaz inmediatos. Puedes descubrir el autoempoderamiento y ganar confianza en ti mismo. Puedes sanar tu cuerpo, mente, emociones y entorno. Puedes conseguir un estado de fortaleza y bienestar interior como nunca antes habías conocido.

Este libro es una puerta abierta para que cualquiera experimente la sanación espiritual instantáneamente. Los métodos ofrecidos aquí no son nuevos. Las técnicas aconfesionales y universales de la sanación espiritual empleadas en este libro han sido validadas miles de veces por personas que las han empleado durante los últimos ciento cincuenta años para cambiar su vida en cuestión de minutos.

En los movimientos del Potencial Humano, la Nueva Consciencia y la Nueva Era, y en el Nuevo Pensamiento, la Iglesia de la Unidad, la Iglesia de la Ciencia Religiosa, la Ciencia de la Mente, la Ciencia Divina, la Ciencia Cristiana y los Centros para la Vida Espiritual, estos poderosos métodos de sanación, que han demostrado su eficacia en la práctica, han sido denominados de formas diversas: Afirmación, Oración Científica, Ciencia Espiritual de la Mente, Tratamiento Espiritual de la Mente y Tratamiento. Estamos agradecidos a los maravillosos maestros que desarrollaron estos métodos. Entre algunos de ellos tenemos a:

Phineas Parkhurst Quimby (1802-1866), el «Padre del Nuevo Pensamiento», un sanador milagroso de gran fama en EE.UU.

Mary Baker Eddy (1821-1910), autora de *Ciencia y salud, con clave de las Escrituras* y fundadora de la Ciencia Cristiana.

Emma Curtis Hopkins (1853-1925), autora de *High Mysticism* y maestra de profesores del Nuevo Pensamiento, entre los que se incluyen Ernest Holmes y los Fillmores.

Malinda Cramer (1844-1906) y Nona L. Brooks (1861-1945), fundadoras de la Ciencia Divina.

Charles Fillmore (1854-1948) y Myrtle Fillmore (1845-1931), fundadores de la Iglesia de la Unidad.

Ernest Holmes (1887-1960), autor de *Science of Mind* y fundador de la Iglesia de la Ciencia Religiosa (no debe confundirse con la Cienciología, que no se enseña en este libro).

Peter Victor Meyer (1912-2004) y Ann Meyer Makeever (1916-2007), coautores de *Being a Christ*, y fundadores de la Enseñanza del Cristo Interior y la Enseñanza de la Metafísica Intuitiva.

Louise Hay (1926-2017), autora de *Usted puede sanar su vida* y fundadora de la Hay House.

Estos maestros del Nuevo Pensamiento proponen que todas las dificultades pueden superarse mediante remedios metafísicos como la oración y la afirmación. El método del Tratamiento de la Oración Afirmativa, también conocido como Oración Científica, es un proceso consistente en «tratar» (sanar y transformar) tu mente hasta que sea consciente de la verdad del bien eterno de Dios tras el aspecto de falsas limitaciones. Una vez que tu mente haya sido tratada, estará lista para aceptar la acción de la Ley Espiritual (la Ley de la Perfección por Todas Partes Ahora) para manifestar (materializar) tu plegaria.

Ernest Holmes, en su libro *Science of the mind,* define este método de oración de la siguiente forma: «El tratamiento es el momento, el proceso y el método necesarios para el cambio de nuestro pensamiento. El tratamiento consiste en eliminar el pensamiento de negación, duda y miedo y hacer que perciba la presencia constante de Dios».

Mediante la transformación, la sanación o el «tratamiento» de tu mente puedes cambiar el resultado de acciones puestas anteriormente en marcha por tu mentalidad previa. Mediante el asentamiento de condiciones en tu mente que permitan que Dios trabaje a través de la Ley Espiritual, se da tu transformación. A continuación aceptas con fe plena que se consigue el objetivo deseado. De esta forma, el poder de la intención se emplea para conseguir los deseos de tu corazón.

Este libro es el manual al que acudir para cualquiera que quiera transformar su estado de ánimo o la atmósfera mental circundante en un instante. Uno de mis anteriores libros, *Miracle prayer,* enseña un método de nueve pasos para ayudarte a formular Tratamientos de Oración Científica. Si has leído ese libro, habrás aprendido cómo componer los tipos de plegarias que encontrarás aquí. Sin embargo, en este libro no se te solicita que aprendas nada para beneficiarte de estas maravillosas técnicas de oración.

Aquí encontrarás 243 fórmulas de afirmaciones y oraciones sanadoras. Estos métodos son sencillos y eficaces, y no requieren de experiencia ni formación anterior. Todo lo que tienes que hacer es leer la fórmula en voz alta y luego liberarte y dejar que la magia suceda. Los métodos de oración de este libro ya han demostrado ser muy potentes y significativos en la vida de millones de personas. A lo largo de este libro podrás descubrir ahora cómo el poder de tu palabra hablada con intención da lugar a resultados milagrosos e instantáneos.

Cómo usar este libro

Las oraciones que aparecen en este libro no están relacionadas con ninguna religión concreta. Son universales y pueden aplicarse a todas las sendas y creencias religiosas. Eres bienvenido a cambiar las palabras de las plegarias para que se adapten a tus propias afinidades espirituales. Por ejemplo, si quieres invocar a Diosa en lugar de a Dios, siéntete libre de hacerlo. Si prefieres el nombre de Hashem al de Cristo, cámbialo. Si deseas invocar a Krishna, Buda o Alá, entonces hazlo. Cualquier otro nombre de un Dios/Diosa que prefieras es aceptable en estas plegarias.

Todas las oraciones y afirmaciones que aparecen en este libro están listadas en el índice. Son fáciles de encontrar, simplemente acude al índice y busca qué es aquello por lo que quieres rezar.

Estas oraciones y afirmaciones deben pronunciarse de modo que se oigan, con una voz alta y clara. Pronunciar la plegaria de forma audible da lugar a la máxima energía. Si te encuentras en un lugar o una situación en la que no puedas pronunciar la oración en voz alta, entonces susúrratela a ti mismo. Puedes repetir estas oraciones y afirmaciones tantas veces como lo desees. Si tienes un problema grave o quieres hacer realidad un deseo, entonces di la plegaria varias veces al día. Simplemente sigue repitiendo la oración hasta que obtengas el resultado que deseas. Cada plegaria funciona. Da lugar a un resultado instantáneo o genera una sanación instantánea que hace que avances hacia el objetivo que deseas. Así pues, sigue rezando y nunca nunca te rindas.

Al recitar estas oraciones para tu familia, amigos, clientes, mascotas u otros, simplemente reemplaza las palabras «yo» o «yo mismo» por el nombre de la persona o el animal para quien estés rezando. Asegúrate de obtener el permiso de los demás, o de su Yo Superior, antes de rezar por ellos. Respeta siempre el libre albedrío de otras personas y no vayas en contra de la voluntad de nadie.

Cada vez que recites una de las oraciones de este libro, hazlo como si tu Yo Superior estuviera hablando a través de ti. ¿Qué significa esto? Tu Yo Superior tiene un poder y una autoridad ilimitados. Es la poderosa presencia del «yo soy», que es tu divinidad interior, Dios dentro de ti. En la India, esta presencia recibe el nombre de *Atman*. Si hablas con este tipo de autoridad, tus palabras tendrán un potente poder de manifestación. Por lo tanto, simplemente imagina que en tu mente, tu naturaleza divina interior, tu verdadero Yo, está recitando la plegaria. Cuando pronuncies las poderosas palabras «YO SOY» (O SOY, ESTOY, ME VEO, ME ENCUENTRO, POSEO, etc.), hazlo con una voz dominante y autoritaria. Sé que tu divinidad interior está trabajando, poniendo así de manifiesto el resultado deseado.

Nota importante: Todas las oraciones y afirmaciones que aparecen en este libro pueden emplearse para sanarte o reelaborarse para sanar a otros. Recita las plegarias de modo audible y con convicción, confianza y seguridad. Para aprender más sobre estas oraciones y sobre cómo emplearlas, lee *Miracle prayer* y *Exploring auras*. Para encargar un CD, archivos descargables o tarjetas plastificadas de oraciones sanadoras, visita *www.divinerevelation.org*

Primera parte

Cambiando tu mente

Capítulo 1

Adquiriendo fortaleza interior y empoderamiento

«*Soy el dueño de mi destino; soy el capitán de mi alma*».
WILLIAM ERNEST HENLEY

El primer paso para el autocontrol es la propia autoridad, que significa ser consciente de que eres el capitán de tu propio barco del destino. Cuando intentas controlar tu vida, sabiendo que creas tu futuro a través de tus pensamientos, palabras y acciones, nadie ni nada puede disuadirte de tu plan y objetivo divinos. Caminas por la autopista real hacia la gloria.

La propia autoridad significa que tienes el control. Pese a ello, y al mismo tiempo, te ves dirigido por una fuerza superior que te guía. Mientras transitas el camino recto hacia tus objetivos, una luz intensa ilumina el sendero. No te ves atraído por las veredas tortuosas y los desvíos que hacen que te extravíes. Caminas pacientemente, paso tras paso, con plena confianza y fe, sabiendo que te encuentras en el camino más elevado.

Mucha gente se ve debilitada por las influencias de los demás. Se alejan de su objetivo divino, yendo hacia las junglas oscuras, frías y húmedas de la ignorancia y la mentira. Los mensajes negativos de los progenitores, los profesores, el clero, los compañeros, los medios y otros poderes manipuladores los dominan y los ahogan. Atrapados en una red de confusión y miedo, se han convencido de actitudes predominantes compartidas por la mente humana colectiva. Los hábitos, los problemas, los patrones y los sistemas de creencias los tienen cautivos. Muchos se pierden en esa jungla y nunca encuentran la salida. Pero aquí, en este libro, puedes encontrar la puerta abierta para salir de las sombras hacia la luz de la sabiduría.

Empecemos con la afirmación fundacional de este libro: una afirmación recomendada como el aspecto básico en el armario de las medicinas sanadoras de cualquiera de nosotros.

1. Afirmación de tu propia autoridad

La Afirmación de tu propia autoridad es la oración más importante y potente de este libro. Puede transformar tu vida al instante. Con su uso diario, podrás obtener un enorme autoempoderamiento y confianza. Esta afirmación cierra tu campo de energía a los niveles inferiores de la mente y te abre al mundo espiritual. Por lo tanto, ya no eres objeto de la «energía estática ambiental y mental» (vibraciones y formas de pensamiento negativas a tu alrededor).

Con esta afirmación puedes sanar el «síndrome de la esponja psíquica» (una sensibilidad excesiva a la atmósfera mental). Las esponjas psíquicas (o mentales) absorben las vibraciones de su alrededor igual que una esponja absorbe agua. Tienden a hacerse cargo de los males de la gente que tienen cerca. Las vibraciones inferiores de los entornos negativos las debilitan. Su energía vital se ve vaciada durante todo el día por los vampiros psíquicos/mentales. Después de un día de trabajo en un ambiente denso y destructivo, las esponjas psíquicas se sienten vacías y agotadas.

Esta afirmación puede ayudarte a revivir y restaurar tu energía. Empléala cuando te sientas débil, asustado, impotente, descentrado o intimidado. Se recomienda antes de que salgas de casa, antes de meditar y antes de irte a dormir. Úsala siempre que necesites protección, autoempoderamiento y confianza, como cuando entres en una zona atestada de gente, antes de reunirte con una figura de autoridad, antes y después de reunirte con clientes o socios, y antes de exámenes, entrevistas, audiciones o reuniones. Cuando te sientas exhausto debido a la gente o las situaciones, o sientas una energía invasiva o que te eclipse, emplea esta oración para iniciar o finalizar una meditación.

> *TENGO el control.*
> *SOY uno con Dios.*
> *SOY la única autoridad en mi vida.*
> *ESTOY protegido divinamente por la luz de mi ser.*
> *Bloqueo mi aura y mi cuerpo de luz*
> *a los niveles astrales inferiores de la mente.*
> *Y ahora me abro al mundo espiritual.*
> *Gracias, Dios, y ASÍ ES.*

2. Oración para el bloqueo mental

En ocasiones, quizás quieras bloquear tu aura a algo más que simplemente los niveles astrales inferiores de la mente. Quizás sientas la necesidad de bloquearla y de proporcionar protección contra el ataque o la manipulación mental. En tales casos, esta oración puede ser de ayuda.

> *TENGO el control.*
> *SOY la única autoridad en mi vida.*
> *ESTOY protegido divinamente por la luz de mi ser.*
> *Ahora bloqueo mi aura y mi cuerpo de luz a*
> *[Pronuncia aquí el nombre de la persona, cosa u organización]*
> *y a todo excepto a mi propio Yo Divino.*
> *Gracias, Dios, y ASÍ ES.*

3. Oración para la protección

La oración para la protección te ayuda a mantener la autodefensa espiritual, la protección divina y la intimidad con Dios. Te permite sentir la presencia de Dios y te aporta consuelo, solaz e inspiración.

Esta plegaria se emplea cada domingo en las iglesias del Nuevo Pensamiento, como la Iglesia de la Unidad y los Centros para la Vida

Espiritual. James Dillet Freeman compuso esta oración en 1941, durante la Segunda Guerra Mundial, para proporcionar consuelo a los soldados en las trincheras.

Emplea esta oración antes de entrar en meditación, recibir intuición o llevar a cabo un trabajo de sanación.

La luz de Dios me rodea.
El amor de Dios me envuelve.
El poder de Dios me protege.
La presencia de Dios cuida de mí.
¡Allá donde ESTÉ, está Dios!
¡Y todo está bien!

4. Protección divina

Nunca estás solo. Dios siempre está contigo, proporcionándote protección divina. Todo lo que tienes que hacer es pedir mediante el uso de esta plegaria.

ESTOY, en este preciso momento y siempre,
en la gracia cariñosa y protectora de Dios.
La presencia solícita de Dios me rodea
hoy y cada día, aquí y en cualquier lugar.
El ángel de la protección divina me precede,
preparando mi camino y protegiéndome
de cualquier experiencia aparentemente negativa.
El poder y la presencia de Dios
me protegen ahora y siempre.
Dondequiera que vaya, ESTOY bajo el cuidado y la custodia de Dios.
SOY invisible, invencible e invulnerable
frente a todas las energías aparentemente negativas
y ahora ESTOY abierto a la luz de Dios.
Gracias, Dios, y ASÍ ES.

5. Seguridad y protección para los viajes

Independientemente de a dónde vayas, estás seguro y a salvo cuando viajas en presencia de Dios. La armadura invencible de Dios te rodea y protege en cualquier lugar.

Dios es mi agente de viajes perfecto,
organiza mi viaje en un orden divino.
Dios es mi compañero de viaje perfecto,
me acompaña por todos los caminos.
Dios es mi cronometrador perfecto,
me lleva a mi destino en el momento justo y divino.
Dios es mi ángel protector perfecto,
se encuentra por encima, por debajo y a cada lado de mí.
Dios es mi guardaespaldas y mi protector perfecto,
camina conmigo a cualquier lugar como mi escudo divino.
Gracias, Dios, y ASÍ ES.

6. Seguridad y protección divinas

Siempre estás seguro en los brazos del amor de Dios. Todo lo que hace falta es afirmar esa seguridad y protección en tu vida.

ESTOY siempre protegido por el amor divino.
Confío en el proceso de la vida.
Mis necesidades siempre se ven atendidas.
Es seguro ser yo. Ahora me acepto y me apruebo.
Es seguro sentir. Mis sentimientos son normales y aceptables.
Es seguro experimentar alegría. Ahora respiro libre y plenamente.
Es seguro cambiar y crecer. Ahora creo mi nuevo futuro.
Es seguro ver y experimentar nuevas ideas y nuevos caminos.
Amo la vida y la vida me ama. ESTOY abierto a la vida.
SOY receptivo a todo lo bueno de Dios.
Está bien sentirse bien. Está bien sentirse seguro.
Merezco sentirme bien. Merezco sentirme seguro.
Ahora me relajo y permito que la vida fluya dichosamente.

ESTOY seguro en los brazos del amor de Dios.
Todo está bien.
Gracias, Dios, y ASÍ ES.

7. En el hogar en Dios

Dios sostiene y respalda a todos los que le invocan con inocencia y fe.
Todo lo necesario es pedir con sinceridad.

El aliento de la vida es un regalo de Dios,
que me nutre, sustenta y respalda.
En el hogar, con Dios, encuentro reposo y renovación cada día.
Justo donde ESTOY, ESTOY en casa en presencia de Dios.
Encomendándome al Espíritu de Dios en mi interior,
experimento un verdadero regreso al hogar.
Gracias, Dios, y ASÍ ES.

8. Visualización del pilar de luz

La visualización puede ayudarte a crear una poderosa esfera de protección divina. Mucha gente imagina una esfera, una burbuja o una columna de luz que la rodea y protege. Aquí tenemos una forma de visualizar la protección divina, incrementar la energía y el carisma y sentirte más liviano y elevado.

Cierra los ojos e imagina una hermosa esfera de luz divina protectora de cualquier color (blanco, dorado, violeta, rosa o de cualquier otro color) por encima de tu cabeza. Luego ve un rayo de esa luz transmitiéndose por la línea media de tu cuerpo a lo largo de todo el camino desde la parte superior de tu cabeza hasta las puntas de los dedos de tus pies. Visualiza este rayo de luz vibrando e irradiando desde tus centros de energía, llenando todo tu campo de energía.

Esta hermosa luz llena tu campo de energía de amor, invencibilidad, alegría y realización divinos. Siente esta luz divina vibrando e irradiando en tu interior y a tu alrededor. Esta luz se expande ahora más allá de los límites de tu campo de energía para crear un pilar de luz divina que te aporta fortaleza, poder y energía. Estás protegido, de forma divina, por la luz de tu ser.

9. Vara de luz

Puedes invocar el despertar espiritual mediante la visualización de la luz de Dios en tu interior. La vara de luz de Dios es una de las formas en las que Dios se expresa a través de ti.

Una hermosa vara de luz de Dios queda ahora asentada
en el mismísimo centro de mi cuerpo.
Esta vara de luz se extiende desde la parte superior de mi cabeza
hasta la parte inferior de mis pies,
descendiendo directamente por el centro de mi cuerpo.
Esta vara de luz de inconmensurable belleza y gloria
resplandece con el amor puro y la luz de Dios.
ESTOY centrado, equilibrado y protegido
por esa vara de luz de Dios, y ESTOY en paz.
Gracias, Dios y ASÍ ES.

10. Asentado en Espíritu

Hay muchas formas poderosas de permanecer asentado, centrado, equilibrado y manteniendo el control. Caminar descalzo o imaginar una soga profundizando en la tierra no es la forma de estar asentado en Espíritu. Estar asentado significa unirse a Dios, con la verdadera naturaleza de tu ser. Emplea esta afirmación para que te ayude a volver a centrarte en Espíritu siempre que te sientas descentrado, fuera de tu cuerpo o sin contacto con la realidad.

El amor de Dios me llena y rodea con consuelo.
La luz de Dios me llena y rodea de paz.
La energía de Dios me llena y rodea de bendiciones.
SOY ahora elevado hasta la presencia sagrada de Dios,
que me llena y rodea de gloria.

SOY un ser radiante de luz,
viviendo en el corazón de amor de Dios.
SOY bendecido y amado por Dios.
ESTOY ahora completamente asentado en presencia de Dios.
ESTOY, ahora, centrado, estable y firme en presencia de Dios,
y ME ENCUENTRO en una paz profunda.
Gracias, Dios, y ASÍ ES.

11. Oración para que haya luz

Sanar y elevar tu campo de energía puede llenar tu vida de paz, alegría y luz. Tu cuerpo sutil puede transformarse con dos energías básicas: la luz y el sonido. Las siguientes tres oraciones incrementan tu luz, y recitar estas afirmaciones afecta positivamente a tu campo a través del sonido. Empléalas para sanarte, limpiarte, despejarte, despertarte, elevarte hasta una octava vibratoria superior y para conectar con el Espíritu.

Que haya luz. La luz divina amorosa, empoderadora,
blanca, dorada, violeta, rosada, verde y azul sanadora y empoderadora
de Babaji, el Espíritu Santo y [el nombre de tu deidad]
en el interior, ahora, y a través de esta sesión
y situación limpiadora y curativa
de empoderamiento divino y sanador,
para el mayor bien de [«yo mismo» o el nombre de la persona]
y del resto de personas implicadas.
[Repite todos los versos anteriores por lo menos tres veces].
Gracias, Dios, y ASÍ ES.

12. Afirmación del fuego blanco

SOY, ahora, elevado, sanado y limpiado cariñosamente
en el fuego blanco del Espíritu Santo y de la Consciencia de Cristo,
y en la llama violeta incontenible y purificadora de Saint Germain,
bajo la gracia de Dios, en las formas sabias y perfectas propias de Dios.
Gracias, Dios, y ASÍ ES.

13. Oración dorada de sanación

SOY, ahora, llenado, elevado y rodeado cariñosamente
por la sustancia dorada sanadora de la Consciencia de Dios.
SOY, ahora, llenado por el amor de Dios, la luz de Dios
y la verdad de Dios.
Dios llena ahora mi aura y mi cuerpo de luz
con esta sustancia dorada sanadora,
que cierra las puertas tanto de mi cuerpo físico como sutil
a los niveles astrales inferiores de la mente
y que, en lugar de ello, me sintoniza con la Consciencia de Dios.
Esta sustancia dorada sanadora me cura y eleva ahora.
Despierta mi conciencia de la Consciencia de Dios en mi interior
y en el interior de toda creación, ahora.
SOY ahora sanado, y ESTOY más finamente sintonizado
con Dios en mi interior y en toda creación.
Me despierto, cariñosamente, a una mayor conciencia
de Dios en mi interior y a mi alrededor, en este preciso momento.
Gracias, Dios, y ASÍ ES.

14. Oración sanadora de la energía

Tu campo de energía (aura) puede verse comprometida de muchas formas. Los vampiros psíquicos pueden chupar su energía. Las drogas, el alcohol, los cigarrillos u otras sustancias adictivas pueden dañarlo. Los alimentos inadecuados, la respiración superficial, el pensamiento negativo o el estrés pueden reducirlo. Jugar con lo oculto sin salvaguardas puede invitar a las energías inferiores a hacer agujeros en él. Esta plegaria puede reparar, renovar y restaurar la integridad y la unicidad.

Invoco al Espíritu Santo para que restaure, amorosamente,
mi campo de energía hasta que alcance su estado perfecto
y prístino de integridad y unicidad.
Mi aura y mi cuerpo de luz se ven ahora sanados, elevados
y bendecidos por el amor y la verdad de la luz de Dios.

SOY ahora llenado con el resplandor de Dios,
que limpia y sana mi campo de energía.
La luz medicinal y restauradora de Dios repara ahora
todas las lágrimas, desgarrones y agujeros aparentes,
y cierra todos los portales, aberturas y puertas
a los planos y energías astrales inferiores.
Mi aura y mi cuerpo son ahora plenos y completos.
ESTOY libre de cualquier intrusión astral.
SOY, ahora, completo, y estoy en paz en la luz del amor de Dios.
Gracias, Dios, y ASÍ ES.

15. Oración de autointegración

Algunas personas sienten que partes de ellas mismas se han perdido o han sido robadas a través del abandono, las influencias de otros, o incluso las intenciones malévolas de los demás. Sienten que les falta algo, pero no pueden identificar qué. Esta gente pasa por la vida confundida, dispersa, fragmentada, desintegrada y desensamblada. Esta afirmación puede recordar partes que parecen faltar, de forma que se pueda restaurar la integridad.

YO SOY la resurrección y la vida.
YO SOY la perfección por doquier ahora.
Mi vida es restaurada hacia su integridad.
Mi mente es restaurada hacia su perfección.
Mi cuerpo sutil es completo y pleno.
Todas y cada una de las partes de mí mismo que parecían
estar o haber sido rotas, fragmentadas,
perdidas, robadas o extraviadas son ahora evocadas
y restauradas en mi ser.
Son recordadas y restauradas en mi ser.
Evocadas y restauradas en mi ser.
YO SOY, ahora, pleno, y ESTOY completo y entero,
lleno de la luz del amor de Dios.
Gracias, Dios, y ASÍ ES.

16. Fuerza interior

Esta oración puede ayudarte a crecer en cuanto a tu fuerza espiritual, tu coraje y tu propia autoridad. Cuando confías en Dios en lo tocante a tu fortaleza, entonces estás protegido y eres indómito de forma divina.

Ahora recurro a Dios, donde encuentro fuerza.
Dios es mi consuelo, mi fortaleza y mi salvador,
Dios es mi roca, en la que me refugio.
No dependo de cosas del mundo
para que me proporcionen valentía y fortaleza.
La fuerza de Dios está asentada en mi interior,
y ESTOY sostenido por siempre.
SOY ahora hecho mental, física,
emocional y espiritualmente fuerte en Dios
y en el poder de la fuerza de Dios.
SOY una torre de fortaleza y estabilidad.
El poder de Dios es liberado en mí, y SOY modificado
diariamente en forma de un retrato de Dios, más y más como Dios.
Gracias, Dios, y ASÍ ES.

17. Oración de la armadura divina

Cuando te ves llenado y rodeado del resplandor del amor de Dios, nada ni nadie puede invadir ni colarse en tu campo de energía. Una armadura divina de invencibilidad te protege en todos los lugares y todas las circunstancias. Permitir que Dios sea tu protector divino es la mejor forma de volverte invulnerable a las energías inferiores.

Ahora abro mi corazón a la brillante luz del sol del amor de Dios.
La luz radiante de Dios se vierte ahora en mi ser.
La gracia de Dios llena ahora y rodea mi campo de energía
con gran belleza, gran luz y gran integridad.
ESTOY ahora encerrado en una burbuja divina
de luz hermosa, iridiscente, resplandeciente y radiante.

Esta burbuja divina es una esfera dorada y multicolor
de luz blanca, morada brillante, rosada, azul, verde y plateada,
que llena mi campo de energía, penetra en él y lo rodea.
Esta esfera de luz hermosa e invencible me sana, protege y sella ahora.
Sé que todos los agujeros, perforaciones y desgarros aparentes,
que han rasgado mi campo de energía, están ahora sellados
con el fuego blanco puro limpiador del Espíritu Santo
y la hermosa luz dorada del amor de Dios.
Gracias, Dios, y ASÍ ES.

18. Tratamiento para la propia autoridad

Este libro incluye afirmaciones, oraciones y tratamientos en forma de plegarias. Los tratamientos en forma de oraciones pueden ayudarte a sanar los bloqueos emocionales profundos que evitan la transformación positiva que estás buscando. Este tratamiento en forma de plegaria puede liberar aquello que haya estado bloqueando la aceptación de tu propia autoridad y tu autoempoderamiento.

Éste es un tratamiento para mí mismo [*nombre completo*], para tener una autoridad propia, una fortaleza interior y un autoempoderamiento perfectos o mejores ahora.

Reconozco que sólo hay un poder y una presencia en el universo: Dios el bueno, el omnipotente. Dios es la máxima autoridad y posee un dominio supremo. Dios es el director y el gerente de todo el cosmos. Dios, el invencible, es el soberano y el único poder. Dios es integridad y unicidad. Dios es perfección por doquier ahora.

YO SOY ahora uno con Dios y estoy fusionado con él en forma de una integridad perfecta y sin fisuras. Sólo hay unicidad y unidad entre Dios y yo. Sólo hay uno, y nada más que uno. ESTOY unificado con la autoridad y el dominio de Dios. YO SOY mi único soberano y director ahora. SOY una integridad y unicidad invencibles. SOY la perfección por doquier ahora.

Así pues, reclamo para mí, [*nombre completo*], una autoridad propia, una fortaleza interior y un autoempoderamiento perfectos o mejores ahora.

Ahora sano y libero todas las ideas y creencias limitantes que interfieren con esta afirmación, ya sean conocidas o desconocidas, conscientes o subconscientes. Mis pensamientos son ahora uno con el pensamiento de Dios, son lo mismo y están en sintonía con el suyo. Esfumo ahora de mi mente todas y cada una de las necesidades de ser controlado o dominado por cualquiera o por cualquier cosa. Ninguna persona, lugar, cosa, organización, situación, circunstancia, recuerdo o adicción pueden poseerme ni tenerme cautivo. Sólo pertenezco a Dios y a mí mismo. SOY libre.

Elimino todas y cada una de las reticencias a asumir la responsabilidad por mis propias decisiones. POSEO el dominio de mi vida ahora. Disipo todos los sentimientos de dependencia de los demás. SOY independiente y estoy al mando de mi vida. Me desprendo de todas y cada una de las necesidades aparentes de ser una víctima. Ahora sé que nadie ni nada puede controlarme, y POSEO el control de mi propia vida ahora. Me desprendo de cualquier miedo a expresarme y expreso valientemente mi Yo tal y como SOY. Me desembarazo del hecho de sentirme indigno, no merecedor de algo o inaceptable. Ahora sé que SOY la expresión de Dios, SOY la perfección de Dios y SOY perfecto para mí ahora. SOY digno, merecedor de algo y aceptable ahora.

POSEO el control. SOY la única autoridad en mi vida. ESTOY protegido divinamente por la luz de mi ser. Cierro mi aura y mi cuerpo de luz a todo, excepto a mi propia divinidad interior.

Ahora acepto plenamente, en conciencia, mi propia autoridad perfecta, o algo mejor, ahora. Doy gracias a Dios por manifestar este bien en mi vida ahora, bajo la gracia, de formas perfectas. Gracias, Dios, y ASÍ ES.

Capítulo 2

Emociones sanadoras
y creencias arraigadas

«Cambia tus pensamientos y cambiarás tu mundo».
NORMAN VINCENT PEALE

El primer verso del primer capítulo del *Dhammapada*, el texto fundamental del budismo, dice: «Todo lo que somos es resultado de lo que hemos pensado[…] Si un hombre habla o actúa con un pensamiento malvado, el dolor le seguirá, al igual que la rueda sigue a las patas del buey que tira del carro[…] Si un hombre habla o actúa con un pensamiento puro, la felicidad le seguirá, como una sombra que nunca le abandonará».

En este verso, Buda ilustra cómo eres el único creador de tu destino a través de los pensamientos, las palabras y los actos. Éste es el precepto fundamental de la metafísica. Eres el autor de tu vida. Tú escribes el guion y actúas en tu obra. Tú eres el productor, el director y el regidor de escena. Nunca te sucede nada. Solamente te sucedes a ti mismo.

La enseñanza de Buda puede resumirse de la siguiente forma: no hay víctimas, sino sólo voluntarios. Nadie debe ser culpabilizado por tus problemas ni es responsable de tus éxitos, ya que tú has creado todo lo que crees, dices y haces.

De esta forma, puedes emplear afirmaciones y oraciones sanadoras para transformar tu mente de la negatividad a la positividad. Cuando controlas tu mente y tu discurso, entonces tomas las riendas de tu destino. Puedes manifestar los verdaderos deseos de tu corazón y generar milagros.

19. Sanación de las formas de pensamiento

El curso de tu vida se ve determinado por las creencias, los hábitos, las emociones y las intenciones. Por ejemplo, si dices continuamente: «Estoy gordo, estoy gordo», entonces, estos pensamientos fuertemente implantados se materializan como formas de pensamiento (creencias muy arraigadas). Como tu mente subconsciente siempre dice «Sí» a toda intención sentida y creída profundamente, la manifestación se dará exactamente tal y como la imaginaste.

Tu mente es como un estanque. Cuando lanzas una piedra en el centro, las ondas se propagan hacia el exterior en forma de círculos concéntricos hasta que golpean el borde exterior. Luego las ondas se desplazan de vuelta al centro. De forma similar, tus pensamientos se emiten desde tu mente hacia el universo. Luego regresan a ti exactamente de la misma forma en que se transmitieron.

Si tu mente irradia pensamientos y sentimientos positivos, tranquilos, estables, alegres, pacíficos, serenos y cariñosos, entonces atraerás experiencias positivas. Sin embargo, si tu mente está envenenada con pensamientos y emociones negativos, odiosos, airados, vengativos, depresivos, caóticos, ansiosos, irritantes, desbocados y tóxicos, entonces atraerás situaciones difíciles y negativas.

Esta plegaria sanadora es una forma de asumir el control de tus pensamientos con una fórmula sencilla. Puede sanarlo todo: cualquier dificultad física, mental o emocional. La sanación de las formas de pensamiento es sencilla: siente, nombra y libera los pensamientos negativos, y luego reemplázalos nombrando y aceptando pensamientos positivos.

La oración tiene entradas o pies que te permitirán personalizarla. En la primera entrada, cierra los ojos y percibe cualquier sentimiento negativo acudiendo a ti. Nombra esos pensamientos y sentimientos y pronúncialos de forma audible. Luego sigue leyendo la oración. En la segunda entrada, cierra los ojos y enumera sentimientos positivos, los correlatos opuestos de los sentimientos negativos nombrados en el primer espacio en blanco. Aquí tenemos algunos ejemplos de pensamientos negativos y sus correlatos positivos, que pueden ayudarte a componer tu oración:

PENSAMIENTOS NEGATIVOS	CORRELATOS POSITIVOS	PENSAMIENTOS NEGATIVOS	CORRELATOS POSITIVOS
Ira	Perdón	Condena	Reconocimiento
Tristeza	Felicidad	Coacción	Permisividad
Remordimiento	Autoindulgencia	Irreverencia	Respeto
Culpa	Autorresponsabilidad	Apego	Desprendimiento
Depresión	Alegría	Agotamiento	Vitalidad
Odio	Amor	Frustración	No resistencia
Autodesprecio	Autoestima	Agitación	Serenidad
Pobreza	Abundancia	Preocupación	Tranquilidad
Miedo	Valentía	Evasión	Responsabilidad
Venganza	Perdón	Presión	Capacidad
Inseguridad	Confianza	Carga	Liberación
Timidez	Extraversión	Celos	Benevolencia
Rechazo	Autoaceptación	Perfeccionismo	Autoestima
Duda	Fe	Impaciencia	Paciencia
Pérdida	Integridad	Error	Perdón
Adicción	Autoridad propia	Egoísmo	Altruismo
Enfermedad	Bienestar	Aflicción	Consuelo
Inflexibilidad	Flexibilidad	Confusión	Claridad
Egocentrismo	Humildad	Envejecimiento	Juventud

Con esta poderosa plegaria sanadora, ya no dispondrás de una excusa para seguir de mal humor. Ahora dispones del poder para cambiar en cuestión de minutos.

Invoco a la presencia divina para que elimine
todas las negaciones y limitaciones que ya no me sirven.
Ahora disipo todas las negaciones [lista los pensamientos negativos aquí],
y cualquier otro pensamiento y emoción
que no refleje la verdad de mi ser.
Ahora se ven cariñosamente elevados, transmutados y transformados
a través del poder del Espíritu Santo.

ESTOY ahora abierto y SOY libre de abrazar
pensamientos y emociones positivos, que respaldan la vida y que son
energizantes.
Ahora doy la bienvenida a los pensamientos de [lista aquí los correlatos
positivos].
Ahora me desprendo del pensamiento erróneo y acepto la verdad.
ESTOY en equilibrio. TENGO el control.
Gracias, Dios, y ASÍ ES.

20. Sanación de las formas de pensamiento: Oración breve

La siguiente es una versión corta de la sanación de las formas de pensamiento. Esta breve plegaria puede emplearse con la misma eficacia que la versión más larga que acabas de aprender.

Ahora sano y libero todas las negaciones de
[lista los pensamientos negativos aquí] y desaparecen.
Se ven elevadas hacia la luz del amor y la verdad de Dios.
Ahora doy la bienvenida y acepto pensamientos de
[lista aquí los correlatos positivos].
Gracias, Dios, y ASÍ ES.

21. La sanación de las formas de pensamiento, los patrones y las estructuras de creencias

Los pensamientos y los sentimientos negativos pueden volverse tan agobiantes que pueden parecer asumir el control de tu vida. Sin embargo, ningún hábito, creencia o pensamiento pueden controlarte cuando empleas el poder de la oración para sanarlos. Mientras lees esta plegaria de sanación en voz alta, cierra los ojos cuando llegues a la primera entrada. Pronuncia cualquier sentimiento y pensamiento negativo que te esté surgiendo. En la segunda entrada vuelve a cerrar los ojos y pronuncia los correlatos positivos de los pensamientos que aparecieron en la primera entrada.

Invoco al Espíritu Santo,
el espíritu de la integridad, el amor y la verdad,
para que ilumine con la verdad todas y cada una de las
formas, patrones y estructuras de pensamiento
que ocultan la verdad en esta situación ahora.
A través de la luz sanadora del Espíritu Santo,
anulo todas y cada una de las formas, estructuras, patrones de pensamiento
conceptos y sistemas de creencias negativos.
La luz de la verdad está impregnando y bañando completamente
toda negatividad en esta situación, lugar
y estado de consciencia relacionado con ella.
Todas y cada una de las formas, conceptos, patrones
y estructuras de pensamiento limitantes
son eliminados ahora con facilidad y sin esfuerzo
mediante la luz de la verdad sanadora del Espíritu Santo
y la ley de la primera causa
hacia el vacío de lo que realmente son.
A través del poder del Espíritu Santo se ven ahora
elevados, sanados y transmutados en bien,
y ahora han desaparecido.
[Respira hondo para liberarte].
El Espíritu Santo alumbra, baña, eleva y transmuta ahora
todas y cada una de las formas de pensamiento negativo
[lista aquí los pensamientos negativos]
transformándolas en su arquetipo divino verdadero de
[lista aquí los correlatos positivos].
Ahora se ven elevadas, transmutadas y transformadas
mediante el poder del Espíritu Santo y la ley de la primera causa.
POSEO el control de mi mente. ESTOY empoderado ahora.
A través de mi divinidad interna
y de la luz divina y del poder elevador del Espíritu Santo,
SOY protegido y orientado divinamente hacia una vida y una existencia
más elevada, verdadera y más poderosamente consciente de Dios,
justo aquí y en este preciso momento.
Gracias, Dios, y ASÍ ES.

22. Liberándote de falsas creencias

Con la ayuda de Dios, puedes liberarte de creencias negativas pasadas y abrazar un futuro poderoso y positivo de comodidad, consuelo, armonía, alegría y amor.

SOY mi regulador divino de pensamientos que mora en mi interior.
Tengo fe en la vida de Dios en mi interior.
Las falsas creencias y las apariencias negativas
no tienen ningún poder sobre mí.
Ahora se han esfumado
gracias a la acción cariñosa e indulgente de Dios.
Centrado en la presencia de Dios, ahora me desprendo
de todo pensamiento, sentimiento y preocupación negativos.
Dejo ir, fácil y cómodamente, lo que
ya no necesito y ya no me sirve en la vida.
La perfecta armonía de Dios se expresa ahora en mi mundo.
Dejo ir todo sentimiento de adversidad y forcejeo,
recordando que Dios es mi guía amable y cariñoso, y todo va bien.
Dejo ir de mi mente todo lo que es diferente al amor y la alegría.
Me desprendo del pasado
y doy la bienvenida al ahora nuevo, fresco y vital.
Dejar ir es fácil. Es fácil reprogramar el ordenador de mi mente.
Todo en la vida es cambio, y mi vida es siempre nueva.
A través de la libertad de espíritu SOY un nuevo yo.
Gracias, Dios, y ASÍ ES.

23. Sanación del cuerpo de fachada

Un cuerpo de fachada es un conjunto de creencias tan firmemente arraigadas que constituyen una armadura, máscara, cinturón, prisión, jaula o fachada mental a tu alrededor. Una fachada tal no permite la entrada de las vibraciones del amor y evita la expresión de tu verdadero Yo.

Antes de emplear esta oración, decide qué creencia profundamente arraigada quieres sanar. Puede que, por ejemplo, lleves puesto un cuerpo de fachada de pobreza, de falta de mérito, de superioridad, de inferioridad, de machismo, de timidez, de gordura, de autoprotección, de obstinación, de ira u otra máscara. Escoge un cuerpo de fachada y llámalo por su nombre para describirlo (por ejemplo, «víctima», «arrogancia» o «autodesprecio»). Coloca ese término en las entradas de la oración.

Te invoco, Espíritu Santo, para que alumbres, cariñosamente,
con la luz de la verdad y el amor, todos y cada uno de los cuerpos
de fachada [nombre del cuerpo de fachada] en mi interior ahora.
Estos cuerpos de fachada [nombre del cuerpo de fachada],
que me rodean son ahora abiertos y desmenuzados,
disueltos, sanados, liberados y dejados ir por el Espíritu Santo
hacia el interior de la luz del amor y la verdad de Dios.
Ahora invoco a mi Yo Superior, a mi divinidad interior,
para que llene este espacio y para que llene mi campo de energía
con mi patrón divino y la expresión de mi alma verdaderos.
Que la voluntad de Dios se lleve a cabo en este asunto.
Gracias, Dios, y ASÍ ES.

24. *Oración para la sanación de experiencias pasadas*

Tu mente subconsciente lleva una carga de experiencias y recuerdos de tu pasado, de esta vida y de vidas anteriores. Éstos se almacenan en tu cuerpo mental subconsciente, al igual que el disco duro de un ordenador almacena datos. Esta plegaria te ayudará a liberar el pasado, de modo que tu campo de energía puede verse libre de yugos pesados de falsa responsabilidad, culpabilidad, reproches y resentimiento.

Todas las experiencias, la base, los registros, los recuerdos
y los efectos son transmutados y transformados en puro amor y luz
por la llama violeta incontenible de la transmutación ilimitada.
Dispongo de una pizarra limpia y en blanco
en la que escribir nuevas experiencias.
SOY transformado por la renovación de mi mente,
en este preciso momento.

41

Cierro ahora todas las puertas, aberturas
y agujeros hacia mi pasado.
ESTOY vibrando a unas frecuencias de amor
tan elevadas que ESTOY libre de todas las cargas pasadas
y las responsabilidades falsas.
SOY un ser divino de gran amor, luz y gloria.
Gracias, Dios, y ASÍ ES.

25. Oración para dejar ir

Cuando te aferras al pasado, tu campo de energía se ve abarrotado de energías oscuras, inculcadas y arraigadas. Desprenderse de estas vibraciones te eleva a una frecuencia más alta y refinada.

Me desprendo ahora de cosas gastadas, de estados de desesperanza,
de ideas inútiles y de relaciones fútiles.
El orden divino correcto y la elección,
divina y correcta, del momento oportuno se asientan ahora
y se afirman en mi mente, mi cuerpo,
mis relaciones, mis finanzas, en todos mis asuntos y
en mi mundo a través del poder del Espíritu Santo
y de mi Consciencia
de Dios que habita en mi interior ahora.
La circulación divina está trabajando en mi vida.
La afluencia y la salida de todo en mi vida
se establecen en un orden y armonía divinos.
ESTOY tranquilo, equilibrado y sereno.
Gracias, Dios, y ASÍ ES.

26. Oración antes de irte a dormir

Emplea esta plegaria antes de irte a dormir para fortalecer tu campo de energía y evitar los ataques psíquicos o el vampirismo. Esta sencilla oración puede evitar pesadillas o el sueño irregular o intermitente, al tiempo que duermes más profunda y tranquilamente.

Abro mi corazón al amor de Dios.
ESTOY lleno de la luz de Dios.
SOY un niño amado por Dios.
SOY un ser hermoso de gran poder,
gran energía, gran bien y gran gloria.
Invoco a Dios para que me mantenga protegido,
seguro y a salvo, dentro del círculo de protección de Dios,
mientras duermo.
Invoco a Dios para que construya una hermosa esfera dorada
de amor y luz divinos alrededor de mí durante el sueño,
para que me mantenga seguro, a salvo y siendo uno con Dios.
Gracias, Dios, y ASÍ ES.

27. Tratamiento para tener una actitud mental y emocional positiva

Éste es un tratamiento para mí [*nombre completo*], para tener una mentalidad poderosa, optimista y sana, y unas emociones y unas actitudes positivas, con unas percepciones precisas y verdaderas, o algo mejor, ahora.

Reconozco que sólo existe un poder y una presencia en el universo: Dios el bueno y omnipotente. Dios es la luz de la vida, la verdad del ser. Dios es verdad, y Dios arroja luz y verdad sobre todos. Dios es la fuente de sabiduría. Dios es bueno, una muy buena perfección ahora. Dios es una salud mental y emocional perfectas. Dios es el proveedor de salud mental divino. Dios es equilibrio, ecuanimidad, paz e integridad.

SOY ahora uno y estoy fusionado con Dios en una integridad perfecta y sin fisuras. No existe separación entre Dios y yo. Sólo hay unicidad y unidad. SOY la luz de la vida, la verdad del ser. ME VEO llenado de la luz, la verdad y la sabiduría de Dios. La bondad de Dios resplandece en el interior de mi vida en su plenitud. ME VEO llenado por la salud mental y emocional perfectas y por el bienestar que representa Dios. SOY uno con el proveedor divino de salud mental que representa Dios. ME VEO llenado de equilibrio, ecuanimidad, paz e integridad ahora.

Por lo tanto, reclamo para mí, *[nombre completo]*, un talante mental y emocional poderoso, optimista y sano, y una actitud y unas emociones positivas, con unas percepciones precisas y veraces, o algo mejor, ahora.

Ahora sano y libero todas las ideas y creencias limitantes que interfieren con esta reivindicación, ya sean conocidas o desconocidas, conscientes o subconscientes. Mis pensamientos son ahora uno con el pensamiento de Dios, son lo mismo y están en sintonía con él. Elimino ahora de mi mente todas y cada una de las necesidades de aferrarme a unas creencias erróneas y falsas. Independientemente de lo que crea que he ganado, en el pasado, por aferrarme a pensamientos y emociones negativos, ha sido ahora eliminado, liberado, sanado y dejado ir de mi mente, y se ha ido. Libero, pierdo y me desprendo de todas y cada una de las aparentes creencias de pesimismo, victimismo, miedo, ira, culpabilidad, reproche, tristeza, falta de mérito, limitación, frustración, ansiedad y depresión. Y han desaparecido. Ya no siento la necesidad de acatar creencias, hábitos, patrones y condiciones falsos. Ya no siento un beneficio aparente del hecho de ser una víctima.

Ahora doy la bienvenida, acepto y abrazo nuevos pensamientos y emociones positivos y alentadores, y emociones de optimismo, autoempoderamiento, valentía, fortaleza, amor, perdón a mí mismo y a los demás, autoaceptación, autoestima, amor propio, ausencia de límites, contentamiento, paz, integridad, felicidad y alegría. Todas las creencias, conceptos y constructos falsos y limitantes que he sostenido se ven ahora disueltos, bendecidos, elevados, sanados, liberados y abandonados. Ahora doy la bienvenida a percepciones precisas y verdaderas sobre mí y las acepto. ESTOY ahora al cargo de mi vida. Ahora tomo las riendas de mi vida y dirijo mi propio camino en la dirección de mi mayor bien.

Ahora acepto plenamente, y en conciencia, mi disposición mental y emocional poderosa, optimista y sana, y unas emociones y una actitud positivas, con unas percepciones precisas y verdaderas, o mejores, ahora. Doy gracias a Dios por poner de manifiesto este bien en mi vida ahora, bajo la gracia, de formas perfectas, y ahora libero esta plegaria en las manos de Dios. Gracias, Dios, y ASÍ ES.

28. Tratamiento para sanar la pérdida de un ser querido

Éste es un tratamiento para mí mismo, *[nombre completo]*, para sanar la pérdida de un ser querido, o algo mejor, ahora.

Ahora sé y reconozco que existe un poder sanador y una presencia sanadora trabajando en el universo y en mi vida: Dios el bueno, el omnipotente. Dios es la luz de mi vida, la verdad de mi ser. Dios es el consolador. Dios es el solaz y la consolación divinos. Dios es el lugar de respiro y el alivio. Dios es integridad y unicidad. Dios es amor.

Ahora SOY uno con Dios, estoy fusionado con él y soy lo mismo que él. En Dios vivo me muevo, respiro y tengo mi ser. Dios se encuentra en mi interior y a todo mi alrededor. Dios está en el mismísimo centro de mi ser: mi mismísima esencia de ser. SOY el consolador que representa Dios. SOY el solaz divino y el consuelo que representa Dios. En el interior de mi Yo se encuentra el lugar de respiro y alivio. YO SOY la integridad y la unicidad que representa Dios. YO SOY el amor que representa Dios.

Por lo tanto, ahora conozco y reclamo para mí *[nombre completo]*, la perfecta sanación de un ser querido, o algo mejor, ahora.

Ahora elimino de mi mente cualquier pensamiento, sentimiento y emoción que ya no me sirvan. Mi mente es ahora una con que la mente de Dios y la misma. Ahora elimino de mi mente todos los pensamientos de culpabilidad, tareas inconclusas, arrepentimiento, reproche, remordimiento, separación, soledad, aislamiento, tristeza, pena, duelo, melancolía, angustia y dolor. Estos pensamientos se ven ahora liberados, soltados y dejados ir ahora, y se han ido.

Ahora ESTOY lleno de pensamientos nuevos, hermosos, positivos y poderosos de autoindulgencia, dejar ir, permitir la entrada de Dios, superación, permisividad, aceptación, paz, serenidad, armonía, concordia, amor, integridad, unicidad, compañerismo, alegría, libertad, verdad y plenitud. Acepto ahora el consuelo, el solaz, la ayuda, el alivio, el serenamiento y el respiro divinos. Habito en el refugio y el santuario de Dios, en el albergue del amor de Dios. Ahora sé y acepto que no existe la muerte, ya que el alma es indestructible. Sé que el amor entre mi amado y yo es eterno e imperecedero. Sé que mi hermoso amado vive perpetuamente como alma inmortal y, por lo tanto, no me aflijo. ME ENCUENTRO en paz.

Ahora acepto plenamente, en consciencia, mi perfecta sanación de la pérdida de un ser querido, o algo mejor, ahora. Ahora dejo ir y libero completamente esta oración en el interior de la ley espiritual de perfección por doquier ahora, sabiendo que ahora se pone de manifiesto en mi vida, bajo la gracia de Dios, de formas perfectas. Gracias, maravilloso Dios, y ASÍ ES.

Capítulo 3

Relaciones sanadoras e indulgentes

«Nadie puede hacerme daño sin mi permiso».
MAHATMA GANDHI

Estás inextricablemente conectado con la compleja red de energía que cubre todo este planeta. Los humanos nos afectamos los unos a los otros de formas profundas, ya que colisionamos con los campos de energía de los demás. Algunos efectos, como el amor y la benevolencia, son positivos. Otros, como la manipulación, el control, la explotación y la coacción, son malévolos.

Tus relaciones pueden, en ocasiones, ser cariñosas, satisfactorias, y armoniosas, y en otras, frías, distantes y discordantes. Sin embargo, tienes el poder de generar la calidad de las relaciones que deseas mediante la oración. Puedes sanar y transformar tus conexiones con tu familia, amigos y colegas. Puedes superar intrusiones psíquicas/mentales que te atan a otros de formas dañinas.

29. Sanación mediante el corte de ataduras psíquicas

Las ataduras psíquicas consisten en vínculos inapropiados con cualquier persona, lugar, cosa, organización, circunstancia, recuerdo, experiencia o adicción que te influyen de forma advera o manifestar repulsión hacia ellas. Están hechas de formas de pensamiento y emociones negativas, y son creadas sin una intención consciente. Si, por ejemplo, tienes una discusión con tu jefe, ¿qué es lo que queda?: un residuo de energía que forma una atadura psíquica.

Con una mirada clarividente, las ataduras psíquicas son como sogas, cuerdas, cables, redes, trenzas u otras configuraciones desagradables en forma de cadena de color gris o negro (o de otro color) conectadas a tus centros de energía. Estas cadenas de energía nunca son útiles ni beneficiosas. No le hacen ningún servicio a nadie. Por lo tanto, todos los vínculos psíquicos deben cortarse y disolverse.

Al contrario que las ataduras psíquicas, las ataduras de amor son verdaderos vínculos de amor con tus seres queridos, tanto vivos como fallecidos. Estos lazos también te unen a Dios, a tu Yo Superior, a los ángeles y a los maestros espirituales interiores. Esos vínculos dorados de verdadero amor no pueden romperse nunca.

Como la mayor parte de la gente confunde las ataduras psíquicas con los vínculos de amor, son reticentes a cortarlos. Sin embargo, como las ataduras psíquicas nos vacían de energía y dan lugar a enfermedades físicas, te das cuenta de lo esencial que resulta cortarlos a diario. De hecho, te garantizo que si cortas las ataduras psíquicas con todos tus colegas en la oficina y todos tus seres queridos en casa a diario, disfrutarás de unas relaciones significativamente mejores y más íntimas.

Si tienes una relación codependiente o adictiva, entonces es crucial cortar las ataduras psíquicas varias veces al día. Las ataduras psíquicas se crean cada vez que mantienes relaciones sexuales, así que es vital cortar dichas ataduras después de cada encuentro sexual. El cordón umbilical que te unía a tu madre por el ombligo sigue existiendo en forma de atadura psíquica en la edad adulta. Resulta esencial cortar esa atadura, especialmente cuando tu madre fallece.

Emplea esta plegaria cuando te sientas excesivamente unido o repugnado por algo, cuando te estés aferrando al resentimiento, cuando sientas que alguien tira de ti o para sanar una obsesión o adicción.

Invoco al Espíritu Santo
para que corte todas y cada una de las ataduras psíquicas
entre mí y [nombre de la persona, el lugar, la cosa o la adicción].

Estas ataduras psíquicas son ahora cariñosamente
cortadas, elevadas, amadas, liberadas y dejadas ir
hacia la luz del amor y la verdad de Dios.
Ahora doy la bienvenida a lazos de amor hermosos,
divinos e incondicionales que llenen el espacio entre mí y
[nombre de la persona, el lugar, la cosa o la adicción].
Gracias, Dios, y ASÍ ES.

30. Sanación del corte de las ataduras psíquicas: capa por capa

Esta oración te ayudará a cortar las ataduras profundas y aparentemente resistentes, sanar una adicción o las relaciones de codependencia y asentar unas relaciones mejores y más cariñosas.

Invoco al Espíritu Santo para que corte todas y cada una de las
ataduras astrales y psíquicas y los vínculos kármicos entre
yo y [nombre de la persona, el lugar, la cosa o la adicción].
Estas ataduras astrales y psíquicas son ahora cortadas,
cortadas, cortadas, cortadas, cortadas, cortadas, cortadas,
cortadas, cortadas, cortadas, cortadas, cortadas, cortadas,
cortadas, cortadas, cortadas, permanente y completamente,
cariñosamente, pero plenamente.
Disueltas, disueltas, disueltas, disueltas, disueltas
[repite las cuatro líneas anteriores hasta que
la sensación sea de completitud].
Elevadas, amadas, sanadas, bendecidas, perdonadas,
liberadas, soltadas, desatadas y dejadas ir por completo;
capa por capa, capa por capa; grupo a grupo, grupo a grupo.
[Repite la línea anterior hasta que la sensación sea de completitud].
Ahora doy la bienvenida a lazos de amor hermosos,
divinos e incondicionales
llenando el espacio entre yo y
[una persona, lugar, cosa o adicción].
Gracias, Dios, y ASÍ ES.

31. Sanación de la servidumbre psíquica

Emplea esta oración cuando una atadura psíquica se haya convertido en una servidumbre y te hayas convertido en esclavo o preso de ella. Es de utilidad en casos de adicción o de relaciones de codependencia que te han mantenido encadenado.

SOY ahora liberado de la servidumbre psíquica.
Todas las sogas psíquicas que me han mantenido encadenado
son ahora desatadas y aflojadas, liberadas y dejadas ir cariñosamente.
Todas las redes psíquicas que han encarcelado mi campo de energía
son ahora disueltas, bendecidas, elevadas y dejadas ir.
Son liberadas hacia la nada de la que ciertamente forman parte.
SOY libre de los lazos que me han tenido sujeto.
TENGO el control.
SOY la única autoridad en mi vida.
ESTOY en paz.
Gracias, Dios, y ASÍ ES.

32. Oración para el perdón

Una actitud mental inclemente está enfangada en ataduras, redes y cadenas psíquicas que te amarran a traumas, odios y resentimientos pasados. El verdadero perdón a uno mismo, a los demás y a situaciones de la vida disuelve las ataduras que nos amarran y elevan nuestro campo de energía rápida y profundamente.

Emplea la siguiente oración para el perdón a diario para sobrealimentar tu crecimiento espiritual y encontrar felicidad y realización. El perdón es un proyecto continuo y para toda la vida de la mayor importancia.

Mediante y a través del poder del Espíritu Santo
sé y decreto en este preciso momento:
todo lo que aparentemente me ha ofendido o contenido,
ahora lo perdono y libero.
Por dentro y por fuera perdono y libero

cosas pasadas, cosas presentes y todas las cosas futuras.
Ahora perdono y libero.
Perdono y libero todo y a todos, en todos los lugares
que posiblemente puedan necesitar perdón o liberación.
Esto incluye el perdón para mí
a través del poder de Dios ahora.
Perdono y libero absolutamente a todos y todo
pasado, presente y futuro.
Todo y a todos del pasado, el presente y el futuro
que posiblemente podrían necesitar perdonarme y liberarme,
incluyéndome a mí mismo, lo hacen ahora.
SOY libre y todos los demás implicados también lo son.
Por lo tanto, todas las cosas son limpiadas por completo
entre todos nosotros, ahora y para siempre.
Gracias, Dios, y ASÍ ES.

33. *Cántico sanador para el perdón*

Este cántico sanador puede perdonar a cualquier persona, grupo o situación concretas. Puedes trabajar con una relación específica, como un progenitor, cónyuge, hijo, empleador o situación durante tanto tiempo como te sientas guiado. En el caso de algunas relaciones con dificultades de toda la vida, quizás sientas la necesidad de emplearlo durante un año o más.

La Consciencia de Dios en mí
es mi poder perdonador y liberador.
La Consciencia de Dios en [nombre de la persona]
es su poder perdonador y liberador.
La Consciencia de Dios en mí
es mi poder perdonador y liberador.
La Consciencia de Dios en [nombre de la persona]
es su poder perdonador y liberador.
SOY libre, y él/ella también lo es.
Por lo tanto, todas las cosas son despejadas entre nosotros,

Ahora y por siempre, bajo la gracia, de formas perfectas.
Gracias, Dios, y ASÍ ES.

34. Afirmación para el perdón

Para liberarte y dejarte ir de personas y situaciones en tu vida, el perdón es esencial. Emplea esta oración para despejar aparentes antiguas ofensas y avanzar a partir de ellas.

Ahora perdono y libero completa y libremente a
[inserta el nombre de la persona aquí].
Te suelto y te dejo ir.
Tú eres libre, y YO SOY libre.
Dejo ir y permito que Dios haga un trabajo perfecto en esta situación
por el bien de todos los implicados.
Gracias, Dios, y ASÍ ES.
[Repite esta oración hasta que sientas que parece completa].

35. Perdón divino

Dios perdona todas las faltas aparentes, así que, ¿por qué es tan difícil que nos perdonemos? Imagina cómo sería que te perdonaras por completo, con una vida libre de culpabilidad y vergüenza. El perdón de la situación relevante la sitúa bajo la ley de la gracia.

El poder perdonador, liberador y sanador de Dios
trabaja en mí y a través de mí ahora.
Todo juicio, resentimiento, crítica y rencor se ven ahora disueltos
y sanados con el amor y la paz de Dios en el interior de mi corazón.
Perdono todo a todos (incluyéndome a mí mismo).
Ahora perdono todas las experiencias pasadas.
Ahora me perdono por todos los
errores, fallos y ofensas aparentes.
Me bendigo a mí mismo, SOY perdonado, SOY libre.
Gracias, Dios, y ASÍ ES.

36. Sanación del patrón parental

Esta poderosa oración puede ayudarte a sanar profundamente tu relación con el patrón interior representado por tus progenitores, ya que han demostrado nada menos que un amor puro. Puedes volver a criarte a ti mismo empleando esta fabulosa plegaria.

Ahora libero cualquier creencia, percepción y juicio
de que mi padre y mi madre no me cogieron en brazos,
me abrazaron y me quisieron cada día hasta que tuve cinco años.
Ahora libero mi creencia, percepción y juicio de que mi padre
y mi madre no me cogieron en brazos, me abrazaron y
me elogiaran cada día hasta que tuve diez años.
Ahora libero mi creencia, percepción y juicio
de que mi padre y mi madre no me cogieron en brazos,
me abrazaron y me dijeron lo maravilloso que era
cada día hasta que tuve quince años.
Ahora libero mi creencia, percepción y juicio
de que mi padre y mi madre no me cogieron en brazos,
me abrazaron y me dijeron lo mucho que me aceptaban
y aprobaban cada día hasta que tuve veinte años.
Ahora libero mi creencia, percepción y juicio
de que mi padre y mi madre no me cogieron en brazos,
me abrazaron, me honraron, me apreciaron
y me respetaron cada día de mi vida.
Ahora libero mi creencia, percepción y juicio de que mi padre
y mi madre ya no están conmigo cada vez que los necesito
para que me cojan en brazos, me abracen, me quieran,
me elogien, se preocupen por mí, me acepten, me aprueben,
me honren, me aprecien, me respeten
y me digan lo maravilloso que SOY.
Ahora me abrazo, quiero, elogio, preocupo, acepto, apruebo,
honro, aprecio, respeto y valoro.
Ahora sé y acepto lo maravilloso que SOY.
Gracias, Dios, y ASÍ ES.

37. Oración para cancelar contratos

Un acuerdo, contrato o promesa con una persona, entidad o fuerza aparentemente oscura puede amarrar tu campo de energía durante vidas con redes, cepos, trampas y jaulas psíquicas. Si te vuelves consciente de que estas energías te afectan a ti o a otros, usa la siguiente afirmación para eliminar ese cautiverio.

Invoco al Espíritu Santo, el espíritu de la verdad y la integridad,
para que elimine todos los contratos, juramentos, acuerdos,
vínculos, pactos, compromisos, promesas y pactos vinculantes
que haya establecido en cualquier momento y lugar
en esta vida y en vidas anteriores que ya no me sirvan.
Todos estos contratos vinculantes, juramentos, acuerdos,
vínculos, pactos, compromisos, promesas y convenios
son ahora cancelados, aflojados, sanados,
liberados, disueltos y dejados ir cariñosamente
hacia la luz del amor y la verdad de Dios.
Son anulados y dejados sin validez a todos los niveles
en cada dimensión, lugar y momento.
Todas las estructuras de pensamiento, matrices, marcos,
plantillas, moldes y patrones que fueron creados
como resultado de tales acuerdos
se ven ahora cariñosamente colapsados, disueltos, bendecidos,
queridos, sanados, liberados y dejados ir por completo.
Son elevados hacia la nada, que es de donde proceden realmente.
SOY libre de todas esas promesas y acuerdos ahora.
TENGO el control. SOY la única autoridad en mi vida.
Gracias, Dios, y ASÍ ES.

38. Relaciones amorosas perfectas

Imaginando y ratificando unas relaciones perfectas, cariñosas y armoniosas con tus seres queridos, puedes generar ese resultado. Esta oración puede ser de ayuda.

ESTOY unido a Dios y a mis seres queridos
con una conexión espiritual sincera.
Allá donde estemos, mis seres queridos y yo
nos vemos envueltos en la presencia de Dios.
Sólo veo a Dios y cosas buenas en mis seres queridos.
SOY libre para ser Dios, y permito a mis seres queridos
la libertad de ser quienes son.
Envuelvo a toda mi familia en un círculo de amor:
aquellos que están vivos y aquellos que han fallecido.
Afirmo unas relaciones maravillosas y armoniosas con cada uno de ellos.
Veo los puntos de vista de otras personas, y SOY bendecido al hacerlo.
Gracias, Dios, y ASÍ ES.

39. Tratamiento para sanar relaciones

Éste es un tratamiento para mí, *[nombre completo]*, para la perfecta sanación de mi relación con *[persona]*, o algo mejor, ahora.

Reconozco que Dios es amor incondicional. Dios es la presencia y el poder sanadores omnibenevolentes y que todo lo perdonan que habita en nuestro interior y a nuestro alrededor. Dios es el perdón perfecto y la resolución divina. Dios es la resurrección y la vida, la omnibenevolencia, la completa misericordia y lo abarca todo. Dios es unicidad y armonía. Dios es el consejero de relaciones consumado.

Dios es el único poder en funcionamiento en mi vida ahora. La presencia divina de Dios omnibenevolente y que todo lo perdona me devuelve a la unicidad y la armonía. La misericordia y el amor incondicional divinos de Dios me llenan y rodean de paz. SOY la perfecta presencia sanadora y el perfecto poder sanador ahora. SOY sanado y resucitado por el perdón y la resolución divina perfectos de Dios. SOY uno con el consejo perfecto de Dios ahora.

Por tanto, ahora reclamo para mí, *[nombre completo]*, la perfecta sanación de mi relación con *[persona]*, o algo mejor, ahora.

Acepto esta sanación perfecta en mi consciencia ahora. Libero ahora todos los conceptos limitantes que interfieren con esta afirmación, ya sean conocidos o desconocidos, conscientes o subconscientes.

Mis pensamientos son ahora uno con el pensamiento de Dios, son los mismos que el suyo y están en sintonía con él. El amor perfecto disuelve todo el miedo y la ira en nuestra relación. El amor ahora nos une en una armonía perfecta.

Te perdono ahora, querido *[persona]*, enviando amor desde mi corazón, y sé que lo hiciste lo mejor que pudiste en cada situación conmigo. Por lo tanto, no hay culpabilidad ni reproche alguno. Ahora invoco al poder de Dios para que corte todos los vínculos psíquicos entre mí y *[persona]*. Estos vínculos psíquicos son ahora cortados, elevados, queridos, sanados, disueltos, liberados y dejados ir cariñosamente por el poder y la presencia de Dios todopoderoso.

Querida *[persona]*, es imposible que transgredas mi perfección. Reconozco que simplemente hiciste aquello que solicité y, en realidad, ni tú ni nadie más puede hacerme daño. SOY perfecto ahora, siempre lo he sido y siempre lo seré, y tú no puedes cambiarlo. Derramo mi corazón con un amor incondicional hacia ti. El Yo Divino en mi interior te perdona completamente ahora. Te visualizo frente a mí en una hermosa esfera de luz dorada divina. Tu belleza y fulgor interior llenan mi ser ahora con un perdón perfecto.

Ahora acepto plenamente, en conciencia, la sanación perfecta de mi relación con *[persona]*, o algo mejor, ahora. Doy las gracias a Dios por poner de manifiesto esta sanación en mi vida ahora. Lanzo esta reclamación a Dios y a las leyes naturales de la creación. Mi reclamación se pone de manifiesto ahora mediante el poder y la presencia de Dios. Ésta es la naturaleza de la ley natural. AMÉN.

40. Tratamiento para sanar la traición

Éste es un tratamiento para mí, *[nombre completo]*, para la sanación perfecta de cualquier traición aparente en mi relación con *[persona]*, o algo mejor, ahora.

Ahora reconozco que Dios es amor y perdón incondicionales y perfectos. Dios es la presencia completamente misericordiosa, omnibenevolente, que todo lo perdona y totalmente compasiva en el universo. Dios es amor. Dios es ecuanimidad y equilibrio. Dios es integridad y unicidad.

Dios está aquí, allí y en todos los lugares, en el interior de esto, de eso y de todo. Así pues, Dios se encuentra en mi interior y a todo mi alrededor. Ahora SOY uno con Dios estoy fusionado con él y estoy unido a él en una integridad perfecta y sin fisuras. Vivo, respiro, me muevo y tengo mi ser en Dios. Dios es mi guía, mi luz a la que aferrarme, mi roca, mi armadura, mi escudo. Dios se encuentra aquí, en mi interior, en forma de un amor y perdón perfectos. Dios, al igual que yo, es la presencia y el poder completamente misericordioso, omnibenevolente y compasivo, es el espíritu que habita en mí. SOY el amor que representa Dios. SOY la ecuanimidad y el equilibrio que representa Dios.

Por lo tanto, ahora conozco y reclamo para mí, *[nombre completo]*, la perfecta sanación de cualquier traición aparente en mi relación con *[persona]*, o algo mejor, ahora.

Ahora doy la bienvenida y acepto esta perfecta sanación ahora. Independientemente de lo que haya hecho *[persona]*, incluso aunque lo considerara imperdonable, ahora sé que siempre lo hizo lo mejor que pudo. Él/ella actuó de la mejor forma que pudo, de acuerdo con su nivel de consciencia en ese momento. Invoco al Espíritu Santo para que ilumine a *[persona]* con la luz del perdón. Pese a que encuentro difícil perdonar/disculpar su comportamiento, ahora sé que Dios Padre/Madre, que es omnibenevolente y completamente misericordioso le perdona totalmente.

Ahora me desprendo de toda necesidad de traicionar o de ser traicionado. Libero de mi mente todos y cada uno de los pensamientos de autosabotaje, autodesprecio y traición y mortificación a mí mismo. Ahora me desprendo de la ira, del resentimiento de la frustración, de la deslealtad, de la traición, la infidelidad y del resto de los sentimientos que ya no me sirven. Estos sentimientos se ven liberados de mi mente y se han ido. ME VEO ahora lleno de pensamientos hermosos, puros e intachables de paz, amor, felicidad, alegría, perdón, de dejar ir, permisión, aceptación, satisfacción, lealtad, constancia, confianza, fidelidad, equilibrio, ecuanimidad, unicidad e integridad.

Corto ahora todas y cada una de las ataduras psíquicas, lazos kármicos y conexiones vinculantes entre yo y *[persona]*. Estas ataduras físicas son ahora cortadas, cortadas, cortadas, cortadas, cortadas, cortadas, cortadas, cortadas, cortadas, cortadas, cortadas, cortadas, cortadas, cortadas, cortadas cariñosamente, elevadas, amadas, bendecidas, disueltas, liberadas y se dejan ir por completo hacia la luz y la verdad de Dios.

Ahora SOY libre y TENGO el control. SOY la única autoridad en mi vida. ESTOY divinamente protegido por la luz de mi ser. Ahora bloqueo mi aura y mi cuerpo de luz a *[persona]*, y a todos salvo a mi propia divinidad interior.

Ahora acepto plenamente, en consciencia, la sanación perfecta de cualquier traición aparente en mi relación con *[persona]*, o algo mejor, ahora. Ahora libero esta plegaria en el interior de la ley espiritual, sabiendo que se manifiesta ahora, en mi vida, bajo la gracia, de las formas sabias y perfectas propias de Dios. Gracias, Dios, y ASÍ SEA.

41. Tratamiento para unas relaciones armoniosas perfectas en el hogar y en el trabajo

Éste es un tratamiento para mí, *[nombre completo]*, para tener unas relaciones armoniosas perfectas en mi vida, o algo mejor, en el hogar y en el trabajo ahora.

Ahora sé y reconozco que existe un poder y una presencia que están trabajando en el universo y en mi vida: Dios el bueno, el omnipotente, el omnipresente y el omnisciente. Dios es un amor incondicional perfecto. El amor de Dios es constante, confiable, inquebrantable, estable, inamovible, eterno, siempre presente, incondicional y absoluto. Dios siempre está presente y nunca abandona a nadie. Dios siempre es fiel.

ESTOY ahora fusionado y alineado con Dios unido a él, y SOY uno con Dios. Vivo, me muevo y tengo mi ser en Dios. SOY uno con el poder y la presencia de Dios, que es omnipotente, omnipresente y omnisciente. SOY uno con el amor incondicional perfecto de Dios. SOY el amor constante, confiable, inquebrantable, estable, inamovible, eterno, siempre presente, incondicional y absoluto que representa Dios. ESTOY siempre presente y SOY siempre fiel, tal y como lo es Dios.

Por lo tanto, ahora conozco y reclamo unas relaciones armoniosas perfectas en mi vida, o algo mejor, en mi hogar y mi trabajo ahora.

Ahora sé que todas mis relaciones están basadas es un amor incondicional perfecto. El amor y las relaciones que tengo con mis progenitores, hijos, familia, amigos, colegas, compañeros de trabajo, profesores, alumnos, empleadores y todo el resto de seres en mi vida son ahora perfectas desde todos los puntos de vista, de acuerdo con la voluntad y la orientación perfectas de Dios, para bien de todos los implicados.

Ahora me desprendo de todas y cada una de las ideas y experiencias limitantes que he tenido en mis relaciones. Ahora libero de mi mente todos los pensamientos de resentimiento, ira, irritación, menosprecio, arrogancia, culpabilidad, reproche, codependencia, rechazo, abandono y todo el resto de los conceptos negativos que han obstaculizado mis relaciones, ya sean conocidas o desconocidas, conscientes o inconscientes.

Ahora ME VEO llenado de pensamientos y emociones positivos, poderosos e ilimitados de perdón, gratitud, dejar ir, amor, calma, paz, humildad, respeto, admiración, honor, aprobación, inocencia, ingenuidad, responsabilidad, aceptación, confianza y lealtad. TENGO el control de mi mente y mi vida, ahora y siempre.

Ahora SOY plenamente responsable de todas mis relaciones. Así pues, la culpabilidad y los reproches se ven ahora eliminados permanentemente de mi vida. Ahora acepto completamente, en consciencia, unas relaciones armoniosas y perfectas en mi vida, o algo mejor, en mi hogar y mi trabajo, ahora. Ahora doy las gracias a Dios por poner de manifiesto mis relaciones perfectas en mi vida, bajo la gracia, de formas perfectas. Ahora libero esta plegaria, plena y completamente, en el interior de la ley espiritual, sabiendo que se pone de manifiesto, en este preciso momento, en mi vida, bajo la gracia, de formas perfectas. Gracias, Dios, y ASÍ ES.

Capítulo 4

Superando las adicciones y la codependencia

«Las cadenas del hábito son, generalmente, demasiado pequeñas para sentirlas hasta que son demasiado fuertes como para romperlas».

SAMUEL JOHNSON

Existe una razón por la cual Alcohólicos Anónimos es el programa de tratamiento de las adicciones más eficaz del que se dispone. Se debe a que los cimientos de su programa de doce pasos consiste en una profunda introspección y un verdadero conocimiento espiritual. Sin la ayuda de un poder superior, superar las cadenas de la adicción que nos aprisionan es prácticamente imposible.

Al principio, las sustancias o los hábitos que alteran la mente parecen bastante inofensivos. Los consumidores justifican que pueden dejarlos siempre que quieran. Es decir, hasta que es demasiado tarde y el hábito ha devorado su vida y los ha llevado a la completa ruina. Esto puede aplicar a las drogas, el alcohol, el tabaco, el sexo, la pornografía, la televisión, Internet, las relaciones codependientes, el juego, el trabajo, el café, la comida, el azúcar o cualquier otro hábito o antojo.

En muchos casos, la dependencia adictiva es resultado de una hipersensibilidad psíquica, explicada en forma del «síndrome de la esponja psíquica» en la página 22. Completamente abiertas a las emociones, los sentimientos, las sensaciones y los estímulos ambientales, las esponjas psíquicas ultrasensibles viven en un mundo de emociones hirientes y de sobrecarga sensorial cuya intensidad cae en cualquier lugar entre la irritación leve y el terror intenso. Una mala forma de salir adelante consiste en enterrarse en sustancias insensibilizadoras que eliminan el dolor temporalmente.

Hay esperanza para estas situaciones aparentemente desesperadas. Con las oraciones sanadoras de este capítulo, además de con las plegarias para la propia autoridad del capitulo 1, junto con un programa de recuperación probado, la adicción y la codependencia pueden superarse.

42. Superando la hipersensibilidad

Esta oración puede revertir las tendencia hacia la hipersensibilidad. Empléala en cualquier momento en el que te sientas agotado, superado, alterado o turbado por circunstancias que escapen a tu control. Cuando tu mundo parezca estar desmoronándose, cuando parezca imposible aferrarse a la realidad, esta plegaria puede ser de utilidad.

> *TENGO el control.*
> *ME VEO llenado de la luz de Dios.*
> *Permito que la luz me llene y me envuelva ahora.*
> *La luz de Dios vibra e irradia en mi interior y a mi alrededor.*
> *Esa luz aporta una invencibilidad diamantina.*
> *SOY una roca, un pilar de fortaleza, ya que la fuerza*
> *del poder de Dios está en mi interior y a mis órdenes.*
> *Nada ni nadie puede sacudir el inamovible centro de mi ser.*
> *Me mantengo firme y seguro en el amor de Dios.*
> *SOY un ser de luz radiante, lleno de la gloria que representa Dios.*
> *Gracias, Dios, y ASÍ ES.*

43. Alcanzando y conservando el equilibrio

Cuando restauras el equilibrio en tu mente, cuerpo y espíritu es más fácil superar las adicciones. Emplea esta oración cuando te sientas descentrado y necesites centrarte, cuando te sientas perdido y confuso entre mensajes opuestos, o cuando tu entorno parezca estar asfixiándote.

Mi mente está en equilibrio.
Mi cuerpo está en equilibrio.
Mi espíritu está en equilibrio.
ME VEO llenado de ecuanimidad, equilibrio,
estabilidad, moderación, fortaleza interior,
aplomo, confianza y sabiduría divina.
Tomo decisiones sabias, decididas y resueltas.
SOY la única autoridad en mi vida.
SOY protegido, orientado e inspirado divinamente.
Mi vida va por buen camino, firme y plena.
TENGO el control de mi vida y mi mente.
ESTOY en equilibrio, ahora y por siempre.
Gracias, Dios, y ASÍ ES.

44. Superando el agobio

Cuando te desprendes de todas tus preocupaciones y se las entregas a Dios, te quitas un gran peso de encima y te encuentras en manos de Dios.

Ahora me desprendo de todos mis asuntos
y permito que Dios se ocupe de ellos.
Todas mis preocupaciones, problemas y dudas se ven ahora
elevados hacia la luz del amor y la verdad de Dios.
Le entrego todo a lo divino, sabiendo que mi vida está en manos de Dios.
Gracias, Dios, y ASÍ ES.

45. Superando el comportamiento adictivo

Al emplearla varias veces al día, esta plegaria puede ayudarte a superar la adicción y evitar la tentación de posteriores conductas adictivas.

Siempre que te sientas débil, inseguro y no puedas confiar en ti mismo, usa esta oración.

No hay nada en este mundo que pueda poseerme.
No hay nada que tenga control sobre mí.
Mi vida pertenece únicamente a mi Yo.
No pertenezco a nadie más que a mi Yo.
No SOY una víctima, ya que no hay nada que sea un depredador:
ninguna sustancia, cosa o persona me está acechando.
Tengo opciones. En todo momento dispongo de opciones.
Ahora tomo decisiones sabias y resueltas.
Ya no ESTOY consumido por la adicción.
Ya no me VEO obligado a hacer nada.
Ahora tomo el mando de mi mente y mi vida.
TENGO el control. YO SOY la única autoridad en mi vida.
No respondo a nada ni nadie más que a Dios en mi interior.
Dios me respalda para desarrollar unos hábitos constructivos y saludables.
Con Dios como mi guía y mi faro, seguiré el camino de la virtud.
Dios me conduce por el camino correcto hacia la gloria.
SOY dirigido por el Espíritu, ahora y por siempre.
Gracias, Dios, y ASÍ ES.

46. Superando la adicción al tabaco

Aunque el tabaco es una adicción perniciosa, puedes superar este hábito mortífero y revertirlo. Emplea esta afirmación varias veces al día, en cualquier momento en el que sientas ansias de nicotina o deseos de fumar.

ME VEO llenado del aliento de la vida.
Cualquier aparente deseo de muerte se ve ahora desterrado
y liberado en el interior de la luz de Dios y desaparece.
Mi único deseo es abrazar la vida y vivirla.
Ahora sé que mis pulmones están llenos de vida.
Inspiro vida con cada respiración.

Doy la bienvenida a la vida en mi vida.
ME VEO llenado de la voluntad de vivir una larga vida.
ME VEO llenado de la alegría de vivir.
La vida y una buena salud llenan cada poro de mi cuerpo.
ESTOY sano y fuerte y SOY libre, tal y como Dios quería que fuera.
Gracias, Dios, y ASÍ ES.

47. *Superando el alcoholismo*

Esta oración puede ayudarte a superar y vencer al demonio del alcoholismo y a la vergüenza que supone mantenerlo en secreto. Empléala varias veces al día, siempre que las ansias de alcohol tiren de ti, o siempre que sientas que el alcohol está dirigiendo tu vida.

SOY libre de cualquier aparente necesidad de tomar alcohol.
Con el poder de Dios, ahora supero este ansia.
Con Dios a mi lado, SOY libre de ser Yo.
SOY libre de seguir un estilo de vida saludable.
Ya no SOY un esclavo del alcohol.
Ahora rompo las cadenas del alcoholismo.
El alcohol ya no atenaza mi vida.
Todas las ataduras psíquicas entre yo y el alcohol
se ven ahora cariñosamente cortadas, cortadas, cortadas,
cortadas, cortadas, cortadas, cortadas, cortadas, cortadas,
rotas, bendecidas, sanadas, elevadas, liberadas
y se dejan ir hacia el interior de la luz del amor y la verdad de Dios.
Ya no siento la necesidad de tapar el dolor emocional y la frustración.
Ahora sé que está bien sentirse vulnerable.
Ya no necesito tapar el autodesprecio y la vergüenza.
Ahora estoy erguido y me siento confiado,
sabiendo que SOY lo suficientemente bueno tal y como SOY.
Mi vida es mía. Mi vida ya no le pertenece al alcohol.
Ahora mi vida me pertenece a mí. SOY libre.
Gracias, Dios, y ASÍ ES.

48. Superando la adicción a las drogas

La adicción a las drogas es una invitación completamente abierta para que las energías y los entes inferiores invadan el cuerpo. Por lo tanto, sanar las energías inferiores resulta esencial para superar la adicción. Emplea esta oración varias veces al día para que te ayude a superar la necesidad incontenible de tomar drogas y para sanar las fuerzas perniciosas que se han tragado tu vida.

TENGO el control de mi vida.
Ninguna sustancia ni droga puede controlarme.
Con la ayuda de Dios, ESTOY libre de adicciones.
Ahora invoco al Espíritu Santo para que corte todas
las ataduras psíquicas entre [nombre de la sustancia] y yo ahora.
Estas ataduras psíquicas se ven ahora cariñosamente
cortadas, cortadas, cortadas, cortadas, cortadas, cortadas, cortadas,
cortadas, cortadas [repite hasta que la sensación sea de completitud]
seccionadas, elevadas, amadas, sanadas, bendecidas, liberadas,
y dejadas ir en el interior de la luz del amor y la verdad de Dios.
Ahora ESTOY libre de la adicción a las drogas.
Me VEO llenado de la luz de Dios.
Ahora supero la necesidad de consumir drogas.
Toda ansia de drogas se ve sanada, aflojada,
elevada, amada, liberada y dejada ir ahora.
ESTOY libre de todos los grilletes que me han tenido amarrado.
SOY libre de alejarme de la oscuridad y abrazar la luz.
Todas las energías oscuras a mi alrededor son ahora
sanadas y perdonadas amorosamente, elevadas hasta la luz,
sanadas y perdonadas, elevadas hasta la luz
[repítelo hasta que la sensación sea de completitud],
bendecidas, perdonadas, liberadas y dejadas ir
hacia el interior del amor, la luz y la integridad de Dios.
TENGO el control de mi mente y mi vida ahora.
SOY libre de la dependencia, libre de ser yo.
Justo aquí y en este preciso momento.
Gracias, Dios, y ASÍ ES.

49. Venciendo a la cafeína, el azúcar, los estimulantes y los narcóticos

Esta plegaria puede ayudarte a superar la dependencia a los estimulantes, los narcóticos y otros parches que tienen unos efectos perniciosos a largo plazo. Emplea esta oración siempre que sientas la necesidad de un estimulante para ayudarte a seguir adelante o de una droga para tranquilizarte.

Ahora SOY libre y estoy abierto al cambio positivo.
Mi vida está libre de todas y cada una de las dependencias.
Ya no siento la necesidad de tomar cafeína, azúcar
ni de ningún otro estimulante, antojo o adicción.
Ya no necesito estimulantes para seguir adelante.
Ahora ESTOY atento y despierto sin sustancias.
Ya no necesito narcóticos para relajarme.
ESTOY tranquilo y satisfecho aquí y ahora.
Ya no necesito potenciadores de la energía.
Ahora ESTOY lleno de energía natural firme.
Ya no necesito sustancias artificiales,
porque ahora SOY yo mismo (mi Yo): sencillo y natural,
tal y como Dios pretendía que fuera.
Gracias, Dios, y ASÍ ES.

50. Tratamiento para superar el abuso de sustancias y la adicción

Éste es un tratamiento para mí, *[nombre completo]*, para superar todos los aparentes abusos de sustancias y las adicciones, o algo mejor, ahora.

Ahora sé y reconozco que existe un poder sanador y una presencia sanadora trabajando en el universo y en mi vida: Dios el bueno, el omnipotente. Dios, la fuente de vida, da la vida y la sustenta en todos los seres. Dios es la luz de la vida, la verdad de la existencia. Dios es amor incondicional. Dios es el perdón, la libertad, la gracia divina y la realización perfectos. Dios es la misericordia y la compasión perfectas, libres de juicio y reproche. Dios es el poder que hace milagros. Dios es integridad y unicidad.

Ahora SOY uno con Dios, ESTOY fusionado y unido a Dios en un alineamiento, armonía e integridad perfectos. Dios está justo aquí, en este preciso momento, en mi interior: es la verdadera esencia y el centro de mi ser. SOY la presencia y el poder sanador que representa Dios. SOY uno con la fuente de vida, que da vida y alimenta a todos los seres. SOY la luz de la vida, la verdad de la existencia. SOY amor, perdón, libertad, gracia y realización incondicionales. SOY el poder creador de milagros que representa Dios. SOY integridad y unicidad.

Ahora, por tanto, reclamo para mí, *[nombre completo]*, una libertad completa y permanente de todos y cada uno de los aparentes abusos de sustancias y adicciones, o algo mejor, ahora.

Ahora sé que abrazo la vida. Ya no albergo ningún deseo de muerte. Cualquier mal o daño aparente que haya causado a mí o a otro, en esta vida o en cualquier vida pasada, lo perdono y libero ahora. Son quemados en la hoguera del perdón divino. Ahora me perdono por completo, ya que lo he hecho lo mejor que he podido en todas las situaciones, de acuerdo con mi nivel de consciencia en el momento. Por lo tanto, no existe culpabilidad ni reproche. No existe la necesidad de castigarme ni dañarme con el abuso de sustancias, ya que el Señor mi Dios está conmigo allá donde vaya, y Dios me perdona total y completamente, con una misericordia y compasión perfectas.

Independientemente de lo depravado que me sienta, independientemente del autodesprecio que haya albergado, todo es sanado y perdonado ahora. Independientemente de cómo haya fallado aparentemente, independientemente de cómo me haya maltratado a mí mismo y a los demás, independientemente de cualquier lesión, delito o daño aparente que haya cometido y que me haya hecho odiarme, todo es sanado y perdonado ahora. No importa qué cosas atroces haya hecho y qué bien no haya logrado hacer: sé que, independientemente de ello, Dios me ama, y que SOY perdonado por completo.

Ahora me desprendo de todos y cada uno de los pensamientos y las emociones limitantes que ya no me sirven. Ahora me libero de los sentimientos de autodesprecio, autodenigración, autoagresión, autoacusación, autocondena, autocastigo y autoaniquilación. Estos pensamientos se ven ahora elevados hasta la luz de Dios, elevados hasta la luz de Dios, y se desvanecen. Son quemados en la hoguera del amor divino. Ahora doy la bienvenida y abrazo pensamientos y emociones positivos de autoestima, autoaceptación, amor propio, autovaloración, amabilidad y compasión para conmigo, perdón para conmigo, amor incondicional para conmigo y de abrazar la vida.

Ya no le doy la espalda a la vida ni a las emociones. Ya no siento la necesidad de huir del dolor agudo, el daño, la pena, la desolación y la pérdida que la vida implica, inevitablemente. Ahora permito que la vida sea vivida, con todas sus emociones. Ya no siento la necesidad de esconderme ni de huir con el abuso de sustancias. Ahora doy la bienvenida a la vida y la abrazo. Acepto todas las emociones y las siento sin suprimirlas. SOY libre de experimentar todo lo que la vida tiene que ofrecer, ya sea placer, dolor, felicidad o tristeza.

Ahora corto todas y cada una de las ataduras psíquicas y lazos kármicos entre mí y cualquier sustancia que me haya amarrado a la adicción. Estas ataduras psíquicas son ahora cortadas, cortadas, cortadas, cortadas, cortadas, cortadas, cortadas, cortadas, cortadas, cortadas, cortadas, cortadas, cortadas, cortadas, cortadas, cortadas, cortadas, cortadas, cortadas, seccionadas, elevadas, amadas, sanadas, bendecidas, liberadas y dejadas ir por completo cariñosamente hacia el interior de la luz del amor perfecto de Dios.

ESTOY libre de todas y cada una de las ataduras al abuso de sustancias. Las sustancias ya no me controlan. TENGO el control. SOY la única autoridad en mi vida. ESTOY protegido divinamente por la luz de mi ser. Ahora bloqueo mi aura y mi cuerpo de luz a las sustancias adictivas, y a todo excepto a mi propia divinidad interior. Ahora vivo en un perfecto autocontrol, autoestima y autoaceptación. ESTOY despierto, atento y tengo el control de mi vida y mi mente, ahora y por siempre.

Ahora acepto completamente, en consciencia, mi libertad completa y permanente de toda apariencia visible de abusos de sustancias o adicciones, o algo mejor, ahora. Ahora doy las gracias a Dios por poner de manifiesto esta sanación en mi vida, bajo la gracia, de formas perfectas. ASÍ SEA.

51. Tratamiento para superar la adicción al juego

Éste es un tratamiento para mí, *[nombre completo]*, para superar cualquier apariencia visible de adicción al juego, o algo mejor, ahora.

Ahora reconozco que Dios es amor incondicional. Dios es el poder y la presencia omnibenevolente, todopoderoso, que todo lo abraza y abarca, y completamente compasivo y misericordioso que está trabajando en el universo. Dios es el sanador consumado perfecto. Dios es el perdón, la amabilidad, el cuidado y el consuelo perfectos. Dios es el consolador.

Ahora SOY el amor incondicional perfecto que representa Dios. SOY uno con el poder y la presencia omnibenevolentes, todopoderosos, que todo lo abrazan y abarcan, y completamente compasivos y misericordiosos de Dios. SOY uno con el poder sanador perfecto de Dios. SOY uno con el perdón, la amabilidad, el cuidado y el consuelo perfectos de Dios. SOY el consolador que representa Dios.

Por lo tanto, conozco y reclamo, aquí y ahora, mi completa superación de cualquier apariencia visible de adicción al juego, o algo mejor, ahora.

Ahora me desprendo de cualquier adicción aparente que me haya tenido amarrado. Ahora invoco al Espíritu Santo, al espíritu de la verdad, la integridad y la unicidad, para liberar de mi mente toda traza de adicción aparente ahora. Ahora corto todas y cada una de las ataduras psíquicas entre yo y toda adicción al juego ahora. Estas ataduras psíquicas son ahora cortadas, elevadas, bendecidas, sanadas, liberadas, disueltas y dejadas ir cariñosamente. Ahora son quemadas en la hoguera del amor y la paz de Dios.

Ahora SOY perdonado incondicionalmente por toda aparente adicción al juego. Ahora doy la bienvenida, acepto y absorbo pensamientos y emociones nuevos y perfectos de mi propia autoridad, autoestima, confianza en mí mismo, amor propio, autovaloración, sentido de mi propia valía, autoempoderamiento y de mi propia responsabilidad. TENGO el control de mi mente y mi vida. SOY la única autoridad en mi vida. Estoy protegido divinamente por la luz de mi ser. Bloqueo mi aura y mi cuerpo de luz a todo juego de azar ahora, y a todo excepto mi propia divinidad interior.

Ahora me perdono por todos y cada uno de los daños aparentes que haya provocado a mis seres queridos como resultado de mi adicción al juego. Ahora me desprendo de toda culpabilidad y vergüenza, y han desaparecido. Son liberadas en el interior de la luz del amor de Dios. Dios en mi interior es mi poder indulgente y liberador. Dios en el interior de mis seres queridos es su poder indulgente y liberador. Dios en mi interior es mi poder indulgente y liberador. Dios en el interior de mis seres queridos es su poder indulgente y liberador. Todo es sanado, perdonado y limpiado entre nosotros, justo aquí y ahora.

Ahora acepto plenamente, en conciencia, mi superación perfecta y completa de cualquier apariencia visible de adicción al juego, o algo mejor, ahora. Ahora doy las gracias a Dios por poner de manifiesto esta sanación perfecta de las adicciones ahora. Ahora libero esta plegaria completamente en el interior de la ley espiritual, sabiendo que se cumple tal y como se recita, o algo mejor, ahora. Gracias, Dios, y ASÍ SEA.

52. Tratamiento para superar la adicción al sexo

Éste es un tratamiento para mí, *[nombre completo]*, para mi sanación perfecta de la apariencia visible de la adicción al sexo en mi vida ahora y para siempre.

Ahora sé y reconozco que Dios es el único poder y presencia que está trabajando en el universo y en mi vida. Dios es libertad. Dios es sanación e integridad. Dios es alegría y paz. Dios es la luz de la vida, la verdad de ser. Dios es amor, perdón, misericordia y compasión divinos. Dios es el sanador divino. Dios es discernimiento divino.

ESTOY fusionado, alineado a la perfección y SOY uno con Dios. En Dios vivo, me muevo y tengo mi ser. SOY un ser divino de gran amor, luz, presencia, poder y gloria. Dios vive en mi interior, en forma de mí, en un alineamiento y armonía perfectos. YO SOY el amor, la presencia y el poder que representa Dios. SOY la paz, la libertad, el perdón, la misericordia y la compasión de Dios. SOY el poder sanador que representa Dios. SOY discernimiento divino.

Ahora, por lo tanto, reclamo para mí, *[nombre completo]*, mi perfecta sanación de la apariencia visible de adicción al sexo en mi vida, o algo mejor, ahora y por siempre.

Ahora sé, con una certeza perfecta, que me perdono por todas y cada una de las ofensas aparentemente infligidas a los demás. Sé que independientemente de la culpabilidad y la vergüenza que sienta, el amor de Dios es incondicional. Por lo tanto, incluso aunque aparentemente he ofendido a otros, sé que la gracia y la compasión misericordiosas de Dios se vierten sobre mí en este preciso momento y me dejan limpio en la fuente pura del amor incondicional. Ahora sé que el amor de Dios es más poderoso que cualquier adicción. Con Dios todo es posible. Por lo tanto, sé que cambio mi vida justo aquí y en este preciso momento. Ahora vivo completamente libre de la adicción al sexo.

Ahora corto todas y cada una de las ataduras psíquicas entre yo y todos aquellos que se han visto aparentemente afectados por mis acciones perniciosas pasadas. Esas ataduras psíquicas son ahora cortadas, cortadas, cortadas, cortadas, cortadas, cortadas, cortadas, cortadas, cortadas, cortadas, cortadas, cortadas, cortadas, cortadas, cortadas, seccionadas, sanadas, elevadas, amadas, bendecidas y dejadas ir por completo cariñosamente. Son quemadas en la hoguera del amor de Dios. TENGO el control. SOY la única autoridad en mi vida. Bloqueo mi aura y mi cuerpo de luz a las víctimas aparentes de mis acciones pasadas y a todo excepto a mi propia divinidad interior.

Ahora me desprendo del pasado, sabiendo que avanzo con confianza. Sé que independientemente del mal aparente que haya cometido, me perdono por completo ahora. No importa lo difícil que parezca perdonarme, ahora sé que con la ayuda de Dios me desprendo completamente de la vergüenza y me perdono ahora. Ya no siento la necesidad de utilizar y maltratar a los demás para obtener una gratificación sexual. Ahora sé que ESTOY satisfecho conmigo mismo, y que Dios es mi protector y mi guía. Ya no siento la necesidad de hacer daño a nadie por ninguna razón. SOY sanado y perdonado, y camino en armonía conmigo mismo y con la ley natural. Ahora sintonizo con las leyes de la naturaleza y sigo un camino de equilibrio, paz y armonía.

Ahora acepto completamente, en conciencia, que ESTOY libre de la adicción al sexo ahora. Ahora libero por doquier esta plegaria hacia el interior de la ley espiritual de la perfección por doquier ahora. Gracias, Dios, y ASÍ ES.

53. Tratamiento para el derecho a vivir libre de codependencia

Éste es un tratamiento para mí, *[nombre completo]*, para el completo derecho a vivir libre de las relaciones de codependencia, o algo mejor, ahora.

Ahora sé y reconozco que existe una presencia y un poder trabajando en el universo y en mi vida: Dios el bueno, el omnipotente. Dios es la luz de la vida, la verdad de ser. Dios es el omnibenevolente, el que todo lo abarca, el todopoderoso y el que todo lo engloba. Dios es amor, armonía, paz y tranquilidad incondicionales. Dios es el sanador divino. Dios es la perfección de ser: la perfección por doquier ahora. Dios es libertad, independencia, autocontención, autoempoderamiento y una completa alegría.

Ahora SOY uno con Dios, perfecto y pleno en unidad. Dios habita en mi interior, en forma de mí, en perfecta armonía y tranquilidad. SOY el amor incondicional y la presencia sanadora que representa Dios. Ahora ESTOY lleno y me VEO rodeado de la paz, la libertad, la independencia, la autocontención, el autoempoderamiento y la alegría total perfectos de Dios. El amor de Dios llena mi corazón. La luz de Dios me rodea. SOY un ser divino de gran poder y gloria.

Por lo tanto, ahora reclamo para mí, *[nombre completo]*, un derecho total a vivir libre de las relaciones de codependencia, o algo mejor, ahora.

Ahora dejo ir todas y cada una de las necesidades aparentes de perderme en otra persona. Ahora corto todas y cada una de las ataduras psíquicas, los lazos kármicos, los nudos que me amarran y las conexiones insalubres entre yo y todas las relaciones de codependencia ahora. Ahora me desprendo de cualquier necesidad aparente de servidumbre psíquica. Estas ataduras psíquicas son ahora cortadas, cortadas, cortadas, cortadas, cortadas, cortadas, cortadas, cortadas, cortadas, cortadas, elevadas, amadas, sanadas, seccionadas, liberadas, bendecidas y se las deja ir cariñosamente hacia la luz del amor y la verdad de Dios. Ya no siento la necesidad de aferrarme a otros. Ya no poseo a otra persona. Ahora POSEO mi Yo solamente. Ahora SOY libre.

Ahora me desprendo de todos y cada uno de los pensamientos y las emociones negativos y limitantes que no me sirven. Ahora libero mi mente todo el autodesprecio, humildad, autodestrucción, posesividad, celos, apego, dominación, coacción, manipulación, vampirismo y cualquier otra tendencia y conducta mental de codependencia, ya sean conscientes o inconscientes, conocidos o desconocidos.

Ahora doy la bienvenida y acepto pensamientos y emociones nuevos, positivos y alentadores de autoempoderamiento, autoestima, autoaceptación, de la propia valía, amor propio, confianza en ti mismo, libertad, independencia, autonomía, fortaleza interior, permisividad, tolerancia, aceptación y todo el resto de las tendencias que respalden una vida libre de dependencia ahora.

OSTENTO el control. SOY la única autoridad en mi vida. ESTOY protegido divinamente por la luz de mi ser. Bloqueo mi aura y mi cuerpo de luz a todos aquéllos que me están influyendo exageradamente y a todos aquellos con los que he tenido relaciones de codependencia. ESTOY en contacto con mi Yo, y ahora conozco mi valía y mi valor. SOY digno de amar y de ser amado en libertad, sin ninguna necesidad aparente de codependencia.

Ahora doy gracias a Dios por poner de manifiesto esta sanación en mi vida, bajo la gracia, de formas perfectas. Ahora libero esta plegaria hacia el interior de la ley espiritual, sabiendo que se muestra en este preciso momento en mi vida, bajo la gracia de Dios, de formas perfectas. Gracias, Dios, y ASÍ ES.

54. Tratamiento para superar la adicción al trabajo

Éste es un tratamiento para mí, *[nombre completo]*, para superar toda la aparente adicción al trabajo, o algo mejor, ahora.

Ahora reconozco que existe un poder y una presencia en mi vida. Esa presencia es Dios. Reconozco que Dios es la paz perfecta. La paz de Dios se encuentra en el interior de todos y de todo. Dios es serenidad, tranquilidad y una felicidad perfecta. Dios es equilibrio, armonía, estabilidad y ecuanimidad. Dios es amor.

Ahora SOY uno con Dios. En Dios vivo, me muevo, respiro y tengo mi ser. Dios y yo somos uno, en perfecta armonía. Estoy fusionado y alineado con Dios y soy lo mismo que Dios. SOY uno con Dios en una integridad perfecta y sin fisuras. El amor y la paz de Dios habitan en mi interior. En el centro de mi ser, ahí se encuentra Dios. SOY el equilibrio, la armonía, la estabilidad y la ecuanimidad que representa Dios. Todo lo que Dios es, yo lo SOY.

Por lo tanto, ahora conozco y reclamo para mí, *[nombre completo]*, una libertad perfecta de toda adicción aparente al trabajo, o algo mejor, ahora.

Ya no siento la necesidad de emplear el trabajo como una huida para no sentir emociones. Ahora libero de mi mente todos y cada uno de los pensamientos y los sentimientos que ya no me sirven. Ahora me desprendo de la necesidad aparente de suprimir las emociones. Libero de mi mente todo miedo, culpabilidad, vergüenza, falta de valía, tristeza, ira, frustración, carencia, vacío y dolor. Todos estos pensamientos se ven elevados, amados, sanados, liberados, bendecidos y dejados ir en el interior de la luz del amor y la verdad de Dios.

Ahora doy la bienvenida y acepto pensamientos y emociones nuevos, hermosos y creativos de fe, confianza, paciencia, perdón, seguridad, autoestima, amor propio, felicidad, paz, alegría, plenitud, realización, dicha, libertad y consuelo. TENGO el control de mi mente y de mi vida, ahora y por siempre.

Ahora sé que es aceptable sentir emociones. Ya no siento la necesidad de llevar una máscara de perfeccionismo. Ahora me permito ser yo mismo. Ya no me juzgo. Me acepto exactamente tal y como SOY, sabiendo que SOY perfecto desde todos los puntos de vista, tal y como SOY. Ahora encuentro valor en mí mismo. Ya no mido mi valor basándome únicamente en mis logros laborales. SOY valioso simplemente siendo yo mismo. SOY suficiente, tal y como SOY, justo aquí y en este preciso momento. Ahora acepto y doy la bienvenida al amor y a la amistad en mi vida, y ya no siento la aparente necesidad de utilizar el trabajo como forma de evitar ser herido en las relaciones.

Ahora libero, suelto y dejo ir todas y cada una de las relaciones de mi pasado que me han provocado dolor. Ahora corto cualquier atadura psíquica, conexiones negativas y vínculos kármicos entre yo y todos aquellos que supuestamente me han hecho daño. Estas ataduras psíquicas son ahora cortadas, cortadas, cortadas, cortadas, cortadas, cortadas, cortadas, cortadas, cortadas, sanadas, disueltas, amadas, elevadas, bendecidas y dejadas ir cariñosamente. ESTOY libre de estas ataduras, y ahora prosigo con mi vida, mientras las dejo ir. TENGO el control de mi mente y mi vida. SOY libre.

Acepto plenamente, en consciencia, una completa sanación de mi aparente adicción al trabajo ahora. Libero y dejo ir ahora esta plegaria en el interior de la ley espiritual, que está trabajando ahora, poniéndose de manifiesto en mi vida de formas perfectas. Acepto plenamente la acción de la ley espiritual. Gracias, Dios, y ASÍ ES.

55. Tratamiento para superar la adicción a la comida

Éste es un tratamiento para mí, *[nombre completo]*, para superar toda supuesta adicción a la comida, o algo mejor, ahora.

Ahora reconozco que Dios es el único poder y la única presencia en el universo y en mi vida. Dios es la presencia omnibenevolente, que todo lo abarca, universal y todopoderosa que impregna y se infiltra en el universo. El amor incondicional de Dios está presente por doquier, dentro de todos y de todo. Dios es integridad, unicidad, plenitud y realización. Dios es alegría total y paz interior. Dios es perfección por doquier ahora. Dios es perfección aquí y ahora.

Ahora SOY uno, ESTOY en sintonía, ESTOY alineado y SOY uno con Dios, en forma de una integridad perfecta y sin fisuras. En Dios vivo, me muevo y tengo mi ser. Dios está en mi interior y a todo mi alrededor. La presencia amantísima, que todo lo abarca, universal y omnipotente de Dios me impregna y se infiltra en mí. SOY el amor incondicional que representa Dios, presente en el centro de mi ser.

SOY la integridad, la unicidad, la plenitud y la realización que representa Dios. SOY una felicidad y una paz interior totales. SOY la perfección por doquier ahora. SOY la perfección aquí y ahora.

Por lo tanto, ahora conozco y reclamo para mí, *[nombre completo]*, la sanación completa de todas y cada una de las aparentes adicciones a la comida, o algo mejor, ahora.

Libero ahora de mi mente todas y cada una de las aparentes adicciones a la comida. Invoco ahora al Espíritu Santo, el Espíritu de la verdad y la integridad, para que proyecte ahora la luz de la verdad sobre mi mente. Ahora libero, suelto y dejo ir todos los pensamientos y emociones de carencia, limitación, frustración, miedo, autodestrucción, autodesprecio, culpabilidad, ira, tristeza, dolor, resentimiento y rechazo.

Ahora doy la bienvenida a pensamientos de plenitud, realización, carencia de límites, paz interior, alegría, fe, confianza, autoestima, autoaceptación, perdón, gozo, consuelo, gratitud, amor por la vida, entusiasmo, inspiración y felicidad y los abrazo.

Ahora libero de mi mente todos los conceptos de la imagen de mí mismo que no reflejan la verdad de mi ser. Libero todas las ideas de ser gordo, obeso, feo, falto de atractivo y poco apetecible sexualmente. Ahora doy la bienvenida y acepto que SOY esbelto, bello, hermoso, atractivo y sexualmente apetecible. Mi cuerpo es esbelto, *sexy* y atractivo.

Ahora libero todas y cada una de las obsesiones aparentes por dejar mi plato vacío. Ahora me desprendo de todas y cada una de las falacias y supersticiones de que debo comerme todo lo que hay en mi plato porque hay gente muriendo de hambre en otros países. Independientemente de la comida que haya en mi plato, ahora como cuanto necesito y dejo el resto. No es pecaminoso dejarse comida en el plato. Es mejor que la comida se convierta en desperdicios que mi cuerpo se convierta en un cubo de la basura humano. Los desperdicios pueden aparecer en mi cuerpo o pueden convertirse en basura. Escojo, ahora, que los restos se conviertan en basura.

Ahora me desprendo de la idea de que no hay suficiente en mi vida. Hay suficiente, y yo SOY suficiente. No necesito llenar el vacío en mi vida con comida. Mi vida es plena, entera y completa, exactamente como es. Mi vida es lo suficientemente buena en este preciso momento. SOY suficiente, justo ahora. ESTOY lleno. ESTOY lleno de amor, gozo, amistad, felicidad, realización y alegría ahora. TENGO el control de mi mente y mi vida, justo aquí y ahora. SOY enteramente feliz, pleno y completo justo aquí y ahora.

Ahora acepto plenamente, en conciencia, que ESTOY libre de todas y cada una de las aparentes adicciones a la comida, o algo mejor, ahora. Ahora doy gracias a Dios por poner de manifiesto esta sanación ahora, en mi vida, bajo la gracia de Dios, en las formas sabias y perfectas de Dios. Ahora libero esta plegaria en el interior de la luz de Dios, sabiendo que se pone de manifiesto en este preciso momento. Doy las gracias a Dios porque esto sea así ahora, y ASÍ ES.

Capítulo 5

Disipando las ilusiones y las percepciones falsas

*«Si las puertas de la percepción fueran limpiadas,
todo se aparecería al hombre tal y como es: infinito».*

WILLIAM BLAKE

¿Has considerado alguna vez que lo que crees que es verdad no lo es en realidad? Tu percepción de la realidad puede que esté distorsionada por creencias, hábitos, condiciones y patrones falsos. Las voces de tus progenitores, profesores, familiares, amigos, compañeros, colegas, pastores, rabinos, sacerdotes, gurús, médiums, doctores, psicólogos, terapeutas, la sociedad, los medios y la consciencia colectiva humana te han lavado el cerebro para que creas lo que crees.

Por lo tanto, la forma en que te percibas a ti mismo se ve teñida por la ventana a través de la que miras. Esa ventana puede ser transparente, prístina e incolora, o ser de cualquier color del arcoíris. Quien crees que eres no es quien eres en realidad, ya que te ves constreñido por las ilusiones y las falsas percepciones. Incluso el gran santo que se encuentra en la cima de la montaña tiene un cuerpo, y cualquiera que viva en forma física se encuentra, por definición, en la *avidya* (ignorancia) o, como mínimo, en la *lesh avidya* (ligeros restos de ignorancia).

En este capítulo se te invita a desprenderte de algunas percepciones ilusorias que se han sostenido como leyes mentales y a que puedas crear unas leyes nuevas más cercanas a la verdad: «Ahora vemos oscuramente por medio de un espejo, pero entonces veremos cara a cara. Ahora conozco en parte, pero entonces conoceré plenamente, así como fui conocido» (Primera epístola a los corintios 13, 12).

56. *Oración para la sanación de la ley mental*

Tu vida está gobernada por leyes creadas en tu mente: una serie de creencias que has aceptado como verdad. Estas leyes, tanto conscientes como inconscientes, determinan tus experiencias vitales y tu destino. Una vez que estas leyes mentales personales se han asentado es difícil revertir sus estatutos limitantes. Sin embargo, con el poder de la oración toda ley puede reescribirse.

Ahora hagamos un ejercicio. Toma un folio. Imagina que dispones de una pizarra en blanco en la que escribir tu destino. A lado izquierdo de la hoja escribe las leyes mentales por las cuales te has visto gobernado hasta el momento. En el lado derecho escribe una serie de leyes por las cuales te gustaría verte gobernado. Tu pizarra podría tener un aspecto parecido al siguiente:

MIS LEYES MENTALES PERSONALES	
LEYES QUE HE EXPERIMENTADO	LEYES QUE ME GUSTARÍAN
Rara vez consigo lo que deseo.	Siempre consigo lo que quiero.
Nunca tengo suficiente dinero.	Siempre tengo el dinero que necesito.
No estoy muy contento.	Soy una persona muy feliz.
Tengo muy pocos amigos.	Tengo muchos amigos.
Odio mi trabajo.	Me encanta mi trabajo.
Tengo una familia difícil.	Tengo una familia armoniosa.
Me siento socialmente incómodo.	Me siento cómodo en situaciones sociales.
No puedo perder peso.	Soy esbelto y delgado.
No puedo ver sin gafas.	Tengo una vista perfecta.
No tengo amor en mi vida.	Tengo una relación amorosa maravillosa.

Ahora liberémonos de las leyes mentales negativas y aceptemos unas leyes mentales nuevas y positivas. Lee la siguiente plegaria en voz alta. Cuando llegues a la primera entrada lee la lista de las «Leyes que he experimentado» que se encuentra en la columna izquierda de tu folio. Cuando llegues a la segunda entrada, lee la lista de las «Leyes que me gustarían» que aparece en la columna derecha de tu folio.

Invoco al Espíritu Santo para que sane y libere, de forma cariñosa,
plena y completa, todas las leyes mentales limitantes que ya no me
sirven, que han gobernado mi vida y me han afectado de forma adversa.
Estas creencias erróneas se ven ahora llenadas de
amor divino, luz divina y verdad divina.
Ahora libero, suelto y dejo ir de mi mente todas las leyes mentales
de [lista aquí las leyes mentales negativas].
Son elevadas hasta la luz de la verdad, disueltas en el vacío
de lo que verdaderamente son, quemadas en el fuego del
amor de Dios, y han desaparecido.
Ahora acepto leyes mentales que nutren mi vida
de formas poderosas y positivas.
Ahora doy la bienvenida a leyes mentales
nuevas, creativas, estimulantes, inspiradoras y alegres de
[lista aquí las leyes mentales positivas].
Ahora doy las gracias a Dios por poner de manifiesto este bien en mi
vida, bajo la gracia, de formas poderosas, positivas y perfectas.
Gracias, maravilloso Dios, y ASÍ ES.

57. Disipando la falsa responsabilidad

La falsa responsabilidad se da cuando el sentido de autoestima de la gente es directamente proporcional al nivel en que creen que están salvando o rescatando a otros. Atada a los problemas de los demás, esta gente se desatiende y acaba vacía y agotada. No obstante, la mejor forma de ayudar y servir a los demás consiste en desarrollar tu propia fortaleza interior.

ESTOY lleno con tal paz divina, alegría y gracia
que no necesito nada más que esto para sentirme completo.

SOY perfecto, completo y pleno, exactamente como SOY.
SOY responsable para con mi Yo y para con Dios en mi interior.
Ahora me desprendo de la necesidad de salvar a todos los demás.
Mi autoestima y mi propia valía ya no se ven determinadas
por cuan virtuosa, recta y piadosamente actúo.
Ahora sé y acepto que SOY digno y valioso,
independientemente de lo que haga o no haga.
Libero todas y cada una de las aparentes adicciones
a las enfermedades, miseria y retos absorbentes de los demás.
Ahora honro, respeto, valoro y cuido de
mi propio cuerpo, mente, alma y Espíritu.
SOY ahora mi propia prioridad número uno.
SOY ahora digno de recibir apoyo, amor
compasión, sanación y sustento.
Ya no siento la necesidad de ganarme el amor.
Sé que el amor de Dios se entrega libremente y lo recibo ahora.
Ahora doy la bienvenida al amor en mi vida, SOY amado.
Gracias, Dios, y ASÍ ES.

58. Revirtiendo el comportamiento permisivo

Las conductas adictivas afectan a todos aquellos que rodean a los adictos: familia, amigos y compañeros de trabajo. Los adictos no pueden curarse si sus seres queridos ignoran el problema, toleran un comportamiento agresivo o permiten que el hábito prosiga sin intervenir. Se define a los *facilitadores* como aquellos que permiten a los adictos seguir con su adicción.

Ahora sé que la fortaleza de Dios se encuentra en mi interior
y a todo mi alrededor.
El poder divino de Dios reside en el interior de mi corazón
y me proporciona la fuerza y el coraje
para amar, honrar, apreciar y respetar a los demás
sin permitir ninguna de sus adicciones.
Mi mirada perspicaz sabe ahora que es para bien de todos.

Ahora sé que permitir o respaldar pasivamente
las adicciones de otros no es de utilidad para nadie.
Ahora sé que dispongo que la valentía y la fuerza
para mantenerme firme y decir «No».
Ya no respaldo ni incentivo el comportamiento adictivo.
SOY mi propia prioridad número uno ahora.
Ahora me amo, nutro, valoro y protejo.
Ya no permito que un adicto me controle.
TENGO el control de mi mente y mi vida.
SOY la única autoridad en mi vida.
ESTOY protegido divinamente por la luz de mi ser.
Gracias, Dios, y ASÍ ES.

59. *Despidiendo a la superioridad y la inferioridad*

Dios irradia su luz y envía la lluvia sobre todos y todo, sin discriminación, prejuicios ni condena. Como humanos, nos vendría bien imitar la visión de Dios: el ojo omnisciente que mira a todos por igual.

No hay nada superior o inferior, nada mejor o peor que otra cosa,
ya que todos somos iguales a los ojos de Dios.
Nadie es superior o inferior, nadie es mejor o peor,
ya que todos hemos sido creados a la perfecta imagen
y semejanza de Dios.
No existe eso o aquello, ni el blanco o el negro,
ya que todo es uno, está unificado y es pleno.
No hay un arriba o un abajo, una derecha o una izquierda,
ya que sólo existe una vida, una luz y una verdad.
Esa unicidad es todo lo que hay.
Esa unicidad es todo lo que SOY.
Esa unicidad es la verdad de mi ser.
Esa unicidad es la verdad de la existencia de todo.
Ni nada ni nadie está separado de esa unicidad.
Todo es esa unicidad.
Todo lo que Dios es, YO LO SOY, al igual que lo son todos.

Todo lo que YO SOY, lo es Dios,
al igual que lo son todos.

60. *Superando la candidez espiritual*

Un gran problema en el campo espiritual consiste en la tendencia a confiar en aquellos que no son dignos de confianza. Aunque son sensibles e intuitivos, los buscadores espirituales suelen tener un aparente punto ciego que evita que disciernan al elegir a maestros espirituales que hacen afirmaciones imposibles.

Ahora me encuentro en la verdad de Dios.
Me encuentro en la verdad de la existencia.
TENGO el control de mi mente y mi vida.
SOY la única autoridad en mi vida.
SOY un ser espiritual divino fuerte y poderoso.
SOY un ser con una gran sabiduría y discernimiento.
Ahora disipo, dejo ir y libero de mi mente todas y cada una
de las candideces espirituales y los engaños psíquicos.
Ahora invoco al Espíritu Santo para que me bendiga y me garantice
los dones de la discriminación y el discernimiento divinos.
SOY tan sabio, inteligente y astuto como una serpiente,
aunque inofensivo, ingenuo e inocente como una paloma.
Ya no ignoro las señales corporales que me muestran
que algo o alguien es incorrecto o está equivocado.
Ahora presto atención a lo que el cuerpo está diciendo.
Ahora me desprendo de cualquier tendencia a aceptar
de forma indiscriminada la manipulación psíquica,
la coacción o la explotación.
Ya no creo, inocentemente, sin comprobaciones ni investigación,
a ningún gurú, médium, adivino, vidente, astrólogo,
líder religioso o espiritual, o cualquier otra figura de autoridad
que hacen promesas ridículas y afirmaciones absurdas,
que hablan y actúan pretenciosamente, con vanidad y afectación,
con presuntuosidad, arrogancia y falsa humildad.

Ahora soy consciente de Dios
y confío en mi intuición dada por Dios,
que me muestra signos de advertencia,
banderas rojas y señales de alarma.
Ahora confío en mi Yo Superior y en mi divinidad interior
más que en discursos y espectáculos llamativos y ostentosos
de fama, celebridad, estatus, carisma o mística,
de las pretensiones falsas y engañosas de presunta sabiduría.
Ya no confío en la fachada. Ahora percibo la verdad.
Ahora reconozco, con la perfecta mirada discernidora de Dios,
quién es genuino y sincero, quién es crédulo y está mal informado,
quién está embaucando y engañando a los demás,
y quién está usando a los demás como peones en su juego.
Ahora veo, sé, siento y percibo la verdad.
Doy la bienvenida y abrazo sólo la verdad en este preciso momento.
Gracias, Dios, y ASÍ ES.

61. Eliminando el elitismo espiritual

Algunas personas religiosas y espirituales, miembros de cultos, ecologistas, humanistas liberales, voluntarios y otros idealistas creen que son muy superiores al pueblo llano. Lamentablemente, el elitismo espiritual parece venir acompañado del territorio de organizaciones espirituales.

Mi camino espiritual es el camino que he escogido
mediante mi libre albedrío.
Mi camino no es inferior ni superior a ningún otro,
mi ideal de espiritualidad no es superior ni inferior al de ningún otro.
Mi sueño de Dios no es superior ni inferior al de ningún otro.
El sentido de mi autoestima ya no viene determinado
por lo espiritual que me imagino a mí mismo.
Ahora abrazo a todos los seres como verdaderos hermanos
y hermanas espirituales.
ESTOY libre de la superioridad espiritual y del egocentrismo espiritual.

Todo elitismo, altivez, arrogancia, condescendencia,
desdén, escarnio y menosprecio se ven liberados de mi mente.
Ahora se ven disipados, disueltos y se dejan ir por completo.
Son elevados hacia la luz del amor y la verdad de Dios.
Ahora doy la bienvenida y abrazo completamente la humildad,
el agradecimiento, el respeto, la falta de pretenciosidad, la gratitud,
la amabilidad, la gentileza,
la ingenuidad, la inocencia y el amor incondicional.
Ahora reclamo, conozco y acepto plenamente con certeza
que la gente que vive en este planeta,
independientemente de qué camino transiten o qué religión sigan,
son seres divinos, fuertes, poderosos y espirituales
que siguen su senda perfecta de la forma perfecta,
ya que todos hemos sido creados a imagen y semejanza de Dios.
Todos son una luz, una presencia, una inteligencia divina,
un amor, una verdad y una perfección de ser.
ESTOY libre del elitismo espiritual, ahora y por siempre.
Gracias, Dios y ASÍ ES.

62. Superando el materialismo espiritual

Cuando la gente introduce valores de materialismo en su vida espiritual, entonces les siguen problemas de una naturaleza material. La arrogancia, la altivez, el egocentrismo, los celos, el rango, la pretenciosidad y las ansias de fama puede desviar del verdadero camino espiritual a los buscadores espirituales. Esta oración puede ser de utilidad.

El amor de Dios llena mi corazón. La luz de Dios me rodea.
La paz de Dios habita en mi interior. La presencia de Dios me orienta.
Dios es mi único guía. Dios es mi forma de ser.
No tengo ningún ídolo ni adoro a ningún maestro.
La identidad de mi ego no está regida
por mediciones imaginadas de la espiritualidad.
Ya no juzgo ni me segrego a mí mismo ni a los demás
basándome en patrones erróneos y falsos

de piedad, fervor religioso, entusiasmo
ni ningún otro criterio de idealismo religioso.
Ahora libero de mi mente todas las valoraciones
narcisistas, vanidosas, hinchadas por el ego, pomposas, pretenciosas
y falsas que me engrandecen o me apartan de los demás.
Ahora no me VEO impresionado por la fama, la celebridad, el dinero,
por la educación, el amor, la belleza, el rango, el cargo o el estatus.
Me acepto como perfecto, y lo acepto todo como perfecto.
Todos son seres divinos, iguales ante los ojos de Dios.
No existe ningún patrón ni comparación espiritual que clasifique
o catalogue a nadie como superior, inferior, mejor o peor.
SOY uno con mi Yo, uno con Dios y uno con todos los seres.
Gracias, Dios, y ASÍ ES.

63. *Superando la culpabilidad y la vergüenza*

Llevar a todas partes la culpabilidad y la vergüenza es una enfermedad prácticamente universal en la actualidad. Aquello en lo que te centres se pone de manifiesto en tu vida, por lo que si te centras continuamente en la culpabilidad, el castigo y la pena, entonces atraerás las sanciones a tu vida.

ESTOY lleno de la luz de Dios.
ESTOY unido a la verdad de mi ser.
SOY un ser divino de fortaleza interior,
poder, luz, amor, energía y sabiduría.
Independientemente de lo que haya hecho en alguna ocasión
o de lo duramente que me haya juzgado a mí mismo,
sé que Dios me ama incondicionalmente.
Dios es el poder indulgente completamente misericordioso,
el consolador, la luz totalmente compasiva y comprensiva de mi vida.
Toda la culpabilidad y la vergüenza aparentes que he llevado
en mi mente y mis emociones, de esta vida
y de cualquier vida pasada, son ahora
sanadas, bendecidas, disueltas, aflojadas,

liberadas y dejadas ir cariñosamente,
elevadas hasta la luz de Dios, y desaparecen.
Ahora me perdono plena y completamente,
sabiendo que lo he hecho lo mejor que he podido
en cada situación y circunstancia,
de acuerdo con mi nivel de consciencia en el momento.
Así pues, sé que ESTOY libre de toda culpabilidad y vergüenza.
Me gusto, me quiero y me acepto
exactamente como SOY: perfecto, completo y pleno.
Gracias, Dios, y ASÍ ES.

64. Disipando la ilusión espiritual

Esta plegaria pude ayudare a identificar quién eres de verdad, y a definir quién o qué no eres. Recitar esta oración frecuentemente puede ayudarte a ser consciente de tu despertar espiritual.

SOY el ser divino inmortal,
puro, impoluto, inmensurable,
sin nombre, sin forma, infinito, eterno, imperecedero,
no manifiesto, nonato, inmortal, ilimitado: consciencia pura absoluta.
Ahora despierto del sueño de mi Yo como ego.
Ahora libero de mi mente todas y cada una de la ideas,
conceptos, patrones, hábitos y constructos de mi Yo,
al igual que todo lo que no sea el absoluto inmortal.
Ahora me desprendo de la idea de quién creo que soy.
Ya no identifico a mi Yo con un cuerpo, una edad,
salud, un ego, un nombre, un estatus, un cargo,
un empleo, una educación, unos activos, unas posesiones,
una religión, un éxito espiritual, una inteligencia, una personalidad,
un sentido del humor, unas aficiones, unas adicciones, unos logros,
un ego, machismo, feminismo, una autoimagen, perfeccionismo,
superioridad, inferioridad ni ningún otro constructo de mí mismo,
ya sea conocido o desconocido, consciente o inconsciente.
Ahora acepto y doy la bienvenida a la verdad sobre mi Yo.

Ahora soy consciente de quién SOY en realidad.
yo SOY Eso. Tú eres Eso. Todo esto es Eso. Sólo Eso es.
Gracias, Dios, y ASÍ ES.

65. Tratamiento para el discernimiento espiritual

Éste es un tratamiento para mí, *[nombre completo]*, para un discernimiento espiritual perfecto, o algo mejor, ahora.

Ahora sé y reconozco que existe un poder y una presencia en el universo y en mi vida: Dios el bueno, el omnipotente, el omnipresente, el omnisciente, con una sabiduría perfecta. Dios es el faro de la vida, el maestro y guía interior divino. Dios es la senda recta y estrecha que conduce a la perfección. Dios es la luz que ilumina el camino. Dios es la perfección por doquier ahora. Dios es la perfección aquí y ahora.

Ahora SOY uno con el poder y la presencia de Dios. Ahora SOY uno con el bien de Dios, con la omnipresencia, la omnipotencia, la omnisciencia y la sabiduría perfecta de Dios ahora. Ahora sigo la senda interior recta y estrecha que conduce a la perfección, porque Dios me muestra el camino desde el interior. SOY uno con el faro de la vida, con la luz de Dios, que ilumina el camino. SOY la perfección por doquier ahora. SOY la perfección aquí y ahora.

Por lo tanto, ahora conozco y reclamo para mí, *[nombre completo]*, mi discernimiento espiritual perfecto, o algo mejor, ahora.

Ahora libero de mi mente todos y cada uno de los pensamientos, sentimientos y emociones que han nublado mi mente y me han provocado confusión. Ahora me desprendo de todos y cada uno de los sentimientos de candidez, malas elecciones, errores de juicio, ignorancia, falta de discriminación, desconocimiento, consciencia estrecha, confusión, incertidumbre, estupidez, rechazo, oportunidades perdidas y falta de confianza en Dios. Estos pensamientos se ven ahora elevados, sanados, liberados y dejados ir, y desaparecen. Son quemados en el fuego divino del discernimiento.

Ahora me desprendo de todas y cada una de las tendencias a ser engañado, defraudado o timado por los impostores, farsantes, falsificadores, estafadores y engatusadores de este mundo y del mundo astral. TENGO el control. SOY la única autoridad en mi vida. ESTOY protegido divinamente por la luz de mi ser. Bloqueo mi alma a todos los impostores, farsantes, falsificadores, estafadores y engatusadores, o algo mejor, ahora.

Ahora corto todas y cada una de las ataduras psíquicas entre yo y aquellos que me han engañado, embaucado, timado, engatusado o mentido. Bloqueo mi aura a los niveles astrales inferiores de la mente. TENGO el control de mi mente y mi vida. ESTOY libre de todos los estafadores y defraudadores ahora. Camino ahora por el «filo de la navaja»: el camino puro y perfecto que conduce directamente a Dios. Ya no tropiezo ni trastabillo con los obstáculos y los peligros que hay a lo largo del camino.

Ahora acepto y doy la bienvenida en mi mente y mi corazón a pensamientos y emociones nuevos, poderosos, positivos y sabios que me permiten ver y conocer la verdad. ESTOY lleno de pensamientos de sabiduría, verdad, sentido común, astucia, un intelecto agudo, perspicacia, prudencia, buen juicio, sagacidad, coherencia, lógica, razón y racionalidad, o algo mejor, ahora. Ahora sé que mi mente es clara como el agua y que está imbuida de discernimiento espiritual. Abro mi corazón a la sabiduría de Dios, lo que me aporta un intelecto agudo con un conocimiento, intuición y discriminación divinos perfectos y claros.

Ahora acepto, en conciencia, mi discernimiento espiritual perfecto, o algo mejor, ahora. Ahora le doy las gracias a Dios por poner de manifiesto en el interior de mi mente un discernimiento espiritual perfecto ahora. Ahora libero esta afirmación en el interior de la ley espiritual, que está trabajando ahora en ello y lo pone de manifiesto ahora, bajo la gracia y las bendiciones de Dios. Esta afirmación se pone ahora de manifiesto en un orden y con una cadencia divinos y perfectos en este preciso momento. Gracias, Dios, y ASÍ ES.

Capítulo 6

Convirtiéndote en todo lo que puedes ser

«Sácate el máximo provecho posible, ya que eso es todo lo que hay de ti».
RALPH WALDO EMERSON

Cuando se trata del potencial humano, las posibilidades son ilimitadas. Apenas hemos empezado a explorar el vasto universo desconocido, o las ignotas regiones ilimitadas del espacio interior. Sabemos muy poco sobre lo que es capaz de hacer la humanidad. Nuestros mayores logros palidecen en comparación con lo que podría conseguirse con imaginación e inspiración.

Existen yoguis consumados que pueden detener y reiniciar su latido cardíaco, sobrevivir bajo tierra en espacios similares a un ataúd durante días, generar calor interior para aguantar a temperaturas bajo cero sin congelarse, o perforar su piel sin que les queden cicatrices. En mi libro *Ascensión: conectando con los maestros inmortales y los seres de luz,* relato historias sobre aquellos que han alcanzado una longevidad extraordinaria y que incluso han vencido a la muerte. Estas proezas del control humano no son más que un pequeño indicio de lo que es posible.

Las oraciones de este capítulo pueden hacer arrancar el proceso de que seas consciente de tu enorme potencial humano. Con estas plegarias puedes empezar a conseguir el autocontrol. Puedes transformar tu vida desde la banalidad hasta la originalidad mientras te das cuenta

91

de quién eres en realidad: un ser fuerte, poderoso, con una capacidad ilimitada, una creatividad sin restricciones y unas cualidades únicas que son un regalo para el universo.

Tu potencial humano no tiene límites. Empecemos a desarrollarlo ahora.

66. Autoaceptación

Tu primer paso para desarrollar un potencial ilimitado es la autoaceptación. Esta oración puede ayudarte a aceptarte exactamente como eres, en este preciso momento.

SOY perfecto, completo y pleno.
No me falta nada.
SOY válido y suficiente tal y como SOY.
SOY tal y como Dios me creó, puro y perfecto en todos los sentidos.
Me gusto, me quiero, me acepto, me abrazo.
No necesito nada para cambiar.
SOY original y único:
perfecto, completo y pleno.
Gracias, Dios, y ASÍ ES.

67. Libertad interior

¿Quién eres? ¿Eres este cuerpo o eres algo más importante: un ser espiritual? Esta oración te ayudará a afirmar tu libertad como ser espiritual divino perfecto.

No SOY este cuerpo. SOY libre.
SOY como Dios me creó para que fuese.
SOY libre, puro, pleno y perfecto,
infinitamente amado y cariñoso, pleno y completo.
ESTOY lleno y rodeado de amor divino.
ESTOY lleno y rodeado de luz divina.
Gracias, Dios, y ASÍ ES.

68. Autoexpresión

Cuando te amas y te aceptas, entonces puedes ser tú mismo y expresar tu verdadero Yo: «Y sobre todo esto: sé sincero contigo mismo, y de ello se seguirá, como la noche al día, que no puedes ser falso con nadie» (Hamlet, acto I, escena III).

Ahora SOY sostenido eternamente por la presencia de Dios.
No necesito hacer nada para cambiar mi forma de ser,
que ya es perfecta.
Ahora sé que puedo ser mi Yo,
ya que lo que SOY ya es perfecto, tal y como SOY.
Ya no llevo puesta una máscara para ocultar mi Yo.
Quien SOY no necesita esconder su luz.
Mi luz interior brilla como el sol.
Ahora expreso quién SOY en libertad.
SOY yo, mi Yo, y yo mismo, natural y libre, tal y como me creó Dios.
ESTOY contento de ser yo.
SOY libre.
Gracias, Dios, y ASÍ ES.

69. Creatividad divina

Cuando te alineas con la creatividad infinita de Dios, entonces surge tu genio interior y tu expresión creativa trae éxito y felicidad.

Dios es mi fuente de fuerza y expresión creativa ilimitados.
SOY el poder creativo en mi mundo. Soy una creatividad infinita.
En Dios vivo, me muevo y tengo mi ser.
En mí Dios vive, se mueve y se expresa.
Ahora genero alegría, amor y éxito.
Ahora veo más salud, riqueza y felicidad
de la que nunca había visto antes.
El reino de Dios en mi interior
es un tesoro de ideas divinas que enriquece mi vida.
Gracias, Dios, y ASÍ ES.

70. Unirse a Dios

Al unirte a la presencia que representa Dios, te conviertes en la expresión de Dios en esta mismísima vida, en este preciso momento.

Dios lo es todo, tanto lo visible como lo invisible.
Una presencia, una mente, un poder lo es todo.
Esto, que lo es todo, es una vida perfecta, un amor perfecto
y una esencia perfecta.
SOY una expresión individualizada de Dios,
siempre uno con esta vida perfecta, amor perfecto y esencia perfecta.
Gracias, Dios, y ASÍ ES.

71. Dios es mi prioridad

Hacer que Dios sea tu primera prioridad es el mejor uso del precioso regalo de esta encarnación. Ama y sirve a Dios en primer lugar y tu vida tendrá sentido y será milagrosa: «Más bien, busquen primeramente el reino de Dios y su justicia, y todas estas cosas les serán añadidas» (Mateo 6, 33).

Dios es siempre lo primero en mi vida.
ESTOY viviendo una vida centrada en Dios.
Dios es mi prioridad número uno.
Dios es la respuesta a todas mis plegarias.
ESTOY inmerso en el reino de Dios, hoy y cada día.
La inspiración de Dios es música para mi alma,
la sabiduría de Dios es iluminación para mi mente,
el amor de Dios es consuelo para mi corazón.
Dios es mi camino, mi fuerza, mi faro.
Gracias, Dios, y ASÍ ES.

72. Expresando los atributos de misericordia de Dios

En el misticismo judío, el *Mussar* es una práctica de transformación personal en la que los valores espirituales se expresan en la vida cotidiana. Los atributos de Dios, listados en el libro del Éxodo 34, 6-7, se llaman *Middot*. Esta oración puede ayudarte a desarrollar estas cualidades, pero vivirlas de verdad requiere de una acción dedicada.

Ahora imito y expreso los sublimes atributos de misericordia de Dios.
SOY la misericordia y la amabilidad cariñosa que representa Dios.
SOY la compasión que representa Dios.
SOY la gracia que representa Dios.
SOY la paciencia y la contención que representa Dios.
SOY la amabilidad que representa Dios.
SOY la fidelidad que representa Dios.
SOY la expansión de la amabilidad que representa Dios.
SOY el perdón que representa Dios.
SOY la justicia que representa Dios.
Ahora expreso todo lo que representa Dios.
Gracias, Dios, y ASÍ ES.

73. *Viviendo en el corazón de Dios*

Cuando llevas una vida de misticismo y permites que la energía de Dios se desplace a través de ti, tu vida adopta un significado y un poder profundos.

SOY un ser infinito. SOY un portador de luz radiante.
SOY uno con una vida y sabiduría infinitos.
Mi corazón es uno con el corazón de Dios.
Mi mente es una con la mente divina infinita.
Mi cuerpo es uno con el cuerpo inmortal de Dios.
La luz de Dios brilla intensamente a través de mí.
La vida eterna de Dios vive y respira
en mí, a través de mí, a todo mi alrededor, en forma de mí.
La vida de Dios, la única vida, es mi vida ahora.
La vida pura de Dios fluye a través de mí
desde el centro hacia la circunferencia, eternamente.
Gracias, Dios, y ASÍ ES.

74. *Viviendo la vida como Dios*

Cuando te fusionas y alineas completamente con Dios en la unicidad divina, ésa es la vida que vale la pena vivir, la vida divina. Vive esa vida y nunca estarás solo, ya que Dios siempre estará contigo, en tu interior y a todo tu alrededor.

ESTOY fusionado, inmerso, alineado, sintonizado y unido
al poder y la presencia de Dios.
SOY un hijo de Dios y, por lo tanto, me parezco a Dios.
Pienso como Dios. Hablo como Dios. Actúo como Dios.
Me siento como Dios y respondo como Dios en cada situación.
Cada respiración que hago es una respiración de Dios.
Mi corazón late con el corazón de Dios.
Veo el mundo a través de los ojos de Dios.
Oigo la voz de Dios. Pronuncio las palabras de Dios.
Mis manos realizan las obras de Dios. Mis pies siguen los pasos de Dios.
SOY un mensajero de Dios que camina, habla y respira.
SOY Dios en acción, Dios en actividad.
SOY el embajador de Dios, el filántropo de Dios.
SOY la chispa de Dios en forma humana y carne humana.
El reino de Dios se encuentra en mi interior.
Gracias, Dios, y ASÍ ES.

75. *Oración de la unicidad*

Esta profunda plegaria es una afirmación de la verdad última de la vida. Puede ayudarte a conseguir la iluminación y la liberación espiritual.

SOY el que SOY.
Todo lo que Dios es, yo lo SOY.
Todo lo que yo SOY, Dios lo es.
SOY el que SOY.
SOY esa Unicidad.
Tú eres esa Unicidad.

Todo esto es esa Unicidad.
Esa Unicidad es todo lo que hay.

76. Oración de ascensión

Si tu camino consiste en cultivar la ascensión en esta vida, puedes emplear esta plegaria para que te ayude a transformar tu cuerpo físico en un cuerpo de luz radiante. Lee más acerca de esto en mi libro *Ascensión: conectando con los maestros inmortales y los seres de luz.*

SOY la resurrección y la vida.
SOY la perfección por doquier ahora.
SOY la perfección aquí ahora.
SOY perfecto, pleno y completo.
SOY el cuerpo inmortal de tono dorado ahora.
SOY el cuerpo inmortal de gracia y luz ahora.
SOY el cuerpo inmortal de dicha ahora.
SOY el cuerpo arcoíris inmortal ahora.
SOY la ascensión ahora.
Este cuerpo es transformado en un cuerpo ascendido.
SOY un maestro ascendido ahora.
[Repite la plegaria por lo menos tres veces].
Gracias, Dios, y ASÍ ES.

77. Perfección e integridad

Dios en tu interior, en el mismísimo centro de tu ser, es perfecto, puro e inmaculado. Esta oración puede ayudarte a ser consciente de la perfección de tu ser.

SOY la inmaculada concepción de Dios ahora.
SOY la inmaculada perfección de Dios ahora.
SOY la perfección por doquier ahora.
SOY el que SOY, perfección divina
SOY la expresión divina de la perfección:

perfección presente en cualquier lugar,
perfección por doquier ahora,
perfección aquí y ahora.
SOY siempre uno con una vida perfecta, amor perfecto
y esencia perfecta: pleno y completo en todos los sentidos.
Gracias, Dios, y ASÍ ES.

78. Sabiduría interior

La «voz todavía pequeña» en tu interior puede aportarte orientación, sabiduría e inspiración siempre que lo desees, a voluntad. Todo lo que tienes que hacer es pedir. Lee mis libros *Divine revelation* y *How to hear the voice of God* para saber más.

Mi mente está unida a la mente de Dios.
La sabiduría perfecta de Dios se encuentra en mi interior.
Ahora me abro al corazón de Dios,
donde reside toda la sabiduría verdadera y genuina.
El manantial de la sabiduría divina, que fluye sin cesar,
está justo aquí, en mi interior, siempre accesible.
Ahora ESTOY abierto a ese flujo perpetuo de sabiduría,
a la «voz todavía pequeña» en mi interior.
Ahora recibo verdadera orientación divina mediante
la apertura de mi vista, sonido y sentimiento interiores.
Recibo continuamente sabiduría divina desde mi interior.
Gracias, Dios, y ASÍ ES.

79. La sabiduría de Dios

Emplea esta oración para que te ayude a desarrollar una mayor sabiduría, comprensión y conocimiento, la sabiduría que procede directamente de Dios.

Dios es mi fuente de sabiduría,
una sabiduría que me sustenta y me orienta siempre.

La paz calma mi alma
mientras confío en que la sabiduría interna de Dios me dirija.
SOY sabio, ya que tengo acceso a la sabiduría infinita en mi interior,
SOY un hijo de Dios iluminado,
lleno del espíritu de la sabiduría divina.
Poseo la mente de Dios.
SOY sabio con la sabiduría de Dios.
La luz de la sabiduría de Dios brilla en mi interior,
a través de mí y a todo mi alrededor.
Gracias, Dios, y ASÍ ES.

80. *Orientación interior*

Dios dirigirá tu camino y guiará tus pasos hacia tu mayor bien. Simplemente pregunta, y te verás dirigido por el Espíritu.

SOY orientado divinamente por todos mis caminos.
Confío en mi Yo Superior.
Escucho con amor a mi voz interior.
La orientación de Dios es un mensaje de amor y preocupación
que resuena en el interior de mi alma.
SOY dirigido por el Espíritu en todo lo que pienso, digo y hago.
Siempre SOY guiado e inspirado divinamente.
Ahora SOY orientado hacia todo lo que es por mi mayor bien.
Abro mis ojos espirituales para ver todo lo que Dios me enseña.
Abro mi oído espiritual para oír todo lo que Dios me dice.
Dios me habla en un suspiro amable de ideas divinas.
La luz radiante de Dios ilumina mi mente
y me dirige en todo lo que hago.
Dios me precede y prepara mi camino.
Siempre tomo el desvío correcto en la carretera,
ya que Dios camina a mi lado en todo momento,
y Dios pone a sus ángeles a mi cargo,
para que me mantenga en todos mis caminos.
Gracias, Dios, y ASÍ ES.

81. La verdad interior

Dios es la verdad, y la verdad de Dios puede expresarse a través de ti cuando estás sintonizado con la voz de Dios, la presencia de Dios y la gracia de Dios.

Conozco la verdad, y la verdad me hace libre.
La comprensión divina es la luz orientadora en mi vida.
Dios me está mostrando la verdad desde el interior
con respecto a todas las situaciones y las circunstancias ahora.
SOY sabio y TENGO confianza
a través de la presencia omnisciente de Dios.
La verdad de Dios habla a través de mis pensamientos
y palabras positivos y que afirman la vida.
SOY constante y persistente
al pensar y hablar sólo de la verdad de Dios, cada día,
hoy en cada situación, escojo dar testimonio de la verdad
expresando el amor, la vida, la paz y el entusiasmo de Dios.
Gracias, Dios, y ASÍ ES.

82. Tratamiento para la autoaceptación

Éste es un tratamiento para mí, *[nombre completo]*, para una autoaceptación perfecta, o algo mejor, ahora.

Ahora sé y reconozco que no existe más que una vida. Esa vida es Dios. No hay más que una mente y un poder. Ese poder es Dios. No hay más que un amor. Ese amor es Dios. Dios es la vida que todo lo sana, la sabiduría que todo lo guía, y el amor que todo lo consuela. Dios es amor puro e incondicional, competo y pleno.

Sólo existe una vida, y es la vida de Dios. Esa vida es la mía ahora. No hay ningún lugar en el que no esté Dios. Dios está justo aquí, en este preciso momento, en mi interior y a todo mi alrededor. ESTOY fusionado, unido y SOY uno con la presencia de Dios, estoy inmerso en ella. Ahora abro mi corazón a la presencia sagrada de Dios y confío en el amor imperecedero, sustentador e infinito de Dios. ESTOY lleno de amor incondicional, completo y pleno.

Por lo tanto, ahora reclamo para mí, *[nombre completo]*, una auto-aceptación perfecta, o algo mejor, ahora.

Ahora me desprendo de todo en mi vida que no sea cariñoso. Ahora libero y dejo ir todas y cada una de las creencias negativas sobre mí. Libero de mi mente y de mi corazón todos los pensamientos y emociones de autodesprecio, autodenigración, autodestrucción, auto-sabotaje, autoincriminación, mortificación y odio hacia mí mismo. Ahora doy la bienvenida y acepto sentimientos y emociones de amor propio, perdón a mí mismo, autoempoderamiento, autonomía, auto-aceptación, confianza en mí mismo, autoaprobación, autosuficiencia, autoestima y mi propia valía ahora. Conozco la verdad: SOY perfecto, completo y pleno, creado a imagen y semejanza de Dios.

Me acepto incondicionalmente. Me apruebo incondicionalmente. Me perdono incondicionalmente. Me bendigo incondicionalmente. Me acepto exactamente tal y como SOY. SOY digno del bien de Dios para conmigo, tal y como SOY. SOY aceptación. SOY cariñoso, en-cantador, tolerante y aceptable. SOY un hijo de Dios, digno y precioso a los ojos de Dios. Me acepto y me valoro al igual que Dios me acepta y me valora. El amor de Dios me llena y me rodea con paz, bendi-ciones, gracia y consuelo. SOY aceptado, en este preciso momento y siempre.

Ahora acepto completamente, en conciencia, mi autoaceptación perfecta, o algo mejor, ahora. Ahora doy las gracias a Dios por poner de manifiesto este bien en mi vida, bajo la gracia de Dios, de las for-mas sabias y perfectas propias de Dios, y agradezco a Dios que esto sea así ahora, y ASÍ ES.

83. *Tratamiento para superar la timidez*

Éste es un tratamiento para mí, *[nombre completo]*, para una perfecta superación de toda timidez aparente, o algo mejor, ahora.

Ahora sé y reconozco que existe un poder y una presencia en fun-cionamiento en el universo y en mi vida: Dios el bueno, el omnipo-tente. Dios es la roca donde se encuentra fuerza y refugio. Dios es la fortaleza, el salvador, el redentor. Dios lo sustenta todo, lo mantiene

101

todo y le da vida a todo. Dios es la fuente de vida y el poder que infunde vida a todo y todos.

SOY fuerte en el poder del poderío de Dios. SOY una torre de fortaleza y estabilidad. Allá donde esté Dios hay fortaleza. Allá donde esté Dios hay fortaleza. Por lo tanto, la fuerza y la constancia de Dios me llenan y rodean ahora. SOY bendecido por el poder sustentador de Dios, que aporta salvación y redención. ESTOY lleno del poder dador de vida de Dios, que me da valentía y confianza.

Por lo tanto, ahora conozco y reclamo para mí, *[nombre completo]*, una superación perfecta de toda timidez aparente, o algo mejor, ahora.

Ahora libero, suelto y dejo ir de mi mente toda apariencia visible de timidez ahora. Ahora me permito a mí mismo ser mi Yo (yo mismo) con una confianza en mí mismo y una autoestima perfectas, o algo mejor, ahora. Ahora me desprendo de todos y cada uno de los sentimientos de timidez, pudor, vergüenza, miedo a la visibilidad, miedo a cometer un error, miedo a ser juzgado, miedo a ser condenado y miedo a parecer estúpido. Estos pensamientos negativos son ahora elevados, sanados, liberados y dejados ir por completo cariñosamente hacia el amor y la verdad de Dios.

Ahora ESTOY lleno de pensamientos y emociones nuevos, hermosos y creativos de valentía, fortaleza, cordialidad, amabilidad, capacidad de congeniar, afabilidad, confianza en mí mismo, autoaceptación, autoestima, amor propio y pundonor ahora.

Ahora sé que SOY perfecto exactamente tal y como SOY. No necesito ocultar mi luz. Ahora permito que mi luz brille en toda su gloria. Mi mente se ve llenada del poder de Dios. Ese poder es liberado en mi interior, y SOY cambiado a diario hacia un parecido cada vez mayor a Dios. La fortaleza y la gloria eternas de Dios me llenan y rodean con coraje. No CAMBIO de parecer debido a las opiniones de los demás. No dependo de los demás para que me proporcionen un sentimiento de valía. Ahora sé que el valor eterno de Dios está asentado en mí, dándome fuerza y valor, justo aquí y ahora.

Ahora acepto plenamente, en conciencia, que ahora supero cualquier apariencia visible de timidez, o algo mejor, ahora. ESTOY lleno de fortaleza interior, confianza en mí mismo, autoestima y autoexpresión, o algo mejor, ahora.

Ahora doy las gracias a Dios por poner de manifiesto este bien en mi vida, bajo la gracia de Dios, de formas perfectas. Ahora libero esta plegaria, plena y completamente, en el interior de la ley espiritual de perfección por doquier ahora, sabiendo que es aceptada y que se pone de manifiesto en mi vida en este preciso momento, bajo la gracia, de formas perfectas. Ahora doy las gracias a Dios porque sea así, ahora, y ASÍ ES.

84. Tratamiento para la autoexpresión

Éste es un tratamiento para mí, *[nombre completo]*, para mi perfecta autoexpresión, dirigida por el Espíritu de Dios, o algo mejor, ahora.

Ahora reconozco que Dios es el único poder y la única presencia que crea, mantiene y sostiene el universo. Dios da lugar al universo en todas sus múltiples expresiones. Dios llena el universo con una expresión perfecta de amor, manifestado a modo de todas las formas y fenómenos del cosmos. El universo de Dios es la expresión de quién y qué es Dios: perfecto, pleno y completo de todas las formas. Dios es perfección por doquier ahora. Dios es perfección aquí y ahora.

Dios está aquí, allí y por doquier, en esto, en eso y en todo. Por lo tanto, ahora SOY uno con Dios y estoy fusionado y alineado con él inmerso en su presencia. En Dios vivo, me muevo y tengo mi ser. Dios está en mi interior y a todo mi alrededor. SOY la expresión de Dios. SOY la expresión divina del amor, puesto de manifiesto en toda la creación. Como expresión de Dios, SOY perfecto, pleno y completo en todos los sentidos. SOY la perfección por doquier ahora. SOY la perfección aquí y ahora.

Por lo tanto, reclamo ahora para mí, *[nombre completo]*, mi perfecta autoexpresión, dirigida por el Espíritu de Dios, o algo mejor, ahora.

Ahora sé que SOY la expresión perfecta de Dios, y expreso libremente mi Yo con una gracia y dignidad divinas, o algo mejor, ahora.

Soy libre de expresar mi Yo de mi propia forma particular. Expreso mi Yo con audacia de la forma en que SOY ahora, ya que SOY una expresión de Dios con forma humana. Me permito ser mi Yo sin crítica ni juicio.

Ahora libero de mi mente cualquier cosa que haya evitado mi autoexpresión ahora, ya sea conocida o desconocida, consciente o inconsciente. Ahora me desprendo de todos y cada uno de los pensamientos que no reflejen la verdad de mi ser. Ahora libero todos los sentimientos de autocrítica, autocondena, vergüenza, bochorno, inhibición, incomodidad, remordimiento, timidez, reservas y reticencias ahora. Estos pensamientos se ven ahora elevados, aflojados, sanados, liberados y dejados ir hacia la luz del amor y la verdad de Dios.

Ahora acepto y doy la bienvenida a pensamientos y emociones nuevos, poderosos y positivos de autoaceptación, autoestima, autoexpresión, amor propio, libertad de expresión, extraversión, sociabilidad, disponibilidad, cordialidad, o algo mejor, ahora.

Ahora expreso mi Yo con fuerza y valentía, sabiendo que SOY digno de ser escuchado, visto y apreciado, o algo mejor, ahora. Ahora sé que mi autoexpresión es una expresión de Dios, ya que me VEO guiado por el Espíritu, ahora y siempre. La orientación de Dios me guía para que sea todo lo que puedo ser, mientras expreso quien SOY en realidad, ahora y por siempre.

Ahora acepto plenamente, en conciencia, mi perfecta autoexpresión, dirigida por el Espíritu de Dios, o algo mejor, ahora. Ahora doy gracias a Dios por esta oración perfecta contestada, sabiendo que se pone de manifiesto justo aquí y en este preciso momento, bajo la gracia de Dios, de formas perfectas. Gracias, Dios, y ASÍ ES.

85. Tratamiento para la autorrealización

Éste es un tratamiento para mí, *[nombre completo]*, para mi perfecta autorrealización, o algo mejor, ahora.

Ahora reconozco que Dios es la única verdad, el único amor, la única luz, la única perfección de ser, y que es uno y sólo uno: perfecto, pleno y completo. Dios es eterno, no creado, nonato, inmortal, sin límites, puro y pleno. Dios es la fuente de todo en el universo. Dios es unicidad divina, amor divino, luz divina y paz perfecta. Dios es perfección por doquier ahora. Dios es perfección aquí y ahora.

No hay ningún lugar en el que no esté Dios. Dios está aquí, allí y en cualquier lugar, en el interior de esto, de eso y de todo. Por lo tanto, Dios está justo aquí, en este preciso momento, en el mismísimo centro de mi ser, en mi interior y a todo mi alrededor. SOY uno con Dios, ahora y siempre. El amor de Dios llena mi corazón. La luz de Dios me rodea. La Gracia de Dios me sustenta. ESTOY totalmente entregado y rendido a Dios, que es mi fortaleza, salvador, redentor y sustentador. SOY la unicidad, el amor, la luz y la paz divinos que representa Dios. SOY la perfección por doquier ahora. SOY la perfección aquí y ahora.

Por lo tanto, ahora reclamo para mí, *[nombre completo]*, mi perfecta autorrealización, o algo mejor, ahora.

Ahora libero de mi mente todos y cada uno de los pensamientos, sentimientos y creencias negativos que han evitado que sea consciente de la verdadera naturaleza de mi ser. Ahora me desprendo de todas y cada una de las falsas creencias de ineptitud, inferioridad, superioridad, alienación, carencia, indignidad, confusión, rechazo, rencor, ira, resentimiento, tristeza, dolor, culpabilidad, vergüenza, procrastinación, falta de amabilidad, impaciencia, dependencia y arrogancia. Estos pensamientos se ven ahora sanados, liberados, bendecidos, elevados y dejados ir en el interior de la luz divina del perdón y la paz. Y han desaparecido.

Ahora ESTOY lleno de pensamientos hermosos y poderosos de la verdad sobre mí. Ahora doy la bienvenida y acepto sentimientos de idoneidad, aceptación, igualdad, confianza, simpatía, compleción, alegría, claridad, amor, perdón, paz, permisión, felicidad, consuelo, misericordia, amabilidad, paciencia, compasión, motivación, independencia y humildad. TENGO el control de mi mente y mi vida, ahora y por siempre.

Ahora sé que, independientemente de las ideas equivocadas y las falsas creencias que haya aceptado y perpetuado sobre mí, se han desvanecido. Se ven elevadas hacia el amor y la verdad de Dios. Ahora sé que SOY un ser divino con un gran amor, luz, paz, poder, sabiduría, gracia, gratitud, perdón y realización. SOY libre de ser mi Yo (yo mismo). Nunca SOY nada más que mi Yo. SOY mi verdadero Yo, que es perfecto, pleno y completo.

Ahora soy consciente de quién SOY en realidad, y expreso mi verdadero Yo. Ya no me identifico con el ego. La pequeña e inadecuada visión del Yo no es quien yo SOY en realidad. Ahora soy plenamente consciente y me identifico totalmente con quien SOY en realidad: mi divinidad interior, mi verdadero Yo Superior. SOY esa divinidad interior. SOY el verdadero Yo. Soy el Yo de Dios. SOY eso, ahora y siempre.

Ahora acepto plenamente, en consciencia, mi propia autorrealización (la realización de mi Yo), o algo mejor, ahora. Ahora doy las gracias a Dios por poner de manifiesto mi autorrealización (la realización de mi Yo), ahora, en mi vida, bajo la gracia de Dios, de formas perfectas. Doy las gracias a Dios porque esto sea así ahora, y ASÍ ES.

86. Tratamiento para la iluminación espiritual

Éste es un tratamiento para mí, [nombre completo], para mi perfecta iluminación espiritual, o algo mejor, ahora.

Ahora reconozco que hay un poder y una presencia en funcionamiento en el universo y en mi vida: Dios el bueno, el omnipotente. Dios es uno y sólo uno, uno sin un segundo. Dios es la única verdad, el único amor, la única luz, la única inteligencia divina, la única perfección de ser. Dios es una perfección buena, muy buena, ahora. Dios es la perfección por doquier ahora. Dios es la perfección aquí y ahora. Dios es equilibrio, calma, armonía, ecuanimidad, alegría, serenidad y paz perfectos.

Ahora SOY uno con Dios, ESTOY completamente fusionado con Dios y ESTOY completamente alineado con Dios en una perfecta calma e integridad. SOY uno: uno sin un segundo. SOY la única verdad, el único amor, la única luz, la única inteligencia divina, la única perfección de ser. SOY una perfección buena, muy buena, ahora, y mantenida eternamente. SOY la perfección por doquier ahora. SOY la perfección aquí y ahora. El equilibrio, la calma, la armonía, la ecuanimidad, la alegría, la serenidad y la paz se encuentran en mi interior, en el mismísimo centro de mi ser.

Por lo tanto, ahora reclamo para mí, *[nombre completo]*, mi iluminación espiritual perfecta, o algo mejor, ahora.

Ahora libero de mi mente todas y cada una de las falsas creencias sobre mí que han evitado o bloqueado mi iluminación espiritual perfecta, o algo mejor, ahora. Ahora me desprendo de los pensamientos y las emociones limitantes que ya no me sirven, ya sean conocidos o desconocidos, conscientes o inconscientes. Mi mente es una con la mente de Dios en perfecta armonía.

Ahora me desprendo de todos los pensamientos de ilusión, dualidad, identificación, autoprotección, reactividad, falta de discernimiento, falso ego, limitación, servidumbre, rechazo, frustración, ansiedad, culpabilidad, remordimiento, error, estupidez, desequilibrio, confusión, indignidad, falta de amabilidad, impaciencia, juicio, frialdad e indiferencia. Y se han desvanecido. Ahora son quemados en el fuego del amor divino y elevados hasta la luz divina.

Ahora doy la bienvenida y abrazo pensamientos y emociones nuevos, poderosos y positivos. Ahora acepto pensamientos de verdad, realidad, unicidad, integridad, permisividad, calma, aplomo, equilibrio, ecuanimidad, estabilidad, conciencia de mí mismo, confianza en mí mismo, determinación, resolución, trascendencia, discernimiento, sabiduría, verdadero Yo, falta de límites, libertad, aceptación, satisfacción, paz, serenidad, tranquilidad, perdón, precisión, exactitud, prudencia, consideración, racionalidad, equilibrio, lucidez, dignidad, amabilidad, paciencia, amor incondicional, empatía, calidez, compasión y preocupación, o algo mejor, ahora.

Ahora poseo y expreso estas cualidades positivas en mi vida. Ahora me desprendo de la idea de que la iluminación sólo está hecha para los grandes yoguis de la India. Sé que la iluminación es para todos, incluido yo. Ahora cambio mi vida por una de despertar espiritual e iluminación. Ahora me doy cuenta de quién SOY en realidad. Soy consciente del estado de libertad eterna ahora. Ahora me desprendo de todas las semillas de deseo que me han amarrado al plano terrestre. SOY libre, perfecto, completo y pleno. Ahora sé quién SOY en realidad: mi Yo Divino, sin límites, infinito, puro y completo. Ahora sé que SOY Esa Unicidad, tú eres Esa Unicidad, todo esto es Esa Unicidad, y Esa Unicidad es todo lo que hay.

Ahora acepto plenamente, en consciencia, mi iluminación espiritual perfecta, o algo mejor, ahora. Ahora doy las gracias a Dios por poner de manifiesto este conocimiento en mi vida ahora, con la gracia de Dios, en las propias formas sabias y perfectas de Dios. Ahora doy las gracias a Dios porque esto sea así ahora, y ASÍ ES. ¡ASÍ SEA!

Segunda parte

Mejorando tu entorno

Capítulo 7

Sanando las interferencias ambientales y mentales

*«Si estás angustiado por algo externo,
el dolor no se debe a la cosa en sí, sino a tu valoración de ella;
y tienes la capacidad de anular esto en cualquier momento».*

MARCO AELIO AURELIO

El mundo está cubierto por una nube ambiental y mental turbia hecha de los pensamientos, las creencias, los hábitos, los sentimientos, las actitudes y el condicionamiento colectivos de 7000 millones de personas. Esta atmósfera mental planetaria tiene un efecto emocional y energético abrumador y, en gran medida, determina lo que la gente suele aceptar como verdad. No sólo influye profundamente en nuestras creencias, sino que también es un barómetro que mide nuestro nivel colectivo de consciencia.

Tu atmósfera mental te rodea como el aire que respiras. Cuando está cargada de formas de pensamiento coherentes y positivas, el clima emocional se vuelve optimista, estimulante e inspirador. Cuando dominan las formas de pensamiento incoherentes y negativas, entonces el estrés y la tensión rigen la existencia.

Las emociones negativas o positivas se emiten como ondas de radio. Cada uno de tus pensamientos, palabras y acciones irradia hacia la atmósfera desde el centro de tu ser. Estas ondas no se detienen en el borde de tu cuerpo o de tu campo de energía. Siguen ejerciendo su influencia en todo el universo y luego regresan a ti como un bumerán, de la misma forma en que las enviaste.

En este capítulo aprenderás cómo evitar que los efectos colaterales de las interferencias ambientales y mentales influyan en ti.

87. Sanando la atmósfera mental

Tienes la capacidad de sanar el clima mental a tu alrededor mediante la afirmación de la verdad. Esta oración puede ser de utilidad.

Invoco al Espíritu Santo,
al Espíritu de la verdad y la integridad,
para que limpie, sane, eleve, libere y deje ir
todas las formas de pensamiento, emociones,
creencias, hábitos, condiciones y patrones negativos
en la atmósfera mental que hay a mi alrededor
que me han influido adversamente.
Todas las emociones y las vibraciones falsas,
limitantes, desafiantes, difíciles,
agobiantes, agotadoras y extenuantes en la atmósfera
y en la gente y los lugares que me rodean
son ahora cariñosamente bendecidas, sanadas, disueltas,
elevadas, liberadas y dejadas ir por completo,
hacia el interior del amor y la verdad de Dios.
TENGO el control de mi mente y de mi vida.
SOY la única autoridad en mi vida.
ESTOY protegido divinamente por la luz de mi ser.
Gracias, Dios, y ASÍ ES.

88. Sanando la presión por parte de tus colegas

Puede que tus compañeros intenten coaccionarte para que sacrifiques tus propias necesidades para así encajar en patrón marcado por ellos. Sin embargo, tu vida es tuya, y nadie más puede vivirla. Cuando obedeces a tu corazón, entonces te mantienes fiel a tu Yo.

TENGO el control de mi mente y de mi vida.
SOY un ser de amor, luz y verdad divinos.
Ahora me desprendo de todas y cada una de las necesidades
aparentes de encajar, de ser normal,
de ser corriente o de actuar como los demás.
Ahora me doy cuenta de que no hay nada normal, estándar ni corriente.
Ya no hago elecciones basadas en ideas arbitrarias
de normalidad, anormalidad, de ser extraordinario o extraordinario.
Pese a que otros puedan someterme a presiones
para que encaje en su molde relativo a lo que debería ser,
ahora libero, suelto, disuelvo y dejo ir
todas y cada una de las necesidades de ser el ideal de otra persona.
Ya no siento la necesidad de impresionar a nadie.
SOY impresionante tal y como SOY.
Ya no siento la necesidad de ser algo que no SOY.
SOY perfecto exactamente tal y como SOY.
Ahora acepto que SOY mi Yo: un original divino único.
SOY único, perfecto, completo y pleno.
Gracias, Dios, y ASÍ ES.

89. Respaldo por parte de otras personas

Esta oración puede ayudarte a expresarte (expresar tu Yo) tal y como
eres mientras te ves respaldado por tus colegas y tus seres queridos.

Sabiendo que SOY la expresión de mi divinidad,
lo divino en la unicidad divina,
todos los demás respaldan mi progreso y mis ideales
de la forma correcta y perfecta,
poniendo de manifiesto unos resultados correctos perfectos.
La pureza de mi intención se pone de manifiesto en forma de perfección.
Todos los demás están respaldando mi divinidad,
mientras me aceptan, aman y animan
a que me exprese (exprese mi Yo) tal y como SOY realmente.
Gracias, Dios, y ASÍ ES.

90. Superando las opiniones falsas de los demás

Esta oración puede ayudarte a permanecer fiel a tu Yo (a ti mismo) y a expresar tu creatividad, tus talentos y tus habilidades perfectos y divinos a pesar de las opiniones de los demás.

TENGO el control de mi vida y de mi mente.
ESTOY libre de las opiniones de los demás.
ESTOY fusionado y unido y ESTOY lleno
de la presencia cariñosa y suprema de Dios.
Mi vida es mía, y sólo mía.
Mi mente me pertenece a mí, y sólo a mí.
Nadie más me controla.
Nadie tiene ninguna influencia negativa sobre mí.
Independientemente de lo que los demás piensen de mí,
eso no tiene nada que ver conmigo.
La opinión de los demás no es de mi incumbencia,
ya que ni nadie ni nada pueden hacer que se tambalee
el invencible centro de mi ser.
SOY poderoso, indomable, impenetrable,
imponente, experto e invencible.
SOY un pilar poderoso de fuerza,
SOY firme en mi convicción.
Mi no vida necesita defensa, justificación,
vindicación, excusa o disculpa.
SOY perfecto exactamente como SOY.
SOY suficiente.
SOY perfecto, completo y pleno.
Gracias, Dios, y ASÍ ES.

91. Sanando la presión familiar

Tu familiares biológicos, vivos y fallecidos, pueden provocar que tu campo de energía se encoja o esté amarrado por lazos, sogas, ataduras kármicas y otros vínculos ancestrales que nos atan. Las palabras y los hechos ofensivos de nuestros seres queridos tienen unos efectos duraderos y devastadores. Si crees que tus familiares te están impidiendo alcanzar tus sueños, entonces usa esta plegaria.

TENGO el control de mi mente y de mi vida.
Mi familia no me controla.
SOY un ser de luz radiante,
lleno de la energía, el amor y la paz de Dios.
Ahora acepto la sabiduría aprendida de mi familia,
y expulso toda falsedad enseñada por mi familia.
Ya no necesito intentar encajar en un molde en el que no encajo.
Creo mi propio molde, basado en la comprensión divina,
la orientación divina, la verdad divina y la sabiduría divina.
SOY la única autoridad en mi vida.
Nada ni nadie me controla.
Mi vida se ve orientada, por el camino de la sabiduría, por el Espíritu.
ESTOY en el camino correcto, en el lugar adecuado,
llevando a cabo las acciones correctas y perfectas para mí
con los resultados divinos perfectos.
SOY perfecto exactamente tal y como SOY.
Gracias, Dios, y ASÍ ES.

92. Sanando los lazos familiares kármicos

Puedes sanar los lazos vinculantes con tus familiares, tanto vivos como fallecidos. Si tus seres queridos están tirando de tu mente y tu energía o atándolas, emplea esta plegaria.

Ahora sé y afirmo que mis familiares son elevados
en la luz limpiadora y sanadora del amor de Dios.
Ahora viven en una esfera de luz hermosa y divina,
protegidos, plenos y a salvo en la presencia de Dios.
Ahora sé que todas mis relaciones familiares están seguras,
a salvo y en paz.
Mis familiares no tienen ningún efecto negativo en absoluto
sobre mi Consciencia de Dios ahora.

Todas las ataduras psíquicas, las ligaduras kármicas
y los lazos vinculantes entre yo y mis relaciones familiares
se ven ahora cariñosamente cortados, cortados, cortados,
cortados, cortados, cortados, disueltos, liberados, bendecidos,
sanados, dejados ir y elevados hacia el interior la luz de Dios ahora.
Y han desaparecido.
ESTOY libre de todas las ligaduras kármicas y de los lazos vinculantes.
Ya no ESTOY sujeto a los ataques psíquicos,
al vampirismo psíquico o a la influencia psíquica.
SOY libre,
ESTOY lleno la presencia sagrada de Dios.
SOY un ser radiante de luz, llenado con la vibración de Dios.
Mi campo de energía vibra con la luz de Dios y la irradia.
Todo es perfecto y todo está bien.
Gracias, Dios, y ASÍ ES.

93. Sanación de antepasados fallecidos

La influencia de nuestros antepasados no finaliza con la muerte. Éstos pueden afectarte negativamente, incluso aunque nunca les hayas conocido. Para sanar a los antepasados fallecidos que te han reprimido, emplea esta plegaria.

Ninguna energía de este mundo ni de ningún otro mundo
puede reducir o aminorar mi Consciencia de Dios.
Todas las energías de este mundo y de cualquier otro mundo
que no reflejen la verdad de mi ser
son ahora cariñosamente elevadas, sanadas, bendecidas,
liberadas y dejadas ir, y son llenadas con la luz de Dios.
Toda influencia aparente de tiempos pasados,
todos y cada uno de los antepasados que no se encuentran
en la luz de Dios, y cualquier otro ser querido que se encuentre
aquí para su sanación:
todos estos seres son ahora, cariñosa y permanentemente,
elevados hasta el amor y la verdad de Dios.

Seres queridos: estáis unidos a la verdad de vuestro ser.
Sois elevados en el amor.
El amor radiante, la luz radiante y el poder radiante de Dios
te llenan y te rodean ahora con una paz
y un amor inconmensurables.
Ahora estáis libres de esta vibración terrenal.
Sois libres para ir hacia la presencia sagrada
y la luz divina de Dios ahora.
Id en paz, seres queridos, e id con amor.
Gracias, Dios, y ASÍ ES.

94. Sanando las creencias sociales falsas

Todos nos vemos influidos negativamente por las creencias colectivas de la sociedad que tenemos a nuestro alrededor. Emplea esta oración para sanar los mensajes falsos que te afectan a diario.

TENGO el control de mi mente y mi vida.
Nadie puede coaccionarme, manipularme ni dominarme.
Ya no acepto ninguna idea, concepto, creencia,
condiciones o hábitos falsos, equivocados o erróneos
que cualquiera o algo me haya impuesto.
Ya no confío en las creencias, los hábitos y las condiciones.
Ahora disipo todas las creencias engañosas, erróneas y tóxicas
que me han mantenido bajo su yugo, ya sean procedentes de
progenitores, maestros, amigos, consejeros, médiums,
empleadores, colegas, religiones, la sociedad, Internet, los medios,
o de todas y cada una del resto de fuentes de ideas falsas,
ya sean conocidas o desconocidas, conscientes o inconscientes.
Ahora ESTOY libre de creencias sociales falsas.
Ahora tomo decisiones basadas en la orientación divina interior.
Ya no ESTOY regido por la sociedad.
Me VEO liberado por la divinidad interior.
Pertenezco sólo a mi Yo y a Dios.
Gracias, Dios, y ASÍ ES.

95. Sanando el lavado de cerebro procedente de organizaciones y cultos

Si has sido víctima de una organización o un culto coercitivos, emplea esta oración para liberarte de esa influencia.

TENGO el control de mi mente y mi vida.
Nada ni nadie me controla.
Ahora corto todas y cada una de las ataduras psíquicas,
las ligaduras kármicas y los lazos vinculantes
entre yo y [nombre de la organización y de su líder].
Estas ataduras psíquicas son ahora cariñosamente
cortadas, cortadas, cortadas, cortadas, cortadas,
cortadas, cortadas, cortadas, cortadas, elevadas, queridas,
sanadas, bendecidas, liberadas y dejadas ir completamente
hacia la luz del amor y la verdad de Dios.
TENGO en control.
SOY la única autoridad en mi vida.
ESTOY protegido divinamente por la luz de mi ser.
Ahora bloqueo mi aura y mi cuerpo de luz a
[nombre de la organización y de su líder],
y a cualquier persona y cosa excepto mi propia divinidad interior.
ESTOY completamente libre de la influencia de
[nombre de la organización y de su líder].
SOY libre para ser yo mismo (mi Yo), Ya no siento la necesidad
de ser un engranaje en la rueda de [nombre de la organización],
ya no necesito buscar la aprobación de nadie.
Ya no necesito que nadie tome decisiones por mí.
Ahora tomo decisiones inteligentes basadas en
la orientación divina interior y en la sapiencia interior.
ESTOY libre de coacción, manipulación e intimidación.
SOY libre para ser yo mismo (mi Yo).
Me gusto, me quiero y me acepto ahora.
SOY digno, valioso y perfecto exactamente tal y como SOY.
Gracias, Dios, y ASÍ ES.

96. Sanando el lavado de cerebro por parte de falsas religiones

Si tu formación religiosa te ha influido negativamente para que pienses, hables y actúes como alguien infiel a ti mismo (a tu Yo), usa esta plegaria.

Ahora me desprendo de todos y cada uno de los fervores religiosos falsos,
y de todas las falsas creencias, doctrinas, cánones, dogmas,
influencias,, hábitos, patrones y condicionamientos.
Ya no ESTOY controlado, manipulado ni coaccionado
por el falso lavado de cerebro religioso.
Ahora SOY libre de realizar mis propias elecciones,
SOY libre de seguir las indicaciones de mi corazón,
SOY libre de ser yo mismo (mi Yo).
Ya no necesito impresionar a nadie ni a nada más.
Ya no necesito seguir dictados ni dogmas falsos.
Ya no necesito llevar una máscara de falsa religiosidad o piedad.
Declaro ahora mi independencia de las falsas religiones.
SOY libre, soberano, inmutable e invencible.
Nadie me fuerza a aceptar ninguna creencia errónea.
Ahora me encuentro en mi propia divinidad interior: poderosa e intensa.
SOY tal y como Dios me creó para que fuera puro, natural y libre.
SOY perfecto exactamente tal y como SOY.
Gracias, Dios, y ASÍ ES.

97. Sanando falsas creencias de género

Se nos enseña a creer que los hombres y las mujeres tenemos unos roles específicos y que debemos actuar de formas establecidas de acuerdo con ideas rígidas. Usa esta oración para sanar estas programaciones falsas.

Mi vida y mi mente son mías propias.
Yo determino mi propio papel en este mundo.
Mis relaciones son perfectas exactamente tal y como son.

119

Nadie ni nada más que mi Yo dicta mi papel.
Ya SEA hombre o mujer,
SOY perfecto exactamente tal y como SOY.
Ningún concepto relativo al género determina mis acciones.
SOY libre de expresar mi Yo de la forma en que desee.
No ESTOY atado ni determinado por las diferencias de género.
No hay nada que dicte
si expreso tendencias masculinas o femeninas.
SOY libre de ser tan masculino o femenino como escoja.
No estoy ligado a roles sociales de género.
SOY libre de trabajar, jugar, hablar y actuar como elija.
El género no evita que sea yo mismo (mi Yo).
SOY perfecto, pleno y completo tal y como SOY.
Gracias, Dios, y ASÍ ES.

Capítulo 8

Entes sanadores y vampiros

*«Entonces llamó a sus doce discípulos y les dio autoridad
sobre los espíritus inmundos para echarlos fuera,
y para sanar toda enfermedad y toda dolencia».*

MATEO 10, 1

Puede que estés familiarizado con la experiencia cercana a la muerte (ECM), reportada por miles de personas cuya actividad cerebral cesó temporalmente debido a un accidente o una enfermedad. Creo que las ECM son reales y que revelan lo que sucede tras la muerte.

Los supervivientes de las ECM suelen informar de que abandonan su cuerpo físico y que se desplazan hacia una luz gloriosa y divina. Sin embargo, algunas almas no entran en el reino de Dios tras la muerte. Se pierden o quedan atrapadas en el mundo astral. Para saber más sobre por qué un alma decidiría alejarse de la luz de Dios tras la muerte, lee, en mi libro *Exploring auras*, de la página 140 a la 145.

Los espíritus ligados a la Tierra, los entes sin un cuerpo físico, los entes astrales, los fantasmas, los *poltergeist*, los espíritus y los espectros son, todos ellos, nombres para los espíritus que viven en el mundo astral. Su presencia tiene un efecto agotador sobre los seres humanos vivos y reduce la frecuencia vibratoria de la atmósfera.

Todos los entes astrales tienen una cosa en común: necesitan sanación. Si están dispuestos a pasar al reino divino, o si puedes convencerlos de que lo hagan, entonces serán libres y nunca volverán a ejercer su influencia sobre ti ni sobre tus seres queridos.

Las oraciones que aparecen a continuación envían a estos entes hacia el interior del reino divino. Una vez que emplees estas plegarias para la sanación de los entes astrales, el campo de energía de tu entorno se volverá más ligero y menos denso de inmediato.

98. Sanación de entes astrales

Ésta es una oración sanadora para enviar a entes hacia el interior de la luz divina, y está dirigida a los entes que necesitan sanación.

Seres queridos, estáis unidos a la verdad de vuestro ser.
Sois elevados en el amor divino.
Sois perdonados de toda culpa y vergüenza.
Sois sanados y liberados del dolor, la pérdida, la confusión y el miedo.
El amor y la luz divinos os llenan y rodean ahora.
El apego a la tierra ya no os amarra.
Sois libres de iros hacia el interior de la luz divina ahora.
Id ahora en paz y amor.

99. Cántico universal para la sanación de entes

Éste es un cántico sanador para sanar a entes y elevar la atmósfera vibratoria.

Invoco al Espíritu Santo para que sane cariñosamente a todos
y cada uno de mis seres queridos
que son sabios para sanarse en este momento.
Seres queridos, sois bendecidos, perdonados y liberados cariñosamente
hacia el amor, la luz y la integridad de Dios.
Bendecidos, perdonados y liberados,
hacia el interior del amor, la luz y la integridad de Dios.
[Repite estas dos frases hasta que sientas que los entes
se han ido hacia el interior de la luz de Dios].

100. Cántico para la elevación de los entes

Éste es otro cántico de sanación para sanar a entes y elevar la atmósfera vibratoria. Puede emplearse junto con el cántico anterior.

Seres queridos, sois sanados y perdonados cariñosamente,
sois elevados hacia el interior de la luz de Dios.
Elevados hacia el interior de la luz de Dios.
Elevados hacia el interior de la luz de Dios.
[Repite hasta que sientas que los entes se han elevado
hacia el interior de la luz de Dios].
Ahora estáis viviendo en la luz de Dios,
viviendo en la luz de Dios, viviendo en la luz de Dios.
[Repite hasta que sientas que los entes se han fusionado
completamente con la luz de Dios].

101. Oración para la sanación de entes

Ésta es otra hermosa oración de sanación para enviar a espíritus atrapados y apegados a la Tierra hacia la luz de Dios.

Ahora SOY uno con Dios.
SOY uno con la presencia, el poder y la Consciencia de Dios.
Dios es una luz brillante, y yo SOY uno con la luz de Dios,
vibrando a infinitos ciclos por segundo.
Esta luz disuelve toda oscuridad, error y limitación aparentes.
Ahora llena cada fibra y cada célula de mi cuerpo
y mi campo de energía.
Ahora fluye hacia fuera para rodearme con una capa protectora de luz
divina, vibrando a infinitos ciclos por segundo.
Forma un escudo divino, donde sólo las vibraciones más elevadas
del reino espiritual puedan entrar.
Ahora invoco al Espíritu Santo, a la presencia de Dios,
y a la Consciencia universal de Dios para que ayuden y reciban
a las almas de todos y cada uno de los entes sin un cuerpo físico
que están listos y dispuestos para ser sanados en este momento.

Seres queridos, esta vibración terrenal no es vuestro hogar.
Vuestro hogar es el reino celestial de Dios.
Ya no estáis obligados ni regidos por las energías de la Tierra.
Ahora podéis desplazaros hacia el interior del reino de Dios.
No hay miedo, culpa, vergüenza, crítica, juicio,
condena ni castigo.
Ahora sólo hay amor, misericordia,
compasión y perdón sublimes y divinos.
Ahora hay libertad para ser y experimentar más
de lo que hayáis experimentado nunca antes.
Ahora vuelve tu rostro hacia la hermosa luz de Dios.
Desplázate hacia el interior de ese reino del amor de Dios,
que te llena y rodea de paz.
Desplázate ahora hacia tu lugar correcto y perfecto de expresión.
Te quiero, te bendigo y te libero en el interior de la luz de Dios.
Eres libre. Ve en paz. Ve con amor.
Gracias, Dios, y ASÍ ES.

102. Sanación del cuerpo mental de vidas anteriores

Tus vidas pasadas te controlarán en el grado en que tú se lo permitas. Puedes sanar experiencias pasadas, independientemente de lo traumáticas que sean. Los restos de una vida pasada pueden manifestarse en forma de un cuerpo mental a tu alrededor, que puede poseerte u oprimirte. Aquí tenemos una oración para sanar a estos cuerpos mentales.

Ahora sé que todos y cada uno de los cuerpos mentales
de vidas pasadas que me han influido negativamente
son ahora elevados cariñosamente hasta la luz del amor de Dios.
Se ven llenados de la luz de la verdad de Dios.
Se ven perdonados de toda culpa, vergüenza, confusión
y miedo aparentes.
Se ven liberados del pasado y pueden avanzar ahora.
Ya no tienen ninguna influencia vinculante sobre mí.

Ahora libero todos y cada uno de los lazos y ataduras
que me han amarrado a vidas anteriores.
Son cortados, bendecidos, elevados, disueltos,
liberados y dejados ir ahora.
Todos los cuerpos mentales de vidas pasadas son ahora
libres de desplazarse hacia el
interior de la luz de Dios.
Id ahora en paz y con amor.
Gracias, Dios, y ASÍ ES.

103. Sanación astral de extraterrestres

Esta plegaria puede usarse para sanar entes extraterrestres y seres del espacio exterior malévolos y para purificar a abducidos por alienígenas.

Seres queridos, sois todos sanados y perdonados.
Estáis fusionados con vuestra propia naturaleza cósmica universal
divina, estáis unidos a ella, llenos de ella y rodeados por ella.
Estáis fusionados con el amor, la luz y la verdad cósmicos universales
divinos, estáis unidos a ellos, llenos de ellos y rodeados por ellos.
Seres queridos, sois cariñosamente bendecidos,
perdonados y liberados hacia el interior del amor,
la luz y la integridad de Dios.
Estáis todos libres de miedo, dolor y de las vibraciones de la Tierra
y de la de otros planetas, en esta y en el resto de las dimensiones.
Invoco al Maestro Jesús y a Sananda, el Cristo cósmico universal,
para que os lleve a vuestros propios lugares de expresión perfectos.
Ahora id en paz.
Ahora corto todas y cada una de las ataduras entre
[la persona bajo la influencia de los extraterrestres]
y cualquiera de mis seres queridos.
Estas ataduras psíquicas son ahora cariñosamente cortadas, elevadas,
queridas, sanadas, liberadas, disueltas y dejadas ir por completo.
Gracias, Dios, y ASÍ ES.

104. Sanando a entes procedentes de los espacios

A veces quizás percibas que más de un ente requiere de sanación. Pregunta entonces a tu Yo Superior: «¿Hay aquí una masa que ser sanada?». Si recibes una respuesta afirmativa, entonces hay un grupo de espíritus apegados a la Tierra que necesitan ser sanados. Siempre que se pierdan muchas almas a la vez, como por ejemplo en el caso de un terremoto, un tsunami o un ataque terrorista, entonces serán necesarias sanaciones de masas.

Para llevar a cabo la sanación de una masa, di primero en voz alta: «Os doy la bienvenida a todos al amor y la luz. Todos sois sanados y perdonados». Luego continúa repitiendo: «Sanados y perdonados» hasta que percibas que la sanación se ha producido. Pregunta si la sanación es completa, y si obtienes una respuesta negativa, repite la frase varias veces hasta que obtengas una respuesta afirmativa.

Esta misma afirmación sencilla es muy eficaz para limpiar un edificio de entes astrales o de fantasmas. Abre todos los cajones y armarios del edificio y luego camina por todas las habitaciones. Extiende tus palmas abiertas por todos los rincones y ranuras para bendecir el espacio mientras cantas: «Sanados y perdonados» repetidamente hasta que toda la casa haya sido limpiada.

105. Sanando grupos enormes de entes

La siguiente oración puede emplearse para sanar a grupos enormes de entes de desastres naturales, zonas de guerra, etc.:

SOY uno con la luz de Dios.
Ahora visualizo una hermosa cúpula dorada
de amor y luz divinos protectores muy por encima de este lugar.
Los Muchos Hermosos seres divinos de luz y de «YO SOY»
dan ahora la bienvenida a todos
y cada uno de los entes necesitados de sanación ahora.
Estos entes se ven ahora sanados
y llevados hacia el interior de la luz de Dios ahora.
Seres queridos, estáis unidos a la verdad de vuestro ser.

Sois elevados en el amor divino.
Sois perdonados de toda culpa y vergüenza.
Sois sanados y liberados de la pérdida, dolor, confusión y miedo.
El amor y la luz divinos os llenan y rodean ahora.
El apego a la tierra ya no os amarra.
Sois libres de iros hacia el interior de la luz divina ahora.
Id ahora en paz y con amor.
Ahora doy las gracias porque parte de nuestra misión en la Tierra
consiste en despejar la nube astral y pavimentar el camino
para la elevación vibratoria y la iluminación de la Tierra.
Gracias, Dios, y ASÍ ES.

106. Oración para la sanación de vampiros psíquicos

La leyenda del vampirismo tiene una realidad equivalente en la vida cotidiana. Los vampiros psíquicos pueden ser personas necesitadas o entes sin un cuerpo físico que te chupan la energía y te dejan vacío. Exigen mucho tiempo, atención, cariño, vitalidad, recursos y fuerza vital, y son pozos sin fondo en los que la energía se ve drenada continuamente. Habilitar a estas personas o entes diciéndoles siempre que sí nunca las sana.

Los chupadores de energía, que siempre están a la caza de surtidores a los que aferrarse, ven y captan tu luz, amor y poder y, por lo tanto, instalan garfios psíquicos en tu campo. Una vez que la espita se abre, tu energía espiritual disminuye. Por lo tanto, resulta crucial mantener la protección espiritual. Esta oración, junto con la afirmación de tu propia autoridad, en la página 22, puede ser de ayuda.

ESTOY en los brazos de Dios. SOY mecido en el amor de Dios.
Dios me aporta luz, resplandor, pureza y bendiciones divinos.
ESTOY lleno de paz, integridad y unicidad.
Donde hay integridad no hay partes.
Donde hay unicidad no hay vampiros psíquicos, drenajes psíquicos,
esponjas psíquicas ni pérdida de energía psíquica.
Cuando hay unicidad no hay pérdida ni ganancia.

Confío en esta unicidad y sé que SOY esa unicidad.
SOY la verdadera naturaleza hermosa de la existencia de Dios.
Gracias, Dios, y ASÍ ES.

107. Sanación de garfios psíquicos

No es necesario que seas víctima del vampirismo psíquico. Puedes evitar que los entes coloquen garfios en tu campo de energía empleando esta plegaria.

SOY un hijo amado de Dios.
ESTOY lleno de la luz de Dios.
No hay ninguna energía que deba temer,
ya que el Señor mi Dios está conmigo dondequiera que vaya.
No hay energía que tenga ningún control sobre mí,
ya que el Señor mi Dios está conmigo dondequiera que vaya.
No hay ningún ente que pueda aferrar garfios en mí,
porque SOY un ser divino que vive con forma y carne humana.
SOY un ser de gran luz, de gran bondad,
de gran gloria y de gran pureza.
El amor de Dios me llena y me rodea ahora.
Mi corazón se funde ahora en el amor divino.
Gracias, Dios, y ASÍ ES.

108. Sanando a los reptilianos

Los seres reptilianos, que trabajan con energías demoníacas del mundo astral inferior, se encarnan conscientemente con intenciones malévolas. Su motivo es provocar confusión y drenaje de energía y confundir a los que trabajan con la luz y a los líderes espirituales que están levantando el planeta. Esta presunta energía reptiliana es una energía astral oscura, no extraterrestre.

Algunos reptilianos han sido humanos en el pasado. Otros nunca han sido humanos. Estas energías reptilianas poseen unos poderes tentadores y embrujadores. Ciertos gurús con energía reptiliana erigen una mística y un glamur especiales alrededor de sí mismos. Otros disponen de una energía de drenaje o de vampirismo psíquico. Emplea la siguiente oración si sospechas que te estás enfrentando a reptilianos.

Ahora uso mi poder de discernimiento
para sanar y liberar cualquier influencia reptiliana aparente ahora.
Ahora me desprendo de todo miedo y transformo mi campo de energía,
mediante el poder del amor de Dios.
Todos los vínculos físicos entre yo
y las energías aparentemente reptilianas
se ven ahora cariñosamente elevados, sanados, desatados,
cortados, amados, disueltos, bendecidos, liberados,
y dejados ir por completo en el interior de la luz de Dios ahora.
Ya no hay ninguna influencia de energías reptilianas ahora.
Queridos seres aparentemente reptilianos,
estáis unidos a la verdad de vuestro ser.
Sois elevados en el amor divino. Sois llenados con la luz de Dios.
Sois llenados con la verdad divina. Sois llenados de perdón.
Estáis libres de todo contrato y obligación
que hayáis hecho con fuerzas o energías aparentemente oscuras.
Sois libres de experimentar la verdadera naturaleza de vuestro ser,
y de desprenderos de todo miedo, glamur, espejismo, embrujo,
carisma, mística, encanto y de las tentaciones del ego.
Sois libres de ser quienes sois de verdad.
Abrid vuestro corazón al amor de Dios, a la luz de Dios
y a la verdad de Dios.
Dejaos ir, permitid que entre Dios y estad en paz, seres queridos.
Entrad ahora en el interior de la luz de Dios.
Gracias, Dios, y ASÍ ES.

109. Tratamiento para sanar la opresión o la posesión astral

Éste es un tratamiento para mí, *[nombre completo]*, para sanar la presión o la posesión astral, o algo mejor, ahora.

Ahora reconozco que Dios es el único poder y presencia en este universo. Dios es fuerza divina e invencibilidad. Dios es la autoridad suprema, la presencia al mando y el soberano justo y sabio que gobierna con un amor incondicional. Dios es el sanador divino, que hace que todas las cosas sean nuevas y completas. Dios es la integridad y la unicidad perfectas.

Ahora SOY único con Dios y ESTOY fusionado y unido a Dios en una integridad perfecta y sin fisuras. En Dios vivo, me muevo y tengo mi ser. SOY uno con el poder, la presencia, la fuerza y la invencibilidad de Dios. SOY uno con la autoridad suprema, la presencia imponente y el soberano justo y sabio que representa Dios. SOY uno con el amor incondicional y el poder sanador de Dios. SOY uno con el poder que hace que todas las cosas sean nuevas y completas. SOY uno con una unicidad e integridad perfectas.

Por lo tanto, ahora reclamo para mí la perfecta sanación de la opresión o la posesión astral, o algo mejor, ahora.

Ahora invoco al Espíritu Santo para que sane a cualquier ser querido que me haya influido o que se haya aferrado a mí. Seres queridos, ahora sois cariñosamente sanados, elevados, amados y perdonados. Estáis unificados con el amor y unidos a la verdad de vuestro ser. Sois llenados con el amor, la luz, la verdad y las bendiciones de Dios y estáis rodeados de ellos y fusionados con ellos. Esta vibración terrenal ya no os amarra. Estáis libres de miedo, dolor, confusión, culpa, vergüenza y fracaso.

Sois bendecidos, perdonados y liberados hacia el interior del amor, la luz y la integridad de Dios. Sois bendecidos, perdonados y liberados hacia el interior del amor, la luz y la integridad de Dios. *[Repite hasta que sientas que la oración te parezca completa]*. Sois elevados hacia el interior de la luz de Dios, elevados hacia el interior de la luz de Dios. *[Repite hasta que sientas que la oración te parezca completa]*. Sois libres de desplazaros hacia el interior de la luz de Dios ahora, en vuestro lugar perfecto para la expresión. Ahora id en paz. Ahora id con amor.

Ahora ESTOY lleno del amor de Dios, la luz de Dios y la verdad de Dios, ESTOY rodeado por ellos y sumergido en ellos. TENGO el control. SOY la única autoridad en mi vida. Estoy protegido divinamente por la luz de mi ser. Mi aura y mi cuerpo de luz están ahora cerrados al plano astral, a todos los entes astrales y a todo excepto a mi propia divinidad interior. Ahora sé que mi campo de energía es elevado ahora a la vibración más alta posible de la que puedo disfrutar cómodamente. Este campo de energía de una octava elevada erige ahora una hermosa armadura de luz hecha de amor y luz divinos y puros.

Ninguna fuerza, ente o energía puede invadir, relevar, oprimir o poseer mi campo de energía. Pertenezco sólo a mi Yo y a Dios. SOY invencible, soberano y estoy completamente unido a mi Yo Divino. SOY un ser espiritual fuerte y poderoso lleno de la luz del amor de Dios. SOY irreprimible, imparable e indomable. SOY la poderosa presencia del «YO SOY», y SOY esa divinidad interior.

Ahora acepto plenamente, en consciencia, la perfecta sanación de la opresión o la posesión astral, o algo mejor, ahora. Ahora libero, suelto y dejo ir esta plegaria hacia el interior de la ley espiritual, sabiendo que se manifiesta, justo aquí y ahora, bajo la gracia de Dios, de las propias formas sabias y perfectas de Dios. Gracias, Dios, y ASÍ SEA.

110. Tratamiento para sanar edificios embrujados

Éste es un tratamiento para sanar, despejar y limpiar el edificio aparentemente embrujado que se encuentra en [dirección completa del edificio], o algo mejor, ahora.

Ahora sé y reconozco que Dios es la única presencia y el único poder en funcionamiento en el universo. Dios es el poder soberano omnibenevolente, que todo lo abarca, omnipotente y total en el universo. Dios es la luz de la vida, la verdad de la existencia. Dios es amor divino, sabiduría perfecta y fuerza indomable. Dios es la unicidad e integridad perfectas.

Ahora SOY uno con Dios en una integridad y unicidad perfectas. SOY uno con la presencia y el poder de Dios. SOY uno con el poder soberano omnibenevolente, que todo lo abarca, omnipotente y total que representa Dios. SOY la luz de la vida, la verdad de la existencia.

SOY amor divino, sabiduría perfecta y fuerza indomable. SOY una unicidad e integridad perfectas.

Por lo tanto, ahora conozco y reclamo la sanación, el clareado y la limpieza perfectos del edificio aparentemente embrujado situado en *[dirección completa]*, o algo mejor, ahora. Ahora sé que todos y cada uno de los seres queridos que han estado embrujando el edificio situado en *[dirección completa]* son sanados y perdonados, sanados y perdonados, sanados y perdonados, sanados y perdonados cariñosamente. *[Repite hasta que sientas que la oración te parece completa].* Eres bendecido, perdonado y liberado hacia el interior del amor, la luz y la integridad de Dios; eres bendecido, perdonado y liberado hacia el interior del amor, la luz y la integridad de Dios. *[Repite hasta que sientas que la oración es completa].* Eres elevado hacia el interior de la luz de Dios, elevado hacia el interior de la luz de Dios. *[Repite hasta que sientas que la oración te parece completa].*

Estás unificado en el amor, unido a la verdad de tu ser, eres llenado de la luz de Dios y estás rodeado por ella y sumergido en ella. Estás lleno de la luz de Dios, rodeado por ella y sumergido en ella. Ahora estás libre de culpa, de dolor y de la vibración de la Tierra. Ahora eres libre de ir hacia el interior de tu ser interior perfecto y divino y hacia tu lugar perfecto de expresión. Ve ahora en paz. Ve ahora con amor.

Ahora sé que el edificio situado en *[dirección completa]* es ahora elevado hacia el interior de la luz del amor de Dios. Invoco a los Muchos Seres Hermosos y Divinos que acuden en nombre de Dios para llenar el edificio ubicado en *[dirección completa]* de la luz de Dios. Invoco al Espíritu Santo para que llene este edificio con el fuego blanco puro de Dios. Invoco al hermoso Maestro Jesús para erigir una hermosa esfera de la luz de la Consciencia de Cristo, que infiltre y rodee todo el edificio. Invoco al arcángel Miguel para que se sitúe por encima, por debajo y a cada lado de esta esfera dorada, proporcionando protección divina. Invoco a Saint Germain para que llene este edificio con la llama violeta incontenible y purificadora de la transmutación que limpia, sana y eleva la vibración del edificio. Le pido a Mahamuni Babaji, el maestro inmortal ascendido, que llene este edificio de la energía del Himalaya y de los *siddhas* de la India. Invoco a la Virgen María y a

Kwan Yin para que hagan nacer la luz rosada del amor incondicional para que llene este edificio de amor y compasión divinos. Este edificio está ahora purificado con la luz de Dios. Es elevado hasta una octava superior de vibración.

Ahora acepto plenamente, en consciencia, que el edificio aparentemente embrujado localizado en [*dirección completa*] es ahora perfecto y está sanado, despejado y limpio de cualquier embrujamiento aparente, o algo mejor, ahora, y que el edificio es elevado ahora hasta una vibración alta de amor divino. Ahora doy las gracias a Dios por poner de manifiesto esta sanación perfecta del edificio ubicado en [*dirección completa*], o algo mejor, ahora. Ahora libero esta oración en el interior de la ley espiritual de la perfección por doquier ahora, sabiendo que se pone de manifiesto justo aquí y ahora, bajo la gracia, de formas perfectas. Ahora doy las gracias a Dios porque esto sea así, y ASÍ ES.

111. *Tratamiento para superar el vampirismo psíquico*

Éste es un tratamiento para mí, [*nombre completo*], para sanar y superar todo el vampirismo psíquico en mi vida, o algo mejor, ahora.

Ahora reconozco que Dios es la única presencia y el único poder en funcionamiento en el universo y en mi vida. Dios es integridad y unicidad perfectas. Dios es la presencia invencible e indestructible que gobierna y sustenta el universo. Dios es el brillo perfecto del diamante que refulge con una luz radiante. Dios es perfección por doquier ahora. Dios es perfección aquí y ahora.

SOY uno con la presencia y el poder de Dios. SOY la integridad y la unicidad perfectas. SOY uno con la presencia invencible e indestructible que gobierna y sustenta el universo. SOY el brillo perfecto del diamante en el interior, que desprende una luz radiante. SOY la perfección por doquier ahora. SOY la perfección aquí y ahora.

Ahora reclamo para mí la perfecta sanación y superación de todo vampirismo psíquico aparente en mi vida, o algo mejor, ahora.

Ahora libero de mi mente, corazón, cuerpo y entorno cualquier vampirismo psíquico aparente, o algo mejor, ahora. Ahora sé que todos y cada uno de los vampiros psíquicos que se han colado en mi vida son ahora elevados hacia el interior de la luz de Dios, elevados hacia el interior de la luz de Dios. [*Repite la oración hasta que sientas que te parece completa*]. Son bendecidos, perdonados y liberados hacia el interior del amor, la luz y la integridad de Dios; bendecidos, perdonados y liberados hacia el interior del amor, la luz y la integridad de Dios. [*Repite la oración hasta que sientas que te parece completa*]. Son elevados hasta la luz del amor de Dios. Y han desaparecido.

Ahora invoco al Espíritu Santo, al espíritu de la verdad, la integridad y la sabiduría para que corte todas y cada una de las ataduras psíquicas entre cualquier vampiro psíquico y yo. Estas ataduras son ahora cortadas, elevadas, sanadas, liberadas y dejadas ir cariñosamente hacia el interior de la luz de Dios. Ahora SOY libre de cualquier vampiro psíquico, y ellos están libres de mí. Ahora me dejo ir y permito que Dios me muestre el camino hacia una nueva vida, libre de relaciones de codependencia y libre de los vampiros de energía.

Ahora sé que mi propia valía y el respeto por mí mismo ya no dependen de salvar y rescatar a otras personas. Ahora sé que ya no siento la necesidad de meter en mi vida a gente débil y necesitada que me vacía de mi energía, recursos y vitalidad. Ahora meto en mi vida a gente que me respalda, enriquece, inspira y llena de energía.

TENGO el control de mi mente y mi vida. Mi verdadero Yo es ahora inconquistable, firme, invulnerable, inexpugnable e invencible. Pertenezco solamente a mi Yo y a Dios. ESTOY libre de vampirismo psíquico ahora.

Ahora acepto completamente, en consciencia, mi sanación perfecta y la superación de todo vampirismo aparente en mi vida, o algo mejor, ahora. Ahora doy las gracias a Dios por poner de manifiesto esta sanación perfecta en mi vida ahora, bajo la gracia, de formas perfectas. Libero esta oración en la ley espiritual, sabiendo que se pone de manifiesto aquí y ahora. Gracias, maravilloso Dios, y ASÍ ES.

Capítulo 9

Venciendo a los enemigos y los saboteadores

*«Cuando no hay ningún enemigo interior,
los enemigos exteriores no pueden dañarte».*

PROVERBIO AFRICANO

Independientemente de cuánta protección espiritual invoques con la oración, la afirmación y la visualización, puede que todavía te encuentres con gente que parezca abusar de ti. Puede que dispongan de planes para controlarte o coaccionarte contra tu voluntad. Sus métodos pueden incluir inducir la culpabilidad o la vergüenza, ya que intentan intimidarte o manipularte por el bien de sus propios fines egoístas.

Esto podría ponerse de manifiesto en forma de un comportamiento pasivo-agresivo sutil; en forma de acciones autoritarias y dominantes; o incluso en forma de violencia. Esta gente tan dominante podría difamarte, demandarte o intentar dañarte con magia negra. Podría intentar usurpar tu puesto de trabajo. Podría atribuirse el mérito de tus logros o pisotearte para llegar a la cima. Incluso podría intentar meterse entre ti y tu cónyuge.

Pese a que, en último término, tú creas tu propio destino y a que podrías atraer estas situaciones aparentemente agresivas debido a distintas razones, lo cierto es que debes encontrar un camino para hacerte cargo de estas circunstancias. Si sientes que estás siendo acosado

135

por una persona u organización tiránica, este capítulo puede ayudarte a sanar estas relaciones.

Para saber más sobre cómo o por qué alguien podría generar, inconscientemente, situaciones abusivas en su vida, lee mi libro *Miracle prayer*.

112. Oración para la sanación de la coacción psíquica

Cuando sientas que estás siendo manipulado, coaccionado o controlado, o cuando tu autoexpresión parezca estar reprimida, puedes emplear esta oración para obtener tu propia autoridad y liberarte de una persona u organización aparentemente dominante.

Invoco al Espíritu Santo para que corte todas
y cada una de las ataduras psíquicas
entre yo y [nombre de la persona o la organización coercitiva].
Estas ataduras psíquicas son ahora cortadas,
elevadas, queridas, liberadas y dejadas ir cariñosamente
hacia el interior del amor y la verdad de Dios.
Invoco a la presencia divina
para que elimine todas las negaciones y las limitaciones
que ya no me sirven.
Ahora disipo todas las apariencias de coacción, manipulación,
control y dominación psíquicas y cualquier otro pensamiento
y emoción que no reflejen la verdad de mi ser.
Ahora son elevadas, transmutadas y transformadas cariñosamente
a través del poder del Espíritu Santo.
Ahora ESTOY abierto y SOY libre de abrazar pensamientos
y emociones positivos, de respaldo a la vida y energizantes.
Ahora doy la bienvenida a pensamientos de mi propia autoridad,
mi propia valía y mi libertad de expresión.
Invoco al Espíritu Santo para que libere toda coacción aparente
y para que construya una hermosa esfera dorada
de amor y luz divinos protectores a mi alrededor.
Invoco al Espíritu Santo para que me proporcione la voluntad
de seguir mi propio y verdadero corazón y mente ahora.

ESTOY en equilibrio. TENGO el control.
SOY la única autoridad en mi vida.
ESTOY protegido divinamente por la luz de mi ser.
Ahora bloqueo mi aura y mi cuerpo de luz a
[nombre de la persona o de la organización],
y a todo salvo mi propio Yo Divino.
Gracias, Dios, y ASÍ ES.

113. Oración para la sanación de los implantes psíquicos

Una persona manipuladora y conspiradora podría depositar implantes de ataduras, lazos, garfios, cepos, filtros y otras anomalías psíquicas en tu campo de energía. Estos restos son productos de agresiones. Pueden instalarse intencionadamente a través de portales de energía (conductos para viajar hacia el interior y el exterior de tu campo), mediante vórtices de energía (flujos de energía que entran o salen de un portal).

Puedes leer más acerca de esto en mi libro *Exploring auras*. Usa la siguiente plegaria para sanar estas anomalías.

Todos y cada uno de los implantes, ataduras,
redes, cepos, zarcillos, tentáculos, grilletes,
esposas, garfios, filtros y cárceles psíquicos
que han sido instalados en mi campo de energía se ven evaporados
ahora gracias al ácido disolvente y purificador de Dios.
Ahora son desatados, cortados, seccionados, aniquilados,
sanados, liberados, aflojados, bendecidos y dejados ir cariñosamente.
Elevados, elevados, elevados, elevados, elevados, elevados, elevados,
disueltos, disueltos, sanados y liberados.
Ahora son quemados en el fuego purificador de Dios.
ESTOY libre ahora de todos los implantes psíquicos.
Son elevados hasta la luz del amor de Dios.
Ahora se evita que la fuente de los implantes
y sus creadores vuelvan a crearlos.

La hermosa llama violeta incontenible de Saint Germain
está ahora limpiando, despejando, aclarando, purificando,
sanando, elevando y bendiciendo mi campo de energía.
Un tornado de fuego violeta se desplaza ahora a través de mi campo
limpiando, limpiando, limpiando, limpiando,
sanando, sanando, sanando, sanando,
elevando, elevando, elevando, elevando.
Este hermoso tornado violeta de energía divina en forma de llama sigue
ahora limpiando mi campo de energía hasta que ya no sea necesario.
Gracias, Dios, y ASÍ ES.

114. Revirtiendo la magia negra

La magia negra no es un mito. Existe y hay gente que practica estas
artes. Algunas brujas usan hechizos por razones egoístas para así controlar a otras personas. Quizás caigas bajo la influencia de esta manipulación psíquica. Con esta oración puedes sanar las energías oscuras, los
hechizos, las maldiciones, los talismanes, los tótems y la magia negra.

Todos y cada uno de los entes astrales y las energías inferiores
que han sido depositados en mi campo de energía
a través de tótems o talismanes, minerales o gemas,
mediante palabras, pensamientos, vampirismo psíquico,
círculos, conjuros, encantamientos, maldiciones, magia negra
y el resto de los métodos manipulativos de coacción psíquica,
ya sean conocidos o desconocidos, conscientes o inconscientes:
estas energías son ahora sanadas, perdonadas, elevadas
y bendecidas cariñosamente en el amor divino,
unidas a la verdad de la existencia,
al amor divino, la luz divina y la verdad divina de Dios.
Seres queridos, id ahora con amor, id ahora con la verdad.
Sois bendecidos, perdonados y liberados, en el interior del amor,
la luz y la integridad de la presencia amorosa de Dios.
Id en paz ahora. Id con la luz. Id con amor. Id en paz.
Gracias, Dios, y ASÍ ES.

115. Sanando el acoso

Para evitar o superar cualquier intimidación o acoso aparentes por parte de tiranos y torturadores, emplea esta plegaria junto con la oración para la afirmación de tu propia autoridad que aparece en la página 22.

TENGO el control de mi vida. No SOY una víctima.
SOY un ser espiritual fuerte y poderoso.
Ahora libero, suelto y me desprendo de cualquier pensamiento
y emoción que no refleje la verdad de mi ser.
Ahora destierro todos los sentimientos de debilidad, inseguridad,
susceptibilidad, vulnerabilidad, importancia,
baja autoestima, ansiedad, timidez y acoso.
Y han desaparecido.
Estos pensamientos son liberados hacia
el interior de la luz de la verdad de Dios.
Ahora ESTOY lleno de pensamientos nuevos, poderosos, positivos.
SOY invencible, firme, fuerte, poderoso, confiable, seguro,
confiado, invulnerable, asertivo, imponente,
seguro de mí mismo, equilibrado, extravertido, asertivo y amistoso.
Ya no permito que nada ni nadie me intimide.
ESTOY libre de cualquier crítica y acusación de los acosadores.
Nada puede penetrar lo impenetrable.
Nada puede violar lo inviolable.
SOY el que SOY, perfecto, pleno y completo.
Me yergo en la verdad. Me yergo en mi existencia.
Me encuentro en la protección inexpugnable de Dios.
Gracias, Dios, y ASÍ ES.

116. Sanando el sabotaje

Si estás plagado de culpa, vergüenza y reproches, quizás atraigas hacia ti experiencias de sabotaje y subterfugio que reviertan tus esfuerzos hacia el progreso en muchas áreas de tu vida. Esta oración puede ser de ayuda.

Dios es el poder omnibenevolente, completamente misericordioso
y que todo lo perdona que está funcionando en mi vida,
ahora y siempre.
Dios irradia la luz de la compasión y la absolución perfectas,
sobre todos los seres y sobre mi vida, ahora y siempre.
Ahora libero y dejo ir toda la culpabilidad y la vergüenza aparentes
por cualquier acto inmoral que haya cometido
en esta vida y en todas las vidas pasadas.
Ahora me desprendo de la necesidad aparente de castigarme.
Libero todo el autosabotaje y el autosubterfugio.
Ahora me perdono por completo, ya que siempre
lo he hecho lo mejor que he podido en cada situación.
Pongo mi vida en las manos de Dios,
sabiendo que el amor incondicional de Dios
sana y me libera de todos los errores y los autorreproches aparentes.
Me desprendo de toda adicción al drama y el conflicto.
Perdono a todos aquellos que me han saboteando,
incluyéndome a mí mismo.
Sé que mi vida es fácil, cómoda y alegre ahora,
en la voluntad y la orientación divinas, libre de dolor,
preocupaciones y dudas.
ESTOY lleno de la belleza exquisita que representa Dios.
Mi vida está bendecida con milagros y maravillas.
Gracias, Dios, y ASÍ ES.

117. Sanación de la justicia divina

Cuando estés ocupándote de situaciones aparentemente injustas, inicuas y no merecidas en las que abunden el maltrato, la explotación y el abuso, puedes emplear esta oración para que te ayude a restaurar la justicia divina.

La justicia divina de Dios está en funcionamiento en mi vida.
La integridad perfecta de Dios se encuentra dentro de mí
y a todo mi alrededor.

La ley de la justicia de Dios está funcionando
perfectamente a través de mí
hacia toda la gente y a través de toda la gente y hacia mí ahora.
Habito en el círculo de cobijo y protección divinos.
Vivo en el puerto seguro de la morada de Dios.
Independientemente de las circunstancias,
ESTOY seguro y protegido por la mano de Dios,
que me guía por la virtud.
Camino por la senda correcta y perfecta: la senda de la verdad.
La ley de la justicia está funcionando en mi vida,
poniendo de manifiesto la verdad.
ESTOY protegido divinamente por la luz de mi ser.
Gracias, Dios, y ASÍ ES.

118. Sanando y perdonando a los enemigos

El perdón es una potente herramienta sanadora. Cuando puedes perdonar a aquellos que aparentemente te han perjudicado, un gran y potente poder divino brota de tu interior: un poder que puedes emplear para el bien.

Ahora invoco al Espíritu Santo,
al Espíritu de la verdad y la integridad,
para que irradie la luz del perdón sobre mí
y sobre todos los enemigos aparentes en mi vida.
Ahora sé que cualquier enemigo aparente no es más que un reflejo
de la propia imagen que tengo de mí mismo,
aparentemente en disputa contra sí misma.
Ahora me desprendo de ese conflicto interior y ESTOY en paz.
Ahora encuentro ecuanimidad, equilibrio y serenidad en mi interior.
Sé y acepto ahora que como Dios es para mí,
nada puede ir nunca contra mí.
Sé y acepto que como SOY uno con todo,
nada puede ir nunca contra mí,
ya que yo no puedo ir contra mí mismo (mi Yo).

Ahora me desprendo de toda enemistad, conflicto y resentimiento
hacia cualquiera y hacia cualquier cosa que aparentemente
me haya provocado heridas, dolor, daños o perjuicios.
Corto todas las ataduras psíquicas entre yo
y todos mis enemigos aparentes.
Estas ataduras psíquicas son ahora cortadas, cortadas, cortadas,
cortadas, cortadas, cortadas, cortadas, cortadas, cortadas, cortadas,
cortadas, elevadas, queridas, sanadas, bendecidas, alzadas
y dejadas ir cariñosamente hacia el interior de la luz del amor
y la verdad de Dios.
SOY libre. Me dejo ir y permito que Dios sea mi protector divino.
Dios es mi puerto seguro de cobijo, mi santuario.
Corro hacia los preciosos brazos de Dios, justo aquí y ahora,
y ESTOY seguro en mi hogar con mi querido Dios.
Gracias, Dios, y ASÍ ES.

119. Oración para el escudo divino

Cuando sabes que puedes invocar a la protección divina en cualquier momento, no hay razón alguna para estar demasiado preocupado por la coacción física. Con Dios como tu ancla, no hay nada que temer. La verdad definitiva es que no hay ningún mal «atacándote». No hay ninguna energía «mala ahí fuera». El vampirismo es una cualidad de debilidad, y esa debilidad se nutre de aquellos que son similarmente débiles. Mientras sigas usando afirmaciones y plegarias como la oración de afirmación de tu propia autoridad, estarás asentado en el Espíritu, en la verdadera naturaleza de tu ser: la Consciencia de Dios. Ya no invitarás inconscientemente a las energías inferiores. Esta plegaria puede ser de ayuda.

ESTOY lleno de la luz de Dios.
Mi copa se desborda.
La luz de Dios me llena y me rodea ahora.
ESTOY tan lleno de la presencia divina
que nada más puede penetrar en mi existencia divina.

ESTOY lleno. ESTOY lleno de la fortaleza de Dios,
del poder de Dios, del amor de Dios y de la luz de Dios.
SOY completo. SOY pleno, SOY uno.
Gracias, Dios, y ASÍ ES.

120. Tratamiento para superar la victimización

Éste es un tratamiento para mí, *[nombre completo]*, para la superación completa y perfecta de toda victimización aparente, o algo mejor, ahora.

Ahora reconozco que hay un poder y una presencia en funcionamiento en el universo y en mi vida: Dios el bueno, el omnipotente. Dios es la fuente del bien, la luz de la vida, la perfección de la existencia. Dios es la roca de poder, el pilar de fortaleza, infinitamente potente y todopoderoso. Dios es invencible, inexpugnable e inamovible. La energía de Dios es infinita, la vida de Dios es interminable, el perímetro de Dios es ilimitado y la sabiduría de Dios es inigualable. Dios es la perfección por doquier ahora. Dios es la perfección aquí y ahora.

SOY uno y estoy fusionado, unido y alineado con Dios en una integridad perfecta y sin fisuras. Dios y yo somos uno, en perfecta completitud. SOY la luz de la vida, la perfección de ser que representa Dios. SOY la roca, la fortaleza, el poder y el poderío que representa Dios. Soy la perfección de ser invencible, inexpugnable e inamovible. SOY la divinidad interior ilimitada, infinita, inagotable e incomparable. SOY la perfección por doquier ahora. SOY la perfección aquí y ahora.

Por lo tanto, ahora conozco y reclamo para mí, *[nombre completo]*, la superación total y perfecta de toda victimización aparente, o algo mejor, ahora.

Ahora invoco al Espíritu Santo para que transmute y transforme todas y cada una de las creencias, los hábitos y las condiciones limitantes que ya no me sirven. Ahora libero todos los pensamientos negativos de mortificación, autodesprecio, autocondena, odio a mí mismo, victimización persecución, trato injusto, culpa, resentimiento, ira y rechazo. Todos estos pensamientos se ven sanados, disueltos, amados, bendecidos, elevados, liberados y dejados ir. Y han desaparecido. Son quemados en el fuego del amor y la verdad de Dios.

Ahora abro mi corazón al amor, la sanación y el perdón de Dios. Acepto y doy la bienvenida al interior de mi mente a todo pensamiento de autoindulgencia, misericordia conmigo mismo, autocompasión, perdón, paciencia, absolución, exoneración, amor incondicional, responsabilidad y sensatez personal, amor propio, autoestima, confianza en mí mismo y autoempoderamiento ahora.

Ahora sé que no SOY una víctima. Lo que haya experimentado en esta vida ha sido atraído por mis propios pensamientos, palabras y acciones de esta vida y de vidas pasadas. SOY responsable de mis experiencias. Nunca me sucede nada, sino que soy yo lo que me sucede a mí mismo. Ahora me perdono, y ahora bendigo a cualquier persona que me haya victimizado aparentemente, ya que sé que cualquier victimario aparente fue atraído hacia mi vida por mi propia necesidad errónea de castigo. Ahora sé que no hay nadie a quien culpabilizar por ninguna de mis experiencias, ya que todo ha sido generado por creencias erróneas. Ahora me perdono por todas las acciones pasadas que han provocado que sienta la necesidad de ser castigado. Me perdono por atraer a un victimario a mi vida. Me quiero, me gusto y me acepto ahora.

Ahora acepto plenamente, en consciencia, que SOY perdonado, y me desprendo de toda victimización aparente en mi vida, o algo mejor, ahora. Ahora doy las gracias a Dios por poner de manifiesto esta sanación perfecta en mi vida, bajo la gracia de Dios, de las formas sabias y perfectas propias de Dios. Gracias, Dios, y ASÍ ES.

121. Tratamiento para el derecho a vivir sin violencia doméstica

Éste es un tratamiento para mí mismo, *[nombre completo]*, para el completo derecho a vivir sin violencia doméstica, o algo mejor, ahora.

Ahora sé y reconozco que Dios es la única presencia y el único poder en funcionamiento en el universo y en mi vida. Dios es la luz de la vida, la verdad de la existencia. Dios es todo lo que hay, la perfección omnibenevolente, que todo lo abarca, completamente misericordiosa y compasiva, y omnipotente de la existencia. Dios es el soberano protector, la fuente de compasión, el puerto seguro perfecto, el consolador. Dios es fuerza divina, poder divino, valentía divina, sabiduría divina y discernimiento divino.

Ahora SOY uno con Dios: perfecto, completo y pleno. En Dios vivo, respiro, me muevo y tengo mi ser. Dios se encuentra en mi interior y a todo mi alrededor. Dios y yo somos uno. Nos encontramos en perfecta armonía, perfecta unicidad y perfecta integridad. SOY el poder y la presencia que representa Dios. SOY el amor, la misericordia, la compasión y la perfección que representa Dios. SOY el protector, la fuente de compasión, el puerto seguro perfecto, el consolador, la fortaleza divina, el poder divino, el coraje, la sabiduría y el discernimiento que representa Dios. SOY todo lo que Dios es.

Por lo tanto, ahora conozco y reclamo para mí, *[nombre completo]*, mi derecho total a vivir sin violencia doméstica, o algo mejor, ahora.

TENGO el control. SOY la única autoridad en mi vida. ESTOY protegido divinamente por la luz de mi ser. Ahora bloqueo mi aura y mi cuerpo de luz a cualquier victimario aparente, a cualquier abusador aparente y a cualquiera o a cualquier cosa que no sea mi propia divinidad interior. ESTOY al cargo de mi vida. Ahora corto todas y cada una de las ataduras psíquicas entre yo y cualquier abusador aparente. Estas ataduras psíquicas son ahora cortadas, cortadas, cortadas, cortadas, cortadas, cortadas, cortadas, cortadas, cortadas, cortadas, cortadas, cortadas, cortadas, elevadas, amadas, sanadas, liberadas y dejadas ir cariñosamente hacia el interior de la luz del amor y la verdad de Dios.

Ahora me desprendo de toda creencia, hábito, patrón y condición que hayan atraído cualquier abuso aparente a mi vida. Ahora libero todos los pensamientos de maltrato, violencia, autodesprecio, odio a mí mismo, mortificación, ira, resentimiento, culpabilidad, reproche, vergüenza, deshonra, indignidad, carencia, frustración, vulnerabilidad y candidez. Estos pensamientos son ahora quemados y disueltos en el fuego del amor de Dios, y desaparecen. Me desprendo de toda tendencia o necesidad de mortificación o de autoagresión. Ahora me perdono, ya que lo hice lo mejor posible en cada situación en esta vida y en vidas pasadas. Por lo tanto, no hay culpabilidad ni reproche.

Ahora doy la bienvenida, acepto y abrazo pensamientos y emociones nuevos, poderosos y positivos. ESTOY lleno de pensamientos de perdón, amabilidad, afabilidad, paz, compostura, autoempoderamiento, amor propio, autoestima, autovaloración, dignidad, realización, satisfacción, alegría, invencibilidad y discernimiento divino ahora. Ahora realizo elecciones inteligentes en mi vida. ESTOY libre de toda victimización y abuso justo aquí y ahora.

Ahora me alejo de todo abuso, maltratador, victimización y victimarios aparentes en mi vida. Estiro el brazo para conseguir ayuda de Dios, de mi familia y de las agencias sociales y gubernamentales perfectas, justo aquí y ahora. Ahora acepto la ayuda adecuada y me alejo en este preciso momento. Ya no permito ni acepto ningún abuso aparente en mi vida, y SOY libre.

Ahora acepto plenamente, en conciencia, que ESTOY completamente libre de toda violencia doméstica aparente, o algo mejor, ahora. Ahora doy las gracias a Dios por poner de manifiesto esta libertad perfecta en mi vida, bajo la Gracia de Dios, de formas perfectas. Doy las gracias a Dios porque esto sea así ahora, y ASÍ ES.

122. Tratamiento para superar las acusaciones falsas

Éste es un tratamiento para mí, *[nombre completo]*, para superar, derrotar y triunfar sobre todas y cada una de las acusaciones falsas que han sido dirigidas injustamente hacia mí, o algo mejor, ahora.

Reconozco, justo aquí y ahora, que hay un poder y una presencia en funcionamiento en el universo y en mi vida: Dios el bueno, el omnipotente, el omnipresente y el omnisciente. Dios es la fuente del bien, la luz de la vida, la verdad de la existencia. Dios es justicia divina, con sabiduría, imparcialidad y virtud; es el árbitro perfecto de todo conflicto aparente. Dios es honestidad e integridad. Dios es el protector, el consolador, el puerto seguro.

Ahora SOY uno con Dios y estoy fusionado con él en forma de una integridad sin fisuras. Allá donde yo ESTÉ, Dios está. Dios se encuentra en mi interior y a todo mi alrededor. ESTOY perfectamente alineado con y unido a Dios. Es el árbitro de todo conflicto aparente, lleno de justicia, sabiduría, imparcialidad y virtud divinos que yo SOY. SOY el protector, el consolador y el puerto seguro que representa Dios. ESTOY lleno de honestidad e integridad divinas.

Por lo tanto, ahora sé y reclamo para mí, *[nombre completo]*, que supero, derroto y triunfo sobre todas y cada una de las aparentes acusaciones falsas que se han vertido injustamente sobre mí, o algo mejor, ahora.

Ahora sé que ESTOY libre de todas y cada una de las críticas y acusaciones psíquicas que aparentemente se han lanzado contra mí. Ahora invoco al Espíritu Santo para que corte todos y cada uno de los lazos psíquicos, las ataduras kármicas y las ligaduras vinculantes entre yo y cualquiera que me haya acusado falsamente. Estas ataduras psíquicas se ven ahora cortadas, seccionadas, elevadas, amadas, sanadas, bendecidas, liberadas y dejadas ir completa y cariñosamente hacia el interior de la luz de Dios. TENGO el control. SOY la única autoridad en mi vida. Ahora bloqueo mi aura y mi cuerpo de luz a todos aquellos que me hayan acusado falsamente y a todo excepto a mi propia divinidad interior.

Ahora libero de mi mente todas y cada una de las tendencias de acusarme falsamente de actos inmorales. Ahora me desprendo de todos los pensamientos y emociones de culpabilidad, autodesprecio, menosprecio por mí mismo, vergüenza, falta de autoaceptación y juicio falso de mi yo. Estos pensamientos y emociones limitantes han desaparecido. Son quemados en el fuego del amor de Dios.

Ahora ESTOY abierto y SOY libre de abrazar pensamientos y emociones nuevos, positivos y alentadores de autoindulgencia, autoaceptación, amor propio y autoestima. Ahora soy consciente y conozco la verdad acerca de mi Yo. Ahora me dejo ir y permito que Dios sea el árbitro de mi vida, sabiendo que ESTOY a salvo y protegido en las manos de Dios.

Ahora ESTOY libre de todas y cada una de las falsas acusaciones aparentes y de las difamaciones que han vertido sobre mí. Sé que nada ni nadie puede tambalear mi conexión invencible con Dios. Nada ni nadie pueden afectar negativamente mi estado inamovible de bienestar. Invoco a la ley de la justicia, para que prevalezca en todas las situaciones, y sé que la justicia divina está en funcionamiento en mi vida, liberándome de todas las falsas acusaciones ahora. Sé que aquellos que me han acusado falsamente no tienen ningún efecto sobre mi mente en forma alguna.

Ahora sé que independientemente de aquello de lo que haya sido acusado falsamente desaparece ahora de mi vida. Todos y cada uno de los planes, las estrategias, las ideas o los pensamientos de una acción legal por parte de los acusadores se desvanecen ahora en el viento, esparcidos por las corrientes del amor divino. Ninguna acción legal puede prosperar, ya que no existe ningún delito. Por lo tanto, ESTOY libre de todas y cada una de las posibilidades de consecuencias negativas derivadas de acusaciones falsas. SOY libre, y todas las falsas acusaciones aparentes desaparecen ahora, inofensivas y sin forma, en el universo.

Ahora acepto plenamente, en conciencia, que ESTOY libre de todas y cada una de las aparentes acusaciones falsas dirigidas hacia mí. Ahora supero, triunfo y derroto a todas y cada una de las acusaciones falsas, o algo mejor, justo aquí y ahora. Ahora doy las gracias a Dios por poner de manifiesto esta justicia divina y esta plegaria respondida en mi vida, bajo la gracia de Dios, de formas perfectas. Gracias, Dios, y ASÍ SEA.

123. *Tratamiento para vivir libre de reclusión*

Éste es un tratamiento para mí, *[nombre completo]*, para mi perfecto derecho a vivir libre de reclusión, o algo mejor, ahora.

Reconozco ahora que Dios es la única presencia y poder en funcionamiento en el universo. Dios es el perdón divino perfecto. Dios es la perfección omnibenevolente y completamente misericordiosa y compasiva de la existencia. Dios es justicia y libertad divina. Dios es el puerto seguro de protección divina.

La presencia y el poder de Dios están en funcionamiento en mi vida. SOY el perdón divino que representa Dios. SOY el amor, la misericordia, la compasión, la justicia y la libertad que representa Dios. Habito en el puerto seguro de protección que representa Dios. La ley de la justicia de Dios está funcionando perfectamente a través de mí hacia todas las personas, y a través de todas las personas hacia mí ahora.

Ahora, por lo tanto, conozco y reclamo para yo, *[nombre completo]*, mi perfecto derecho a vivir libre de reclusión, o algo mejor, en este preciso momento.

Ahora invoco al Espíritu Santo, al espíritu de la verdad y la integridad, para que libere de mi mente todos y cada uno de los pensamientos, creencias, condiciones, patrones y hábitos que ya no me sirven. Ahora me desprendo de todos los sentimientos de culpa, vergüenza, remordimiento, deshonra, ignominia, humillación, autorreproche, mortificación, autoculpabilización, autoincriminación, autoencarcelamiento y autocondena, y desaparecen. Son quemados hasta quedar reducidos a cenizas en el fuego del perdón divino.

Ahora sé que independientemente del daño o el mal que haya cometido en esta vida o en cualquier vida anterior, se ven limpiados por la mano omnibenevolente y completamente misericordiosa de Dios. Ahora sé que Dios, con su amor y compasión incondicionales, me perdona incluso antes de pedirlo. Ahora sé que Dios perdona todo pecado aparente y que elimina toda culpa y vergüenza aparentes. Independientemente de lo despreciable y lo avergonzado que me haya sentido, ahora sé que Dios me ama y me perdona incondicionalmente, en este preciso momento. Dios me sostiene en sus cariñosos brazos y limpia todas las lágrimas.

Ahora doy la bienvenida y acepto pensamientos nuevos, hermosos, creativos e inspiradores de perdón, indulto, clemencia, misericordia, absolución, exoneración, confianza en mí mismo, autoaceptación, respeto por mí mismo, autoestima, dignidad, honor, orgullo, libertad, justicia y gratitud.

Ahora sé que SOY limpiado en las aguas purificadoras del amor divino. Me baño en el cariñoso océano de perdón de Dios, y SOY renovado. Ahora sé que cualquier semilla o tendencia hacia aparentes ofensas se ve eliminada de mi mente y que RENAZCO en el Espíritu del amor de Dios. ESTOY libre de toda actividad criminal, y ahora regreso a Dios en busca de orientación. Ahora camino por la senda de la virtud y SOY libre.

Ahora acepto completamente, en conciencia, que ESTOY libre de toda reclusión aparente, o algo mejor, justo aquí y ahora. Ahora doy las gracias a Dios por poner de manifiesto mi perfecto derecho a vivir libre de reclusión, en este preciso momento, bajo la gracia y de formas perfectas. Gracias, Dios, y ASÍ ES.

Capítulo 10

Convirtiendo tu espacio en una catedral

«Una persona cuya mente esté libre de pensamientos negativos difunde una influencia inspiradora de forma muy parecida a como un árbol produce oxígeno».

EKNATH EASWARAN

¿Has entrado alguna vez en un edificio y has percibido una sensación densa, con una vibración baja, que te ha impulsado a salir de inmediato? Al conocer a alguien, ¿has percibido alguna vez una energía negativa intensa que te ha hecho querer apartarte? Si es así, entonces eres sensible a las fuerzas y las vibraciones sutiles.

Pasamos la mayor parte del tiempo en casa o en la oficina. Por lo tanto, si esos entornos transmiten unas sensaciones adecuadas para el desarrollo, cariñosas e inspiradoras, entonces tu vida se verá potenciada. Felizmente, este sentimiento es algo que puedes generar, incluso aunque no exista en este momento.

Hay dos factores importantes al tener en cuenta en la energía de cualquier espacio. Primero tenemos las energías terrestres inherentes, como la altura, los yacimientos de minerales, la vegetación, la población de animales y aves, los cuerpos de agua, los vórtices terrestres, las líneas telúricas y las líneas geopáticas. En segundo lugar tenemos las energías procedentes de estructuras construidas por el hombre, la decoración, el paisajismo y las formas de pensamiento humanas.

151

Mucha gente especializada en crear espacios sagrados hace únicamente hincapié en los objetos y las estructuras físicas, como los altares, las salas de meditación, los templos y los jardines. Sin embargo, la energía vibratoria superior no se crea a través de objetos físicos. La elevación de la energía procede de una expresión interior del amor, la intención y la conexión divina. Como tu expresión interior es lo que genera un espacio sagrado, las oraciones de este capítulo pueden ayudarte a transformar cualquier espacio o edificio en un espacio sagrado.

124. Elevando cualquier edificio o espacio

Cualquier espacio puede elevarse con la luz, el amor, la energía, la paz, la gracia y el poder de Dios. Simplemente invoca al Espíritu Santo para que genere esa vibración superior y estará hecho.

Ahora invoco al Espíritu Santo
para que eleve, sane, purifique y santifique este espacio.
Dios es el centro de luz que llena este espacio.
El amor de Dios impregna y llena este espacio.
La luz de Dios refulge y llena este espacio.
La paz de Dios irradia y llena este espacio.
La gracia de Dios vibra y llena este espacio.
Este espacio es ahora transformado en luz divina.
Este espacio es ahora sanado con amor divino.
Este espacio está ahora sumergido en energía divina.
Este espacio está ahora bañado en la bienaventuranza divina.
Este espacio está ahora envuelto en la presencia de Dios.
Gracias, Dios, y ASÍ ES.

125. Bendiciendo un nuevo hogar

Cuando te mudes a un nuevo hogar, emplea esta bendición para purificar las vibraciones negativas y llenar el espacio de energía divina pura. No obstante, esta oración puede usarse para elevar la energía en tu hogar en cualquier momento, y no sólo al mudarse a él.

Este hogar es la casa de Dios.
Este hogar es el templo de Dios.
Este hogar es el santuario de Dios.
Este hogar es el puerto seguro de Dios.
Este hogar es el refugio de Dios.
Este hogar está inmerso en el amor de Dios.
Este hogar está irradiando la luz de Dios.
Este hogar está bendecido con la gracia de Dios.
En este hogar encuentro consuelo.
En este hogar encuentro solaz.
En este hogar encuentro sabiduría.
En este hogar encuentro alegría.
En este hogar encuentro paz.
Este hogar es bendecido ahora
con el flujo hermoso, infinito, poderoso, sanador,
brillante, alegre y constante del amor de Dios.
Gracias, Dios, y ASÍ ES.

126. Elevando la atmósfera del hogar

Con esta oración, puedes transformar cualquier hogar en un lugar celestial de amor, armonía, paz y consuelo. Invocando a deidades y seres
divinos para que llenen tu hogar de energías celestiales, la energía en
ese hogar se verá elevada hasta alcanzar la vibración de Dios.

Este hogar se ve ahora inundado por la luz de Dios.
Invoco al Espíritu Santo, el Espíritu de la verdad y la integridad,
para que llene este hogar de protección divina.
Ahora doy la bienvenida a todos los seres divinos, maestros ascendidos,
ángeles y arcángeles que acuden en el nombre de Dios,
para que bendigan este hogar con su cariñosa presencia.
Por favor, disipad toda oscuridad y haced nacer la luz de Dios.
Elevad la energía vibratoria en este hogar
hasta la octava de energía vibratoria más elevada
que puedan disfrutar cómodamente ahora los residentes.

Invoco al Espíritu Santo para que llene este hogar
del fuego blanco de la paz, el amor y la armonía de Dios.
Todo este hogar está sumergido en energía divina, luz divina,
amor divino y gracia divina y rodeado de ellas.
Invoco al Maestro Jesús para que cree una esfera dorada hermosa
de amor y luz protectores alrededor de este hogar.
Pido que esta luz dorada radiante y resplandeciente
impregne, penetre en este hogar y lo rodee,
trayendo consigo paz, consuelo, seguridad y energía divinos.
Le pido al arcángel Miguel que se sitúe por encima, por debajo
y a cada lado de esta esfera dorada reluciente,
ondeando su espada de la verdad de llama azul,
trayendo consigo protección, seguridad y confianza divinas.
Invoco a Saint Germain para que llene esta casa
con la llama violeta incontenible de la transmutación.
Este fuego violeta da vueltas ahora por todo este hogar,
como un tornado de luz purificadora divina,
limpiando, sanando y elevando, limpiando, sanando y elevando
[sigue repitiendo hasta que sientas que la oración te parece completa],
limpiando, sanando y elevando cada esquina y resquicio.
Invoco a la hermosa Virgen María y a Kwan Yin
para que llenen este hogar con la luz rosada del amor divino,
que aporta paz, armonía, fuerza y sabiduría.
Pido al gran Mahamuni Babaji que bendiga este hogar
con la luz pura de la iluminación y que haga nacer la energía
del Himalaya para que sature este hogar con la luz radiante
de los yoguis, rishis y siddhas inmortales del Himalaya.
Este hogar es un templo del Dios viviente,
bañado en la luz celestial del amor y la paz divinos.
Gracias, Dios, y ASÍ ES.

127. Elevando la atmósfera del lugar de trabajo

Mediante el uso de esta oración, cualquier lugar de trabajo, compañía u organización puede convertirse en un lugar de gran armonía, paz, cooperación, eficiencia y prosperidad. Emplea esta plegaria para liberar vibraciones negativas y para abrazar energías positivas.

Este lugar de trabajo es purificado, sanado y elevado
mediante la acción limpiadora de la llama violeta de Saint Germain,
llenando cada átomo del entorno de trabajo
de amor, paz, armonía y luz divinos.
Este lugar de trabajo es bendecido copiosamente por la gracia de Dios,
que aporta prosperidad, abundancia y riqueza,
y que llena los cofres de esta empresa
hasta el borde y hace que se desborden, o algo mejor.
Ahora libero todas y cada una de las energías limitantes
que no sirven a este lugar de trabajo o a sus trabajadores.
Ahora libero de la atmósfera mental
todos los pensamientos y las creencias falsos de
confusión, negligencia, indiferencia, desorden,
estupidez, deshonestidad, engaño, subterfugio,
alevosía, luchas intestinas, crueldad, malevolencia,
impaciencia, resentimiento, hostilidad, represalia,
incomprensión, frialdad, indiferencia, intolerancia,
pereza, letargo, apatía, depresión, desánimo,
y el resto de pensamientos negativos mantenidos en esta oficina,
ya sean conocidos o desconocidos, conscientes o inconscientes.
Ahora son elevados, bendecidos, liberados, dejados ir
y disueltos cariñosamente en la luz del amor y la verdad de Dios.
Ahora afirmo que este lugar de trabajo está lleno de
claridad, concentración, precisión, exactitud, sabiduría, integridad,
honestidad, comunicación, amabilidad, gentileza, paciencia, perdón,
comprensión, compasión, indulgencia, tolerancia, motivación,
entusiasmo, inspiración y alegría.
Este lugar de trabajo es un lugar de Dios.
Dios es su empleador, Dios es su empleado,
Dios es su cliente, Dios es su vendedor,
Dios es su dependiente, Dios es su comprador.
Dios está al cargo de este lugar de trabajo.

Cada persona con la que te encuentras en el trabajo es Dios.
Entrego este lugar de trabajo a Dios, sabiendo que tiene
un orden divino, un ritmo divino, un amor divino, una luz divina,
una presencia divina, un poder divino y una verdad divina.
Gracias, Dios, y ASÍ ES.

128. *Sanando atmósferas institucionales densas*

Los edificios y las instituciones antiguos, como las escuelas, los institutos, las universidades, las salas de los juzgados, las prisiones, los hospitales, las clínicas y los centros psiquiátricos están llenos de energías y atmósferas negativas concentradas. Parece como si se pudieran cortar estas vibraciones densas y tensas con un cuchillo.

Ahora invoco al Espíritu Santo para que eleve, sane y limpie ahora
este/a [nombre de la escuela, instituto, hospital, prisión, institución,
etc.], y para que transmute y transforme este espacio
en un lugar sacro, sagrado y bendecido,
llenado con la luz de la presencia sagrada de Dios.
Ahora sé que todos y cada uno de los seres queridos
que han estado ocupando este espacio
son ahora sanados y perdonados cariñosamente,
sanados y perdonados , sanados y perdonados
sanados y perdonados , sanados y perdonados
[sigue repitiendo hasta que sientas que la energía se ve elevada],
elevados en el amor, unidos a la verdad de tu ser,
llenados, infiltrados y rodeados
del amor, la luz, el poder, la presencia y la energía de Dios.
Libres de miedo, de dolor y de todas y cada una de las
energías vibratorias astrales inferiores y densas,
sois libres de instalaros en la luz divina ahora.
Id ahora en paz y con amor.
Id a vuestro lugar perfecto de expresión divina.
Todas las formas de pensamiento y las energías densas en este espacio
son ahora sanadas, transformadas, limpiadas, purificadas y

bendecidas, elevadas, elevadas, elevadas, elevadas, elevadas, elevadas,
elevadas, elevadas, hasta la luz del amor y la verdad de Dios.
Este espacio se ve trasmutado y transformado, elevado y amado.
Este espacio es tierra sagrada. Este espacio es la casa de Dios.
Este espacio es el corazón de Dios.
Este espacio es el lugar de reposo de Dios.
Este espacio es el cuerpo de Dios. Este espacio es la presencia de Dios.
Ahora invoco al Espíritu Santo para que haga nacer
la energía del amor divino en este preciso momento,
que llena, impregna y rodea este espacio.
Este espacio es el altar sagrado de Dios, en este preciso momento.
Gracias, Dios, y ASÍ ES.

129. Sanando edificios embrujados o lúgubres

Cualquier edificio encantado puede sanarse, transmutarse y transformarse en un lugar con una energía vibratoria elevada. Independientemente de lo embrujado que esté un lugar, si los entes que lo habitan son liberados, y si el espacio se ve llenado con energías divinas, entonces el paraíso puede asentarse en ese lugar.

Este edificio pertenece a Dios y sólo a Dios.
Este edificio ya no está ocupado
por energías densas y de un nivel vibratorio inferior.
Invoco ahora al Espíritu Santo para que saque a la luz
a todos y cada uno de los seres queridos que están aquí para sanarse.
Estos seres queridos son ahora bendecidos,
perdonados y liberados cariñosamente
hacia el interior del amor, la luz y la integridad
de la Consciencia universal de Dios.
Sois elevados en el amor, llenados de la luz de Dios,
libres de la densidad de las vibraciones inferiores.
Sois elevados hasta la luz de Dios,
elevados hasta la luz de Dios, elevados hasta la luz de Dios
[repite hasta que sientas la elevación de la consciencia],

viviendo en la luz de Dios, viviendo en la luz de Dios
[repite hasta que sientas que la oración te parece completa],
libre de expresar la verdadera naturaleza de vuestra existencia.
Libres de ser vuestro Yo Divino, quienes sois de verdad.
Id ahora, en paz y con amor, hacia el interior de la luz divina.
Ahora sé que la presencia sagrada de Dios
llena, impregna y rodea ahora a este edificio,
haciendo que surjan energía, amor, luz y paz divinos.
Este edificio se ve ahora transformado en un espacio sagrado,
lleno de la luz del amor de Dios.
Gracias, Dios, y ASÍ ES.

130. Sanando iglesias, templos, sinagogas o espacios sagrados

La mayoría de la gente imagina que los edificios religiosos deberían estar llenos de energías inspiradoras y divinas. Sin embargo, la realidad es que la mayoría de estos edificios están abarrotados de formas de pensamiento negativas, energías densas, entes astrales y una atmósfera triste y deprimente. Lamentablemente, el clérigo medio no es sensible a estas energías negativas y no tiene ni idea de cómo sanar y elevar la atmósfera en su edificio.

Este/a [nombre de la iglesia, templo, sinagoga, lugar de culto o espacio
sagrado] es ahora llenado con la luz del amor y la verdad de Dios.
Todas y cada una de las vibraciones limitantes, negativas y densas
que han estado aferradas a este espacio son ahora elevadas
cariñosamente hacia el interior de la presencia de Dios.
Ahora son sanadas y perdonadas,
elevadas en el amor, unidas a la verdad de la existencia.
Llenadas, rodeadas y sanadas en el amor de Dios,
llenadas, rodeadas y sanadas en la luz de Dios.
Libres de miedo, de dolor y de la vibración terrenal,
libres para ir hacia el interior de la luz de Dios. Id ahora en paz.
Ahora sois libres. Ahora estáis en casa de nuevo. Sois queridos.

Ahora invoco al Espíritu Santo para que
purifique, sane y limpie este espacio
en las aguas cristalinas, impolutas y puras
de la presencia sagrada y divina de Dios.
Este espacio en el que me encuentro es suelo sagrado.
Este espacio está ahora cargado, energizado, lleno,
impregnado, empapado y rodeado
de la luz blanca pura de Dios.
Este espacio es elevado hasta la vibración más alta posible
que resulte cómoda e inspiradora para todos aquellos que lo visiten.
Este espacio es el altar de Dios.
Este espacio es la casa de Dios.
Este espacio es la morada de Dios, ahora y siempre.
Gracias, Dios, y ASÍ ES.

131. Oración de unificación para grupos

Esta oración se usa para unificar y elevar la atmósfera de un grupo que realice trabajo espiritual, como por ejemplo un taller, una meditación en grupo, un grupo de sanación, un círculo de oración u otro tipo de reunión espiritual.

Ahora somos uno los unos con los otros.
Somos uno con Dios.
Somo uno con la verdad de la existencia.
Somos uno con la luz de la Consciencia de Dios.
Somos uno con la inteligencia divina infinita.
Somos uno con la perfección de la existencia.
Somos uno con la perfección por doquier ahora.
Somos uno con la perfección aquí y ahora.
Somos uno con el Espíritu de Dios que habita en nosotros.
Somos uno con el amor de Dios, uno con la luz de Dios,
uno con la energía de Dios, uno con la verdad de Dios.
Ahora somos uno en Espíritu.
Gracias, Dios, y ASÍ ES.

132. Tratamiento para elevar atmósferas y espacios

Éste es un tratamiento para la perfecta elevación de la energía vibratoria de este espacio hasta la energía divina perfecta, o algo mejor, ahora.

Ahora reconozco que Dios es la única presencia y el único poder en funcionamiento en el universo. Dios es la integridad y la unicidad perfectas. Dios es la energía omnipresente que impregna todo el espacio, todo el tiempo y todas las cosas. Dios está presente por doquier: aquí, allí y por todos los lugares, en el interior de esto, de eso y de todo. Dios es energía espiritual divina perfecta, consciencia de felicidad absoluta perfecta, paz perfecta, alegría perfecta, serenidad perfecta, armonía perfecta, gozo perfecto, ecuanimidad perfecta, luz perfecta, amor perfecto, verdad perfecta. Dios es perfección por doquier ahora. Dios es perfección aquí y ahora.

Ahora SOY uno con, ESTOY fusionado y alineado con Dios y unido a él en una integridad perfecta y sin fisuras. En Dios vivo, respiro, me muevo y tengo mi ser. Dios se encuentra en mi interior y a todo mi alrededor, en el interior de cada partícula de mi ser. SOY la energía omnipresente que representa Dios. SOY la energía espiritual divina perfecta, la consciencia de dicha absoluta perfecta, la paz perfecta, la alegría perfecta, la serenidad perfecta, la armonía perfecta, el gozo perfecto, la ecuanimidad perfecta, la luz perfecta, el amor perfecto y la verdad perfecta que representa Dios. SOY la perfección por doquier ahora. SOY la perfección aquí y ahora.

Por lo tanto, ahora conozco y reclamo la elevación perfecta de la energía vibratoria de este espacio hasta la vibración perfecta de la energía divina, o algo mejor, ahora.

Ahora sé que este espacio está lleno de la energía cariñosa de Dios. Todos y cada uno de los seres queridos que se encuentran aquí para su sanación son ahora amorosamente sanados y perdonados, sanados y perdonados *[repite hasta que sientas que el tratamiento te parece completo]*, unidos a la verdad de vuestro ser, llenados del resplandor que representa Dios, llenados del amor que representa Dios. Estáis libres de miedo, de dolor, del plano astral y del plano terrestre.

Sois bendecidos, perdonados y liberados hacia el interior del amor, la luz y la integridad de la Consciencia de Dios. Sois bendecidos, perdonados y liberados hacia el interior del amor, la luz y la integridad de la Consciencia de Dios *[repite hasta que sientas que el tratamiento te parece completo]*. Sois libres de desplazaros hacia el interior de la luz divina ahora. Sois elevados hasta la luz de Dios, elevados hasta la luz de Dios *[repite hasta que sientas que el tratamiento te parece completo]*. Id hacia el interior de la luz divina ahora. Id ahora en paz y con amor.

Ahora sé que este espacio está purificado y limpio, y que es sanado y transformado por la llama violeta incontenible de Saint Germain. Ese fuego violeta de la trasmutación está girando, rotando y bailando por este espacio, llenando, rodeando, impregnando y empapando todo este espacio: elevando, sanando, limpiando, purificando y liberando todas las energías oscuras, elevándolas hacia el interior de la luz de Dios y llenando este espacio del resplandor de la luz de Dios.

La vibración de este espacio se ve ahora elevada, bendecida y sanada; elevada, bendecida y sanada *[repite hasta que la sientas que el tratamiento te parece completo]*, elevada hacia el interior del amor y la verdad de la luz de Dios. Ahora invoco a Saint Germain para que eleve este espacio hasta una octava superior de vibración, a la vibración de la Consciencia de Dios, o algo mejor. Este espacio es ahora sanado, limpiado y elevado hasta la octava de vibración más alta posible que pueda disfrutarse cómodamente en este momento.

Ahora invoco a todos los seres divinos de luz, a los aspectos de mi Yo Superior, a las deidades, los ángeles y a los arcángeles, y a las deidades que vienen en el nombre de Dios. Pido a estos hermosos seres de luz que llenen este espacio de su vibración luminosa y que rodeen este espacio, elevando su energía hacia el interior de la luz de Dios, trayendo protección y amor divinos. Este lugar en el que me encuentro es terreno sagrado. Este lugar es la morada de Dios. Es sagrado, sacro y está bendecido. Es la casa del Señor. Es el puerto seguro de Dios. Este lugar es llenado, rodeado e impregnado con la presencia sagrada de Dios. Ahora abro mi corazón del amor de Dios y me ENCUENTRO en paz en este lugar de paz perfecta. Este espacio es el altar de Dios, y ahora me abro para recibir sus bendiciones.

Ahora acepto completamente, en conciencia, la perfecta elevación de la energía vibratoria de este espacio hasta la vibración de energía divina perfecta, o algo mejor, ahora. Ahora doy las gracias a Dios por poner de manifiesto este bien perfecto en mi vida, bajo la gracia de Dios, de las formas sabias y perfectas propias de Dios. Ahora libero esta oración hacia el interior de la ley espiritual de perfección por doquier ahora. Gracias, Dios, y ASÍ ES.

Tercera parte

Haciendo que los sueños se hagan realidad

Capítulo 11

Viviendo con una salud perfecta

«Sólo los que esperan en el Señor renovarán sus fuerzas; levantarán las alas como águilas. Correrán y no se cansarán; caminarán y no se fatigarán».

ISAÍAS 40, 31

Mientras goces de buena salud, podrás hacer avances espirituales con facilidad. La meditación, la oración y las prácticas espirituales son sólo posibles cuando tu atención no se vea distraída por problemas de salud. Si la salud está comprometida, entonces todo esfuerzo, tanto en los reinos material como espiritual, se convierte en un reto. Por lo tanto, preservar tu salud, ese precioso don de Dios, es tu principal prioridad.

Hay cinco radios principales en la rueda de la salud perfecta: física, mental, emocional, espiritual y material. Cuando mantienes tu centro en el eje de esta rueda, permites que la rueda de la salud circule sin contratiempos a lo largo del camino de la vida. Mediante el desarrollo y el mantenimiento de una buena salud en los cinco campos, mantienes tu vida en equilibrio. Este capítulo puede ayudarte a desarrollar y mantener una buena salud espiritual, emocional, mental, física y material.

133. Salud física perfecta

Puedes generar una salud física y una vitalidad perfectas mediante su afirmación. Pide y te será dado.

Ahora invoco al Espíritu Santo,
al espíritu de la integridad, para que genere en mi cuerpo
una salud y un bienestar perfectos y sólidos.
ESTOY lleno de energía pránica de la fuerza vital,
que discurre por mi cuerpo,
energizando y elevando mi campo de energía,
y llenándome de una salud perfecta.
Mi cuerpo es fuerte, poderoso y saludable en este preciso momento.
TENGO una salud física perfecta.
Gracias, Dios, y ASÍ ES.

134. Salud mental perfecta

La salud mental es incluso más importante que la salud física, ya que la causa subyacente de la razón de toda enfermedad, malestar y desasosiego tiene un origen mental.

Mi mente está saturada por la luz
y la presencia de Dios e inmersa en ellas.
Ahora disuelvo, libero, suelto y dejo ir
todos y cada uno de los pensamientos
y los sentimientos limitantes que ya no me sirven.
Ahora libero todos los sentimientos de ira, resistencia, confusión,
ansiedad, miedo, frustración, culpa, reproche, falta de mérito,
tristeza, dolor, carencia, limitación, imperfección, enfermedad,
y cualquier otro pensamiento erróneo en mi mente.
Ahora doy la bienvenida en mi mente a pensamientos y sentimientos
poderosos, positivos y puros que potencian mi vida.
ESTOY lleno de pensamientos de paz, aceptación, claridad,
relajación, coraje, fuerza, satisfacción, perdón,
desprendimiento, autoestima, felicidad, gozo, paz, consuelo,
carencia de límites, completitud, alegría, amor y salud.
TENGO el control. SOY la única autoridad en mi vida.
ESTOY protegido divinamente por la luz de mi ser.
Mi mente está ahora completamente alineada con la mente de Dios.

TENGO ahora una salud mental perfecta.
Gracias, Dios, y ASÍ ES.

135. Salud emocional perfecta

El estado de tu salud emocional determina tanto tu bienestar físico como mental. Cuando las emociones son ecuánimes, entonces tu vida es tranquila, agradable y relajada.

Dios es mi centro y circunferencia del bienestar.
Mis emociones son ahora estables y están equilibradas.
ESTOY lleno y rodeado por un océano de tranquilidad.
Me encuentro en la luz de Dios, sumergido en la serenidad divina.
Me mantengo firme en equilibrio, moderación, ecuanimidad,
estabilidad, relajación, quietud y sosiego.
Nadie ni nada pueden hacerme tambalear
del centro de mi ser, sólido como una roca y perfectamente tranquilo.
El amor de Dios dirige y controla mis emociones.
La luz de Dios irradia la verdad sobre mis emociones.
SOY invencible en la presencia del amor de Dios.
ESTOY en paz, rodeado de la luz de Dios.
Ahora TENGO una salud emocional perfecta.
Gracias, Dios, y ASÍ ES.

136. Salud espiritual perfecta

La salud espiritual es la base y el origen del bienestar a todos los niveles. En presencia de Dios, tu salud espiritual es perfecta desde todos los puntos de vista.

Con Dios ESTOY entero.
Con Dios ESTOY completo.
Con Dios soy yo mismo (mi Yo).
Con Dios me encuentro en la perfección de la existencia.
Con Dios vivo mi verdadero propósito y destino.

Con Dios vivo con seguridad y confianza.
Con Dios camino en la gracia y la bendición.
Con Dios SOY feliz.
Con Dios ESTOY en casa.
Con Dios ESTOY en paz.
TENGO una salud espiritual perfecta, justo aquí y ahora.
Gracias, Dios, y ASÍ ES.

137. Salud material perfecta

Alinearte con el amor, la luz, la presencia, la sabiduría y la orientación de Dios aporta bienestar, comodidad, alegría, gracia y bendiciones en la vida material.

Mi vida está llena de la luz de Dios.
Mi vida es mantenida por la presencia de Dios.
Mi vida es orientada por la sabiduría de Dios.
Mi vida está saturada del amor de Dios.
ESTOY viviendo mi verdadero propósito y mi plan divino,
que me aporta felicidad, alegría y gozo.
SOY orientado e inspirado divinamente,
lo que me llena de confianza y dirección.
Mi vida está bendecida por maravillas y milagros,
ya que ESTOY en sintonía con la presencia divina,
que es mi fuente de suministro y mi proveedor de abundancia.
Reclamo mi perfección buena, muy buena, ahora,
y mantenerla eternamente.
Ahora TENGO una salud material perfecta.
Gracias, Dios, y ASÍ ES.

138. La idea divina de la salud

El bienestar es la idea perfecta en la mente de Dios, puesta de manifiesto mostrando esa idea en tu organismo. La salud es la verdad, y todo lo que no sea salud es falso.

SOY hijo de Dios, y por lo tanto sólo heredo una salud perfecta.
SOY uno con la esencia viviente radiante de Dios;
y por lo tanto SOY robusto y completo y ESTOY bien.
Permite que la entrada de la luz,
el amor y el poder sanador de Dios en mi interior
emerjan con el resplandor de una salud radiante justo ahora.
ESTOY lleno de vida: sano, íntegro, vigoroso sólido, entero y completo
en cada área de mi cuerpo, mente, emociones, espíritu y vida.
Mi cuerpo es la esencia de Dios,
manifestándose en correspondencia con la idea perfecta de Dios.
Mi salud es resultado de mi creencia
en la idea divina de la vida pura de Dios.
Por lo tanto, TENGO una salud perfecta.
Gracias, Dios, y ASÍ ES.

139. Restaurando una salud perfecta

Dios ha creado este cuerpo perfecto como mecanismo que se corrige y se sana a sí mismo. La enfermedad es generada por la mente, que ve, erróneamente, dualidad en lugar de una unidad perfecta. La verdad es que se puede hacer y se hace, ahora, que el cuerpo recobre una salud perfecta.

SOY uno con la presencia de Dios.
El poder restaurador y renovador de Dios
está en funcionamiento en mi vida,
haciendo que recupere una salud perfecta.
Mi cuerpo es perfecto. Mi salud es perfecta.
La energía divina fluye libremente a través de mi cuerpo,
aportando una energía y una vitalidad de la fuerza vital ilimitadas.
ESTOY fuerte, sano, vigoroso y robusto.
ESTOY lleno de una enorme fuerza y estado de forma.
ESTOY lleno de bienestar, resistencia y potencia.
ESTOY lleno de energía, dinamismo e integridad.
Gracias, Dios, y ASÍ ES.

140. Oración para el cuerpo de Dios

Cuando te consideras como Dios, ves la verdad. Dios está presente por doquier: aquí, ahí y por doquier en esto, en eso y en todo. Por lo tanto, Dios también está aquí, dentro de ti. Como ser divino eres perfecto en todos los sentidos.

SOY creado a imagen y semejanza de Dios.
Mi cuerpo es el cuerpo de Dios.
Por lo tanto, tengo el ADN de Dios.
Mi cuerpo se parece a Dios,
da la impresión de ser Dios y actúa como Dios,
y responde como Dios a todos los retos aparentes.
La energía pránica dadora de vida
y la salud perfecta de Dios
fluyen a través de cada átomo,
molécula y célula.
Gracias, Dios, y ASÍ ES.

141. Dieta perfecta

Como tu cuerpo es un recipiente sagrado, trátalo con respeto aportándole alimentos nutritivos y dadores de vida.

Mi cuerpo es el templo de Dios.
Por lo tanto, trato a este recipiente sagrado con honor y respeto.
Ya no ingiero alimentos perjudiciales para mi salud,
carentes de nutrientes.
Ahora tomo sólo alimentos nutritivos y dadores de vida.
Mi divinidad interna es perfecta, completa y plena,
y mi dieta es una reflexión perfecta de mi divinidad interior.
En la tienda de comestibles y en el restaurante
tomo decisiones inteligentes y deliberadas.
Dios me respalda a la hora de desarrollar unos hábitos
constructivos y saludables. Escojo la vida.
Gracias, Dios, y ASÍ ES.

142. Gracia antes de las comidas

Esta oración puede recitarse antes de las comidas para invocar las cualidades hermosas de Dios que imbuyen a la comida de cualidades dadoras, sustentadoras y fortalecedoras de la vida.

Esta comida es el botín de Dios, que me llena.
Esta comida es un regalo de Dios, que me alivia.
Esta comida es la gracia de Dios, que me sana.
Esta comida es el poder de Dios, que me fortalece.
Esta comida es la alegría de Dios, que me satisface.
Esta comida es el amor de Dios, que me nutre.
Esta comida es la energía de Dios, que me revigoriza.
Ahora consumo esta comida con respeto y reverencia,
sabiendo que la energía infinita de Dios se encuentra en cada bocado.
Dios mantiene ahora una salud perfecta a través de mí,
ya que esta comida está ahora consagrada con la gracia de Dios.
Ahora como a la mesa de Dios y recibo sus bendiciones.
Gracias, Dios, y ASÍ ES.

143. Ejercicio perfecto

El movimiento corporal, los estiramientos y el ejercicio moderado potencian la salud y el bienestar. Pese a ello, el agotamiento del cuerpo a través de un ejercicio excesivo o mediante fármacos perjudiciales es nocivo para la salud y para tener la conciencia tranquila.

La presencia de Dios se pone de manifiesto perfectamente en este
cuerpo en forma de una energía divina perfecta y una buena salud.
Por lo tanto, trato a este cuerpo como un templo de Dios.
Ahora aporto vigor, rejuvenecimiento y fortaleza a este cuerpo
mediante el movimiento, el estiramiento y el ejercicio.
Disfruto de la sensación de este cuerpo
de una mayor flexibilidad, flujo, gracia, energía y bienestar
que vienen como resultado del ejercicio diario perfecto
que resulta adecuado para mi talla corporal, forma y peso.

Ahora permanezco sano, fuerte y vital a lo largo de mi vida.
Mantengo y potencio una vida saludable y vital ahora.
TENGO una salud perfecta, ahora y siempre.
Gracias, Dios, y ASÍ ES.

144. Relajación y flexibilidad

Cuando los impregnas de gracia divina, tu cuerpo, mente y vida se llenan de relajación, comodidad y flexibilidad.

SOY flexible, ágil y fluyente.
SOY elegante en todo lo que hago.
TENGO una coordinación divina.
Siempre me desplazo fluida y elegantemente,
con Gracia divina y sin esfuerzo.
Avanzo en la vida con sencillez,
me relajo y dejo que la vida fluya a través de mí con facilidad.
Paso suavemente por cada nueva experiencia.
ESTOY en paz con el lugar en el que ESTOY.
Me desprendo de todas las expectativas.
La alegría me deleita a cada giro. Todo va bien.
Gracias, Dios, y ASÍ ES.

145. Talla corporal, forma y peso ideales

Todos tenemos una talla corporal, forma y peso ideales para tener una salud máxima. Pasar hambre hasta quedar esquelético o atiborrarse hasta alcanzar la obesidad no conducen a una buena salud ni bienestar.

Este cuerpo es el cuerpo de Dios y lo trato como un recipiente sagrado.
Ahora ESTOY libre de todas y cada una de las necesidades aparentes
de estar por encima o por debajo de mi peso apropiado.
Independientemente de los pensamientos erróneos
que me hayan motivado a atiborrarme con un exceso de comida,
o a matarme de hambre para tener un peso por debajo del apropiado,

ya sean conocidos o desconocidos, conscientes o inconscientes,
se ven ahora elevados, liberados y dejados ir ahora.
Ahora permito que mi cuerpo consiga un equilibrio perfecto.
Mi cuerpo mantiene ahora su talla, forma y peso ideales
para mi salud óptima perfecta.
Gracias, Dios, y ASÍ ES.

146. *Desprendiéndose del acolchamiento corporal*

Algunas personas han acolchado su cuerpo inconscientemente en un esfuerzo por protegerse de las energías negativas. Mediante el uso de esta plegaria, junto con la afirmación de tu propia autoridad, en la página 22, puedes superar la tendencia a acolchar el cuerpo de esta forma.

Este cuerpo es perfecto, completo y pleno, como lo es Dios.
Ahora me desprendo de todas y cada una de las necesidades aparentes
de acolchar mi cuerpo o crear un cojín para protegerme.
Ya no siento ninguna necesidad aparente
de hacerme invisible ni de bloquear el amor en mi vida.
Ya no siento ninguna necesidad aparente
de insensibilizarme a las vibraciones bajas a mi alrededor.
Ya no siento ninguna necesidad aparente
de bloquearme contra energías que me agotan.
Ya no siento ninguna necesidad aparente
de detener el dolor de sentir vibraciones negativas.
Ya no siento ninguna necesidad aparente
de digerir las emociones atiborrándome de comida.
Ahora libero, me desprendo y dejo ir el peso excesivo de mi cuerpo.
Ahora sé que ESTOY seguro y a salvo en los brazos de Dios.
Ahora doy la bienvenida y acepto el amor en mi vida.
Ahora abrazo todo tipo de emociones.
SOY perfecto y completo en todos los aspectos exactamente
tal y como SOY.
Gracias, Dios, y ASÍ ES.

147. Sanando una parte del cuerpo

Emplea esta plegaria de sanación para restaurar, renovar y reparar una extremidad, un órgano, un sistema u otra parte de tu cuerpo. Tu organismo puede volver a ser completo.

Mi cuerpo reposa en las manos de Dios.
Dios, el poder renovador y el médico divino,
sana y devuelve una salud perfecta a mi cuerpo.
Mi [nombre de la parte del cuerpo] es ahora sanado de toda
dolencia (falta de paz), malestar, dolor, enfermedad y trastorno,
a través del poder y la presencia del Espíritu Santo.
ESTOY restaurado,
completo y bien y gozo de una salud perfecta ahora.
ESTOY restaurado,
completo y bien y gozo de una salud perfecta ahora
[repite hasta que sientas un cambio positivo en tu energía].
SOY la resurrección y la vida.
SOY la resurrección y la vida
[repite hasta que sientas un cambio positivo en tu energía].
Gracias, Dios, y ASÍ ES.

148. Sanación de la vista o el oído

Cuando algunas personas sufren experiencias traumáticas, sus ojos y sus oídos se ven debilitados. Esta oración puede ayudarte a restaurar tus preciosos sentidos de la vista y el oído.

SOY elevado hacia el interior de la luz de Dios.
Me VEO emocionado por la gloriosa presencia de Dios.
Sólo veo belleza y sólo oigo cosas buenas,
incluso con la aparente aparición del mal.
Ahora me desprendo de todas las vistas y sonidos traumáticos,
y veo el mundo a través de los ojos de Dios.
Oigo la tierna voz del mensaje de Dios.
Siento las bendiciones de la gracia de Dios.

Mis ojos ven la gloria de Dios.
Mi oído oye la música de las esferas.
SOY sanado de toda disminución aparente
de mi vista u oído ahora.
Mis ojos y mi oído gozan de una salud perfecta.
Gracias, Dios, y ASÍ ES.

149. La esencia viva de Dios

La esencia viva de Dios y la idea divina de una vida y una energía puras refrescan y renuevan el cuerpo con salud, energía, bienestar y armonía.

SOY uno con la esencia viva y radiante de Dios.
La luz del amor, la vida y el poder sanador de Dios en mi interior
emergen con el brillo de una salud resplandeciente.
Mi cuerpo es la esencia de Dios,
manifestándose en correspondencia con la vida pura de Dios.
La vida de Dios es liberada en mi interior,
y ESTOY vivo con una energía vibrante.
Mientras tengo unos pensamientos positivos
y potenciadores de la salud,
mi mente y mi cuerpo se ven restaurados hacia un equilibrio perfecto.
La vida de Dios en mi interior
me hace regresar a la armonía, la fuerza y la salud.
SOY renovado. SOY rejuvenecido. SOY sanado.
Gracias, Dios, y ASÍ ES.

150. La poderosa corriente sanadora de Dios

La poderosa corriente sanadora de Dios, que es el poder revitalizador que se encuentra en el aliento, inunda el cuerpo de salud y bienestar.

Mi cuerpo es el santuario de Dios,
y, por lo tanto, Dios está presente en cada célula.

«Sí» es la respuesta de mis células a las palabras de vida y sanación.
Cada célula se ve estimulada con alegría y nutrida con amor.
Una vida divina fluye por mi cuerpo
en forma de una corriente poderosa de limpieza y curación.
La energía vigorizante de Dios inunda todo mi ser.
ESTOY inmerso en la presencia de Dios.
SOY restaurado en cuanto a mente, cuerpo y alma.
SOY una nueva creación,
energizado por el poder sanador y revitalizador de Dios.
Cada una de mis respiraciones me revitaliza y me renueva.
SOY sanado, ESTOY completo.
Gracias, Dios, y ASÍ ES.

151. Tratamiento en forma de oraciones para sanar una enfermedad

Éste es un tratamiento para mí *[nombre completo]*, para la perfecta sanación de cualquier apariencia visible de *[inserta aquí el nombre de la enfermedad]*, o algo mejor, ahora.

Ahora reconozco que sólo existe un poder y una presencia sanadores en funcionamiento en el universo y en mi vida: Dios el bueno, el omnipotente. Dios es el médico divino, el restaurador bendecido y el renovador de la salud y el bienestar. Dios es la fuente de la energía de la fuerza de la vida, el creador de toda la vida en el universo. Dios infunde vida a todos los seres y sostiene la vida en todos los seres. Dios es el sanador divino. Dios es la perfección por doquier ahora y en todas las cosas. Dios es la perfección aquí, ahora y en mí.

Ahora SOY uno con él, ESTOY fusionado con él, ESTOY completamente alineado con, ESTOY totalmente unido a, ESTOY completamente sostenido por él y SOY totalmente restaurado por el poder y la presencia de Dios. En Dios vivo, me muevo y tengo mi ser. SOY el médico y el sanador divino que es Dios. SOY el poder sustentador y dador de vida que es Dios. El poder sanador y la presencia de Dios se encuentran en mi interior, en el centro de mi ser. SOY la perfección por doquier ahora. SOY la perfección aquí y ahora.

Por lo tanto, ahora reclamo para mí, *[nombre completo]*, la sanación completa de cualquier apariencia visible de *[inserta aquí el nombre de la enfermedad]*, o algo mejor, ahora.

Ahora libero, disuelvo y me desprendo de toda apariencia visible de *[nombre de la enfermedad]*, o algo mejor, ahora. Este/a aparente *[nombre de la enfermedad]* es ahora elevado, querido, sanado, bendecido, disuelto, liberado, dejado ir y reducido a cenizas en el fuego del amor perfecto de Dios.

Independientemente de cuál sea la causa tras la causa tras la causa de esta apariencia visible de *[nombre de la enfermedad]*, ya sea consciente o inconsciente, conocida o desconocida: esa causa aparente y cualquier pensamiento erróneo detrás de esa causa son elevados, sanados, disueltos, liberados y dejados ir cariñosamente hacia el interior de la luz de amor y la verdad de Dios. Y han desaparecido. Mi mente es una y, está en sintonía con la mente de Dios y está unida a ella. ESTOY lleno de la presencia de Dios.

Libero ahora de mi mente todos mis pensamientos, sentimientos y emociones que ya no me sirven. Libero, suelto y dejo ir todos y cada uno de los sentimientos de ira, resentimiento, miedo, arrepentimiento, pesar, culpa, vergüenza, mortificación, autocompasión, enfermedad, padecimiento, malestar, dolor, tristeza, depresión, duda, falta de mérito, frustración, ansiedad, confusión y sufrimiento. Estos pensamientos erróneos son ahora sanados y elevados hasta la luz de Dios. Y desaparecen. Son quemados y disueltos en el fuego del amor y la misericordia de Dios.

Ahora abro mi corazón a pensamientos verdaderos nuevos, positivos y poderosos de paz, perdón, autoaceptación, autoestima, amor propio, idoneidad, fe, confianza, valentía, fuerza, responsabilidad personal, elogio, bienestar, dicha, vitalidad, entusiasmo, vigor, energía de la fuerza vital, salud perfecta, confort, felicidad, gozo, ánimo, inspiración, alegría, tranquilidad, claridad e integridad. Doy la bienvenida a estos pensamientos ahora, y SOY sanado.

TENGO el control de mi mente ahora y siempre. Ahora libero cualquier apariencia visible de *[nombre de la enfermedad]* ahora, y ésta es elevada hasta la luz de Dios, elevada hasta la luz de Dios *[repite hasta que sientas que el tratamiento te parece completo]*, y es liberada, sin forma e inocua, hacia el universo. Ha desparecido.

Ahora acepto plenamente, en conciencia, mi sanación perfecta, perfecta de cualquier apariencia visible de *[nombre de la enfermedad]*, o algo mejor, ahora. Ahora libero y me desprendo de este tratamiento en forma de oración hacia el interior de la ley espiritual, sabiendo que es aceptado ahora, y se hará tal y como se afirmaba, o algo mejor, ahora. Gracias, Dios, y ASÍ ES.

152. Tratamiento para sanar el cáncer

Éste es un tratamiento para mí, *[nombre completo]*, para mi sanación completa y perfecta de cualquier apariencia visible de cáncer, o algo mejor, ahora.

Ahora reconozco que Dios, la fuente de toda vida, es el único poder sanador y la única presencia sanadora en funcionamiento en el universo. Dios es el poder que hace milagros. Dios es el reservorio de energía cósmica. Dios es la fuente de salud, el sanador consumado. Dios es bienestar perfecto y vitalidad divina. Dios es el médico divino, el renovador de salud y el restaurador de fuerza. El amor de Dios hace que todas las cosas seas nuevas por todo el cosmos.

Ahora ESTOY perfectamente unido y alineado con la fuente de toda vida que es Dios, el único poder y presencia sanadores en funcionamiento en el universo. Ahora SOY uno con el reservorio de energía cósmica, con el poder realizador de milagros que es Dios. Ahora SOY uno con la fuente de salud, el sanador consumado. SOY uno con el bienestar perfecto y la vitalidad divina. ESTOY completamente fusionado con el médico divino, el renovador de la salud. El amor de Dios lo renueva todo para mí y a través de mí.

Por lo tanto, ahora reclamo para mí, *[nombre completo]*, mi sanación perfecta y completa de cualquier apariencia visible de cáncer, o algo mejor, ahora.

Ahora libero, suelto y dejo ir la causa tras la causa de cualquier apariencia visible de cáncer ahora. Independientemente de los pensamientos y las emociones que hayan provocado que el cáncer aparezca visiblemente en este cuerpo, éstos son ahora cariñosamente elevados, sanados, liberados disueltos y dejados ir hacia el interior de la luz de la divinidad ahora, y desaparecen.

Ahora disipo de mi mente todos y cada uno de los pensamientos de ira, resentimiento, frustración, ansiedad, estrés, presión, limitación, preocupación, duda, miedo, culpa, reproche, vergüenza, indignidad, autodestrucción, autocastigo, autoaniquilación y deseos de muerte ahora. Estos pensamientos son ahora bendecidos, elevados, queridos, sanados, liberados y dejados ir cariñosamente. Y han desaparecido. Ahora son quemados en el fuego amoroso y que todo lo devora de la transmutación de Dios.

Ahora doy la bienvenida y abrazo a pensamientos y emociones nuevos, hermosos, potenciadores de la vida, gratificantes y radiantes de amor, paz, perdón, felicidad, paciencia, calma, equilibrio, ecuanimidad, carencia de límites, fe, confianza, certeza, sabiduría, autoestima, amor propio, pundonor, autoindulgencia, autoempoderamiento, responsabilidad propia, autorrealización, gratitud y vida. Ahora doy la bienvenida y abrazo a la vida en mi vida ahora.

TENGO el control. SOY la única autoridad en mi vida. ESTOY protegido divinamente por la luz de mi ser. Ahora bloqueo mi aura y mi cuerpo de luz a toda apariencia visible de cáncer y a todo excepto mi propia divinidad interior.

Ahora sé que todas y cada una de las energías inapropiadas que aparentemente han atacado mi cuerpo y han provocado la causa tras la causa de la apariencia visible de cáncer son ahora sanadas y perdonadas cariñosamente, son elevadas en el amor, unificadas con la verdad de la existencia, llenadas de la luz radiante de Dios, rodeadas de la presencia cariñosa de Dios, están libres de miedo, de dolor, de la vibración material, son libres de desplazarse hacia la luz de Dios. Estas energías son ahora bendecidas, perdonadas y liberadas en el interior del amor, la luz y la integridad de Dios. Son elevados hacia el interior de la luz de Dios. Id ahora en paz y con amor.

Ahora doy la bienvenida y abrazo el bálsamo sanador de Dios, que llena mi mente y mi cuerpo de fuerza y vigor renovados. Ahora me baño en el océano sanador del amor líquido de Dios, que me llena y rodea de unicidad perfecta. Ahora me abro a la luz sanadora del resplandor de Dios, que se transmite hacia el interior de mi ser con energía divina. Ahora recibo las bendiciones y la gracia infinitas y perfectas de Dios, que ahora me llenan, me rodean, penetran en mí, me impregnan y envuelven mi cuerpo, aportando salud y bienestar en este preciso momento. Ahora ESTOY completamente sumergido en el potente poder sanador de Dios, que hace que mi cuerpo recupere una salud perfecta en este preciso momento. Ahora SOY renovado y fortalecido por el poder y la presencia de Dios.

Ahora acepto plenamente, en consciencia, mi sanación perfecta y completa de cualquier cáncer visible, o algo mejor, ahora. Ahora le doy mi gratitud a Dios por mi sanación perfecta, completa y permanente de la apariencia visible de cáncer ahora, bajo la gracia de Dios, de formas perfectas. Ahora libero esta oración en el interior de la ley espiritual, sabiendo que se pone de manifiesto justo aquí y ahora, bajo la gracia divina, de formas perfectas. Gracias, Dios, y ASÍ ES.

153. Tratamiento para sanar enfermedades cardíacas

Éste es un tratamiento para mí, *[nombre completo]*, para mi sanación perfecta y completa de cualquier enfermedad cardíaca aparente, o algo mejor, ahora.

Ahora sé y reconozco que Dios es el creador de todos los seres vivos del universo. Dios es energía de la fuerza vital. Dios da vida a todas las cosas, ahora y siempre. Dios es la perfección por doquier ahora. Por lo tanto, la creación de Dios es perfecta en todos los sentidos. Dios genera perfección en cada ser, con unos organismos perfectos que se autocorrigen y que se sanan a sí mismos. Dios es el médico divino, el sanador ideal y supremo.

Ahora estoy fusionado y unido a Dios y soy uno con él. Mi cuerpo es el templo de Dios. Por lo tanto, Dios está presente en cada célula. SOY creado a imagen y semejanza de Dios. Por lo tanto, poseo el ADN de Dios. Mi cuerpo se parece al de Dios, se siente y responde como Dios a toda enfermedad aparente. La energía dadora de vida de Dios fluye a través de cada átomo, molécula y célula de mi cuerpo.

Por lo tanto, ahora reclamo para mí *[nombre completo]*, mi sanación perfecta, completa y permanente de cualquier enfermedad cardíaca aparente, o algo mejor, ahora.

Ahora sé que mi cuerpo es sanado de toda enfermedad aparente ahora. Ahora permito que el mecanismo autocorrector perfecto de Dios sane mi cuerpo y restaure la integridad y la unicidad de una salud perfecta. Sé que las energías pránicas perfectas y dadoras de vida están fluyendo ahora a través de mi cuerpo sutil, libremente, sin resistencia. Todo mi sistema circulatorio está funcionando a la perfección.

Ahora libero de mi mente todos y cada uno de los pensamientos y emociones (conocidos o desconocidos, conscientes o inconscientes) que han contribuido a una enfermedad cardíaca aparente en mi organismo. Mi mente está ahora alineada y es una con la mente de Dios. Ahora me desprendo de todos los sentimientos negativos de culpa, tensión, ansiedad, estrés, hipertensión, presión, miedo, dolor, contracción, constricción, tristeza, aislamiento y soledad. Ahora, estos pensamientos son, todos ellos, cariñosamente sanados, bendecidos, elevados, liberados y dejados ir en el interior de la luz del amor y la verdad de Dios.

Ahora doy la bienvenida, acepto y abrazo pensamientos poderosos, positivos, hermosos, optimistas, nuevos y creativos de perdón, relajación, paz, calma, serenidad, tranquilidad, salud, circulación divina, benevolencia, amor, alivio, consuelo, espontaneidad, expansión, alegría, felicidad, amistad y amor.

TENGO el control de mi mente y mi vida. Ahora doy la bienvenida a una vida espontánea y sencilla de consuelo orientada por el Espíritu, con amor a todo mi alrededor. Ahora permito que mi corazón se abra a los seres queridos y a los amigos que hay a mi alrededor. SOY llenado con la energía cariñosa de Dios y SOY sanado.

Ahora acepto plenamente, en consciencia, mi sanación perfecta, completa y permanente de una enfermedad cardíaca permanente, o algo mejor, ahora. Ahora expreso mi gratitud a Dios por esta curación, sabiendo que se pone de manifiesto perfectamente en este preciso momento con un orden y una cadencia divinos. Gracias, Dios, y ASÍ ES.

154. Tratamiento para sanar las lesiones

Éste es un tratamiento para mí, *[nombre completo]*, para la perfecta sanación de todas y cada una de las lesiones aparentes de *[inserta aquí la descripción de la lesión]*, o algo mejor, ahora.

Reconozco que no hay más que una vida. Esa vida es Dios. No hay más que una mente y un poder, que es Dios. Dios es la vida que lo sana todo, la sabiduría que lo orienta todo y el amor que lo consuela todo. Dios es el único poder sanador y la única presencia sanadora en el universo. Dios es el médico divino, el facultativo celestial, la fuente de salud, el sanador consumado. Dios es el reservorio de energía cósmica. Dios es bienestar perfecto y vitalidad divina.

No hay ningún lugar en el que no se encuentre Dios. Dios se encuentra en mi interior y a todo mi alrededor. Soy uno con la vida que es Dios. SOY uno con el poder sanador, la presencia sanadora y la sabiduría que es Dios. ESTOY unido al médico divino, al facultativo celestial y al sanador consumado que es Dios. SOY uno con el reservorio de Dios de energía cósmica, bienestar y vitalidad. Abro mi corazón a la presencia sagrada de Dios y confío en el amor imperecedero de Dios.

Por lo tanto, ahora reclamo para mí la perfecta sanación de toda lesión aparente de *[descripción de la lesión]*, o algo mejor, ahora.

Ahora sé que el poder generador de milagros de Dios sana ahora todas y cada una de las heridas y lesiones aparentes en mi cuerpo rápida, hermosa y perfectamente y con un orden y una cadencia divinos, justo aquí y ahora. Todas las heridas y lesiones aparentes son ahora protegidas divinamente de cualquier infección o contaminación aparente en este preciso momento. Mi cuerpo sana sin fisuras, sin cicatrices ni desfiguración, justo ahora.

Mi cuerpo se ve renovado y restaurado a la perfección por el poder sanador de Dios. Ahora acepto plenamente, en conciencia, la sanación perfecta de todas y cada una de las lesiones aparentes de *[descripción de la lesión]*, o algo mejor, ahora. Ahora doy las gracias a Dios por poner de manifiesto esta sanación perfecta y esta restauración completa de la salud en mi vida, bajo la gracia, de formas perfectas. Ahora libero esta oración en el interior de la ley espiritual, sabiendo que esta sanación se produce en este preciso momento bajo la gracia, de formas perfectas. Gracias, Dios, y ASÍ ES.

155. *Tratamiento para recuperarse de una operación quirúrgica*

Éste es un tratamiento para mí, *[nombre completo]*, para la perfecta recuperación de una operación quirúrgica, o algo mejor, ahora.

Ahora reconozco que Dios es el potente pilar de fuerza y poder. Dios es la fuente omnipotente, eterna, perpetua e incesante y el flujo continuo de vitalidad, energía, recuperación y renovación divinas. Dios no tiene restricciones ni limitaciones. Dios es el poder realizador de milagros que hace que todas las cosas sean nuevas y completas. Dios es energía de la fuerza vital. Dios es perfección por doquier ahora.

Ahora SOY uno con el potente pilar de fuerza y poder que es Dios. SOY la fuente omnipotente, eterna, perpetua e incesante y el flujo continuo de vitalidad, energía, recuperación y renovación divinas. CAREZCO de restricciones y límites. El poder generador de milagros, que hace que todas las cosas sean nuevas y completas, está en funcionamiento en mi vida, renovando y restaurando mi cuerpo hasta su plenitud. SOY uno con la energía de la fuerza vital de Dios. SOY la perfección por doquier ahora.

Por lo tanto, ahora reclamo para mí, *[nombre completo]*, una recuperación completa de la operación quirúrgica, o algo mejor, ahora.

Sé que a mi cuerpo se le devuelve a un buen estado de salud en este preciso momento. Ahora me desprendo de todos y cada uno de los pensamientos y emociones que ya no me sirven. Libero de mi mente todos los pensamientos de padecimiento, enfermedad, mala salud, debilidad, malestar, fragilidad, debilidad, flaqueza, dolencia y cualesquiera otros pensamientos y emociones que me hayan afectado negativamente. Estos pensamientos se ven ahora elevados, sanados, bendecidos, liberados y dejados ir en el interior de la luz de Dios.

Ahora ESTOY lleno de pensamientos de vitalidad, salud, felicidad, alegría, bienestar, fuerza, fortaleza, poder, confort, vigor, robustez y energía de la fuerza vital. TENGO el control. SOY la única autoridad en mi vida. ESTOY divinamente protegido por la luz de mi ser. Ahora ESTOY lleno de energías pránicas vitales que fluyen libremente y con potencia a través de mi campo de energía. Ahora ESTOY completamente recuperado, renovado y se me devuelve una salud perfecta.

Ahora acepto por completo, en consciencia, mi perfecta recuperación de la operación quirúrgica, o algo mejor, ahora. Ahora ofrezco mi gratitud a Dios por haber recuperado una salud perfecta: renovada, restaurada y fortalecida. Ahora libero este tratamiento en el interior de la ley espiritual de perfección ahora, sabiendo que se pone de manifiesto en mi vida justo aquí y ahora. Gracias, Dios, y ASÍ ES.

156. Tratamiento para una salud perfecta, de hierro

Éste es un tratamiento para mí, *[nombre completo]*, para tener una salud perfecta, de hierro, o algo mejor, ahora.

Reconozco que hay una presencia y un poder en funcionamiento en el universo y en mi vida. Dios es la fuente de toda vida. Dios es el reservorio infinito de energía cósmica. Dios es el dador de vida, la energía de la fuerza vital en el universo. Dios es la fuente de salud eterna e ilimitada, es el sanador consumado. Dios es la perfección por doquier ahora. Dios es la perfección aquí y ahora.

Ahora SOY uno y estoy fusionado con Dios y soy lo mismo que él. Dios está por doquier, en el interior de todo. Por lo tanto, Dios está en mi interior, en el interior de este campo de energía y de este cuerpo. Así pues, la salud eterna de Dios, dadora de vida, está en mi interior, impregnando todo mi ser. SOY la energía de la fuerza vital, el reservorio infinito de energía cósmica que es Dios. SOY el bienestar y la vitalidad perfectos que es Dios. SOY la perfección por doquier ahora. SOY la perfección aquí y ahora.

Por lo tanto, ahora conozco y reclamo para mí, *[nombre completo]*, mi salud perfecta y vigorosa, o algo mejor, ahora.

Invoco al Espíritu Santo, al espíritu de la integridad, para que aporte verdad, sabiduría y comprensión a mi mente ahora. Ahora libero, disuelvo y me desprendo de cualquier pensamiento y sentimiento limitante que ya no me sirven. Ahora disipo de mi mente todos los pensamientos negativos de culpa, vergüenza, reproche, victimización, estrés, tensión, agobio, dieta inadecuada, descanso insuficiente, resentimiento, autocondena, mortificación, enfermedad, padecimiento, trastorno, malestar, dolencia, debilidad y el resto de los pensamientos y sentimientos que han provocado una mala salud en mi vida, ya sean conocidos o desconocidos, conscientes o inconscientes.

Ahora sé que mi salud es perfecta. Llevo un estilo de vida saludable, con un descanso, nutrición y ejercicio adecuados, libre de estrés y tensión, o algo mejor, ahora. Ahora doy la bienvenida y acepto pensamientos y emociones nuevos, positivos y poderosos de perdón, autoaceptación, imputabilidad propia, responsabilidad, calma, sosiego, paz interior relajación, bienestar, confort, aptitud física, fortaleza, vigor, vitalidad, energía, entusiasmo, vivacidad y una salud de hierro perfecta, o algo mejor, ahora. Mi cuerpo goza de una salud perfecta, justo aquí y ahora. ESTOY lleno de vida: sano, saludable, vigoroso, pleno y completo en cada área de mi cuerpo, mente, emociones, espíritu y vida.

Ahora acepto plenamente, en conciencia, mi salud de hierro perfecta, o algo mejor, ahora. Ahora expreso mi gratitud a Dios por mi salud perfecta. SOY sanado y ESTOY de una pieza, bien y en buen estado en este preciso momento, en cada aspecto de mi vida: físico, mental, espiritual y material, o algo mejor, ahora. Ahora libero esta plegaria en el interior de la ley espiritual, sabiendo que se pone de manifiesto en mi vida, justo ahora. Gracias, Dios, y ASÍ ES.

Capítulo 12

Amor magnetizante

«El amor es la llave maestra que abre la verja de la felicidad».
OLIVER WENDELL HOLMES

El amor es lo que genera vida, la mantiene y la promueve. Es el imán que mantiene unido al cosmos y el pegamento que hace que las relaciones duren. Sin amor no hay vida. Así pues, buscamos el amor por doquier, y nos vemos motivados por el amor en cada una de nuestras acciones. El amor es la luz de la vida. Es Dios puesto de manifiesto en la Tierra.

Toda acción tiene al amor como su motivo. Hacer y mantener amistades, intentar complacer a tus progenitores, buscar unos estudios, encontrar un cónyuge, tener hijos, buscar un empleo o implicarse en un negocio o una profesión: todas estas cosas se hacen por amor. Llevar a cabo obras de beneficencia, tener más paciencia, mostrar compasión, implicarse en proyectos humanitarios, buscar el despertar y la iluminación espirituales: todas estas cosas se hacen por amor.

Como el amor es el factor motivador en este planeta para este capítulo, empleemos ahora oraciones sanadoras para que te ayuden a incrementar el amor en tu vida y a irradiar vibraciones de amor hacia los que se encuentran a tu alrededor. Mereces amor, y mereces ser amado. Este capítulo te ayudará a conseguirlo en todas tus relaciones, empezando por tu relación contigo mismo.

157. Oración de YO SOY adorable

Considerarte adorable atraerá experiencias encantadoras a tu vida. Tu confianza en ti mismo y tu fortaleza interior crecerán cuando dejes de juzgarte, condenarte y criticarte.

Estoy orgulloso de mí mismo, SOY amor.
SOY cariñoso y adorable.
SOY belleza infinita.
SOY hijo de Dios, precioso a los ojos de Dios.
Me amo y valoro como Dios me ama.
Me gusto incondicionalmente.
Me amo incondicionalmente.
Me acepto incondicionalmente.
Me apruebo incondicionalmente.
Me perdono incondicionalmente.
Confío en mí incondicionalmente.
Me bendigo incondicionalmente.
Me permito ser yo mismo (mi Yo).
SOY perfecto, completo y pleno.
SOY digno y merecedor del bien de Dios para mí.
Me SIENTO seguro. SOY amado.
Gracias, Dios, y ASÍ ES.

158. El océano del amor de Dios

Ningún amor es tan amplio y profundo como el amor de Dios. Por lo tanto, cuando te abres al amor divino, te ves verdadera y profundamente amado y consolado.

Ahora abro mi corazón al amor que es Dios.
Ahora me fusiono con la presencia cariñosa de Dios.
SOY mecido como un bebé en los brazos del amor de Dios.
SOY tranquilizado y calmado por la presencia cariñosa de Dios.
Dios es la fuente de consuelo que me alivia,
me tranquiliza y me aporta reposo y calma.

Dios es el océano de amor puro y paz infinita.
Ahora me baño en el océano cósmico del amor de Dios.
Las olas del amor líquido de Dios me inundan ahora,
tranquilizándome y aportándome un consuelo perfecto.
ESTOY lleno, rodeado, impregnado e infiltrado
del amor puro, amable e incondicional que es Dios.
SOY el amor que es Dios.
El amor habita en mi interior, en forma de mí.
SOY amado, y ESTOY en paz.
Gracias, Dios, y ASÍ ES.

159. Expresión del amor divino

Cuando permites que el amor divino se exprese a través de ti, entonces tu vida se ve verdaderamente bendecida de todas las formas. Esta oración te ayudará a experimentar un amor divino.

SOY el amor que es Dios. El amor de Dios llena mi corazón.
ESTOY expresando el amor perfecto e incondicional de Dios.
SIEMPRE estoy amando a mis pensamientos, palabras y acciones.
SOY paciente, amable, agradable e indulgente.
La armonía y el amor inundan mi mente y mi corazón.
Veo con un amor, una compasión y una comprensión divinos.
El amor divino, expresándose a través de mí, atrae ahora hacia mí
todo lo necesario para hacerme feliz y hacer que mi vida sea completa.
El amor divino atrae a la gente que encaja en mi vida
y me une a ella ahora.
Toda la gente es la expresión del amor divino;
por lo tanto, no recibo nada más que expresiones de amor divino.
El amor divino armoniza, el amor divino ajusta;
el amor divino prospera; el amor divino lo prevé todo,
y me proporciona toda cosa buena en abundancia ahora.
El amor divino es ahora victorioso. Elogio al amor divino,
que derrite situaciones y retos que parecen imposibles.
Gracias, Dios, y ASÍ ES.

160. Oración de YO SOY digno

Cuando te consideras digno, entonces atraes situaciones, circunstancias y oportunidades en favor de tu máximo beneficio.

SOY digno de ser amado,
SOY digno de ser próspero,
SOY digno de ser colmado,
SOY digno de estar contento,
SOY digno de gozar de abundancia,
SOY digno de ser feliz,
SOY digno de llevar una vida gozosa.
SOY un ser divino de gran valía.
Me gusto, me quiero y me acepto,
me perdono, confío en mí y creo en mí.
SOY perfecto tal y como soy.
SOY adorable y SOY querido.
Gracias, Dios, y ASÍ ES.

161. Incrementando el atractivo

El atractivo tiene más que ver con quién eres que con el aspecto que tienes. Aunque hay rasgos físicos que suelen considerarse hermosos, cualquier persona puede irradiar atractivo.

Mi espíritu es atractivo.
Mi alma es atractiva.
Mi mente es atractiva.
Mi cuerpo es atractivo.
SOY un ser magnífico, lleno de la energía de Dios;
por lo tanto, SOY atractivo.
Ahora irradio la luz hermosa que es Dios;
por lo tanto, SOY atractivo.
Ahora pienso, hablo, actúo e interactúo cariñosamente;
por lo tanto, SOY atractivo.
Mi cuerpo es un templo de Dios, y lo respeto y alimento;

por lo tanto, SOY atractivo.
Mantengo mi cuerpo limpio, acicalado y engalanado hermosamente;
por lo tanto, SOY atractivo.
Mantengo mi mente y mis emociones libres de toda energía inferior;
por lo tanto, SOY atractivo.
Soy un imán para la gente, y atraigo el amor en mi vida;
por lo tanto, SOY atractivo.
Amo la vida y la vida me ama.
Nos llevamos perfectamente bien;
por lo tanto, SOY atractivo.
SOY amado.
Gracias, Dios, y ASÍ ES.

162. Incrementando el magnetismo

Cuanto mayor sea la energía de tu fuerza vital (conocida como *prana*, *chi* o *ki*), más irradiarás, emitirás y exudarás magnetismo, atractivo sexual y carisma.

SOY un ser hermoso de amor y luz.
Irradio el amor y la luz de Dios a todos los que hay a mi alrededor.
ESTOY lleno de la energía de la fuerza vital que es Dios.
Mi campo de energía emite energía y magnetismo divinos.
Transmito amor por ósmosis y la gente se ve atraída hacia mí.
Mi campo de energía está brillando, y es atractivo y carismático.
SOY magnético, fascinante, irresistible y cautivador.
El amor se encuentra a todo mi alrededor, y yo atraigo el amor.
SOY un imán para el amor. ESTOY lleno de amor. SOY amado.
Gracias, Dios, y ASÍ ES.

163. Amistades perfectas y cariñosas

Si quieres tener unas amistades excelentes, leales, fieles y duraderas, entonces debes emplear tiempo, energía y dedicación para desarrollarlas con amor y paciencia.

Soy el amor que es Dios.
SOY la alegría que es Dios.
SOY la cordialidad que es Dios.
SOY la compasión que es Dios.
SOY la lealtad que es Dios.
SOY la integridad que es Dios.
Por lo tanto, soy un amigo fiel, cariñoso y compasivo.
SOY un potente imán de amigos, y ese imán se pega.
Las amistades cariñosas vienen a mí sin esfuerzo y de forma natural.
Las amistades leales permanecen conmigo constante y perpetuamente.
Mi vida está llena de amistades cariñosas, y yo me VEO satisfecho.
Gracias, Dios, y ASÍ ES.

164. Tratamiento para la autoestima

Éste es un tratamiento para mí, *[nombre completo]*, para una autoestima perfecta, o algo mejor, ahora.

Reconozco que Dios es amor divino e incondicional. Dios es la fuente de amor. El amor perfecto de Dios me aporta paz y felicidad. Dios todo lo perdona, es la fuente de compasión, misericordia y comprensión. Dios es el cariñoso progenitor de este cosmos, y el trabajo perfecto de Dios se lleva a cabo a través del amor.

SOY un hijo amado de Dios, sostenido en los brazos de Dios (querido, valorado y nutrido), precioso a los ojos de Dios, SOY uno con el amor incondicional de Dios ahora. Dios irradia la luz del perdón, la misericordia, la compasión y la comprensión sobre mí ahora. El amor de Dios me envuelve y llena mi corazón de paz. El amor de Dios está llevando a cabo su trabajo perfecto en mí y a través de mí ahora. SOY el amor que es Dios.

Por lo tanto, reclamo para mí, *[nombre completo]*, una autoestima perfecta, o algo mejor, ahora.

Ahora sano y libero todos los pensamientos negativos que interfieren con esta reclamación, ya sea conocida o desconocida, consciente o subconsciente. Mis pensamientos son ahora idénticos y los mismos que los de Dios y están en sintonía con ellos. Disipo de mi mente toda necesidad aparente de castigarme a mí mismo. Me desprendo de toda la vergüenza, la culpa, la autocondena, el bochorno y el miedo a verme expuesto ahora. Libero todo el miedo a cometer un error y a estar equivocado.

Ahora doy la bienvenida a la autoestima. SOY perfecto para mí ahora. Me ENCUENTRO en mi camino perfecto de despliegue. Me perdono por completo, ya que lo he hecho lo mejor posible en cada situación. Nunca he cometido ningún error ni he hecho nada mal, ya que Dios no ve los errores ni los fallos. SOY amado, apreciado y honrado a los ojos de Dios.

Nada en el universo tiene nada contra mí ahora, y yo no tengo nada contra mí ahora. SOY un ser perfecto de luz divina y someto todas mis limitaciones aparentes a Dios. Disipo todas y cada una de las creencias de que los demás son mejores, más grandes, peores o menos que yo. Sé que todos los seres son iguales a los ojos de Dios. Me regocijo en la perfección de Dios en cada ser vivo. Por lo tanto, me gusto, me acepto y me perdono por completo, plena e incondicionalmente en este preciso momento. SOY perfecto exactamente de la forma que SOY ahora.

Doy la bienvenida en mi vida al amor eterno, siempre fluido y perfecto de Dios ahora, sabiendo que soy sumergido y bañado en el océano del amor de Dios, que es incondicional, infinito e ilimitado. Dios camina conmigo con amor a cada momento. SOY amado.

Ahora acepto plenamente, en consciencia, mi autoestima perfecta, o algo mejor, ahora. Doy las gracias a Dios por poner de manifiesto este bien en mi vida ahora, bajo la gracia, de la propia forma sabia y perfecta de Dios. Libero este tratamiento plena y completamente en el interior de la ley de la perfección espiritual por doquier ahora, sabiendo que es aceptado y se pone de manifiesto en mi vida ahora, bajo la gracia, de formas perfectas. ASÍ SEA.

165. Tratamiento para unas relaciones perfectas con mis hijos

Éste es un tratamiento para mí, *[nombre completo]*, para unas relaciones cariñosas y respetuosas perfectas con mis hijos, o algo mejor, ahora.

Reconozco que Dios es la fuente de amor y respeto. Dios es la fuente que siempre ama, completamente alegre, perpetua y eterna de amor y respeto incondicionales ahora. Dios es la fuente inagotable de amor abundante.

SOY uno con el amor incondicional de Dios ahora. SOY amor incondicional ahora. SOY respeto incondicional ahora. SOY una fuente de alegría constante. SOY el amor que Dios es, ahora y siempre. SOY la abundancia del amor de Dios.

Por lo tanto, reclamo para mí, *[nombre completo]*, las relaciones cariñosas y respetuosas perfectas con mis hijos, o algo mejor, ahora.

Ahora sano y libero todos los conceptos limitantes que interfieren con esta declaración, ya sean conocidos o desconocidos, conscientes o subconscientes. Mis pensamientos son ahora uno con el pensamiento de Dios, son los mismos que el suyo y están en sintonía con él. Ahora sé que las relaciones con mis hijos están llenas de amor y armonía. Elimino de mi mente cualquier pensamiento de resentimiento y de miedo acerca de mis hijos ahora. Abrazo el amor incondicional para mis hijos ahora. Disipo cualquier necesidad aparente de dominar, coaccionar o controlar a mis hijos ahora. Elimino la necesidad de tomar todas las decisiones por mis hijos ahora. Me desprendo de la idea de que soy el único que sabe lo que es mejor para mis hijos. Mis hijos son libres de hacer lo que les dicte el corazón y yo SOY divinamente libre de hacer lo que me dicte el corazón. Elimino la idea de que poseo a mis hijos, y me desprendo del miedo de que, de algún modo, me los quitarán. Sé que mi bien no tiene límites, y que Dios es mi suministro siempre presente. Por lo tanto, no necesito poseer a nadie ni nada. Dejo libres a mis hijos por completo, y ahora acepto el bien y la alegría del universo en todas sus formas.

Corto todos y cada uno de los lazos aparentes entre yo y mis hijos ahora. Estas ligaduras psíquicas son ahora cortadas, elevadas, amadas, sanadas, liberadas y dejadas ir cariñosamente por el Espíritu Santo. Disuelvo de mi mente cualquier sentimiento de falta de autoaceptación, falta de autoestima y falta de mi propia valía. Ahora se dejan ir y son soltados y liberados por la luz divina de Dios. Me acepto tal y como SOY, y SOY libre de expresarme (expresar mi Yo) de la forma en que SOY. Acepto a mis hijos tal y como son, y ellos son libres de expresarse tal y como son. SOY la perfección de Dios en forma humana, y SOY para mí ahora. Mi hijos también son perfectos para sí mismos ahora. ESTOY lleno de autoestima, autoaceptación y amor propio ahora. SOY libre de amar y respetar a mis hijos ahora y acepto su amor y su respeto ahora.

Acepto plenamente, en consciencia, mis relaciones cariñosas y respetuosas perfectas con mis hijos, o algo mejor, ahora. Doy las gracias a Dios por poner de manifiesto unas relaciones cariñosas ahora, bajo la gracia, de formas perfectas. Gracias, Dios, y ASÍ ES.

166. Tratamiento para unas relaciones perfectas con mis progenitores

Éste es un tratamiento para mi, *[nombre completo]*, para la relación cariñosa perfecta con mis progenitores, o algo mejor, ahora.

Reconozco que Dios es la fuente de amor eterna e ilimitada. Dios es amor perfecto. Dios es integridad, unicidad y paz. Dios es la armonía y la felicidad eternas. Dios es la fuente de humildad, gratitud y agradecimiento.

SOY uno con el amor eterno e ilimitado de Dios. Dios me ama incondicionalmente ahora y en todo momento. Soy integridad, unicidad y paz. La armonía y la felicidad eternas de Dios saturan mi vida ahora. ESTOY lleno de agradecimiento, gratitud y humildad ahora ante el rostro del amor infinito de Dios.

Por lo tanto, reclamo para mí, *[nombre completo]*, mi relación cariñosa perfecta con mis progenitores, o algo mejor, ahora.

Ahora sano y libero todas las creencias negativas que interfieren con esta reclamación, ya sean conocidas o desconocidas, conscientes o subconscientes. Mis pensamientos son ahora uno con el pensamiento de Dios, son los mismos que el suyo y están en sintonía con él. Acepto, en conciencia, que mi relación con mis progenitores es sanada y perdonada ahora. Elimino de mi mente todos y cada uno de los sentimientos de falta de valía y culpa relativos a mis progenitores ahora. Disipo todo juicio hacia mis progenitores ahora. Libero todas las creencias de ira y resentimiento hacia mis progenitores ahora. Me desprendo del pensamiento de que mis progenitores deban de cambiar de algún modo.

Ahora abrazo el conocimiento de que mis progenitores son perfectos de la forma en que son. Ahora acepto a mis progenitores exactamente de la forma en que son sin intentar cambiarlos. ESTOY lleno de amor propio, autoaceptación y perdón por mis progenitores ahora. Sé que lo hicieron lo mejor que pudieron en cada situación conmigo, y que yo lo hice lo mejor que pude en cada situación con ellos. Por lo tanto, no hay culpa ni reproche. Me perdono por completo, y amo a mis progenitores incondicionalmente ahora.

Libero a mis progenitores para que se expresen de su propia forma singular, y me libero a mí mismo para expresarme de mi propia forma personal.

Invoco al Espíritu Santo para que corte todas las ligaduras psíquicas entre mis progenitores y yo ahora. Estos lazos psíquicos son ahora cortados, elevados, amados, sanados, liberados y dejados ir cariñosamente en nombre de Dios. SOY libre de amar a mis progenitores con el amor perfecto de Dios ahora.

Ahora acepto plenamente, en consciencia, mi relación cariñosa perfecta con mis progenitores, o algo mejor, ahora. Doy las gracias a Dios por poner de manifiesto este bien en mi vida ahora. Gracias, Dios, y ASÍ ES.

167. Tratamiento para atraer a tu pareja y compañero perfecto

Éste es un tratamiento para mí, *[nombre completo]*, para mi pareja y compañero perfecto con gustos, intereses, deseos, apetitos, valores, metas, trayectorias e ideales compatibles, o algo mejor, ahora, para que esté conmigo en una relación íntima, comprometida y monógama ahora. Esta pareja perfecta es compatible conmigo de todas las formas: espiritual, emocional, social, moral, intelectual, mental, geográfica, económica, física y sexualmente, o algo mejor, ahora.

Reconozco que Dios es completamente cariñoso, la fuente inagotable del amor, el manantial del bien, el río de fuerza. Dios es la encarnación del amor divino, la verdadera fuente de amor incondicional. Dios es la realización, felicidad y alegría perfectas. Dios ve el amor y la perfección en cada partícula de la creación.

Dios es la fuente de mi bien, el río de mi fuerza. Dios me llena y me rodea de amor ahora. El amor de Dios abre mi corazón a toda alegría y bendición. SOY la alegría y la satisfacción que Dios es ahora. SOY uno con la fuente del amor: Dios el bueno, el omnipotente. ESTOY lleno de amor incondicional divino ahora. SOY creado a imagen y semejanza de Dios. Así pues, SOY hijo de Dios, y Dios me ama exactamente de la forma en que SOY.

Por lo tanto, reclamo para mí, *[nombre completo]*, a mi pareja y compañero perfecto, con gustos, intereses, deseos, apetitos, valores, metas, trayectorias e ideales compatibles o algo mejor, ahora, para que esté conmigo en una relación íntima, comprometida y monógama, o algo mejor, ahora. Esta pareja perfecta es compatible conmigo de todas las formas: espiritual, emocional, social, moral, intelectual, mental, geográfica, económica, física y sexualmente, o algo mejor, ahora.

Acepto plenamente a mi pareja perfecta, en conciencia, ahora. Ahora sano y libero todas las ideas negativas que interfieren con esta reclamación, ya sean conocidas o desconocidas, conscientes o subconscientes. Mis pensamientos son ahora uno con los pensamientos de Dios, son los mismos que el suyo y están en sintonía con él. Disipo ahora de mi mente todos y cada uno de los pensamientos de falta de mérito, miedo a la intimidad, miedo al abandono, miedo al rechazo, tristeza, amargura, resentimiento, ira hacia el sexo opuesto y todos los recuerdos negativos de relaciones pasadas. Le cedo estos pensamientos al Espíritu Santo ahora.

Ahora acepto de todo corazón en mi vida un amor, una paz, una intimidad, una autoestima, una autoaceptación, una realización, un amor propio, una fortaleza interior, una autoridad propia, un perdón de las relaciones pasadas, un perdón hacia el sexo opuesto y un perdón de todos los recuerdos pasados incondicionales.

Invoco al Espíritu Santo para que corte ahora todas las ligaduras psíquicas entre yo y todos los recuerdos pasados de relaciones. También corto todos los lazos psíquicos entre yo y todos los apegos románticos pasados. Todos estos vínculos psíquicos son ahora cortados, elevados, amados, sanados, liberados y dejados ir en el nombre de Dios. ESTOY libre de estas experiencias pasadas y SOY libre de dar la bienvenida a mi pareja perfecta en mi vida ahora.

Ahora acepto plenamente, en conciencia, a mi pareja y compañero perfecto, o algo mejor, ahora, bajo la gracia y de formas perfectas. Doy las gracias a Dios por poner de manifiesto a mi pareja perfecta ahora. Gracias, Dios, y ASÍ ES.

168. Tratamiento para un matrimonio feliz y armonioso

Éste es un tratamiento para mí, *[nombre completo]*, para mi matrimonio amoroso y armonioso perfecto, o algo mejor, ahora.

Ahora reconozco que existe un poder cariñoso y una presencia amorosa en funcionamiento en el universo y en mi vida: Dios el bueno, el omnipotente. Dios es amor puro, libre de condiciones, juicios y condena. Dios es completamente misericordioso y compasivo, y todo lo abarca y todo lo incluye. Dios es la fuente de perdón y gratitud. Dios es la armonía, la alegría y la felicidad perfectas.

Ahora SOY uno con Dios. Dios se encuentra en mi interior y a todo mi alrededor. Porque en Dios vivo, respiro, me muevo y tengo mi ser. ESTOY unido a Dios y fusionado con él en una integridad perfecta y sin fisuras. Dios es el mismísimo centro y la esencia de mi ser. SOY el amor incondicional que es Dios. SOY la misericordia, la compasión, la aceptación y la inclusión que es Dios. SOY el perdón, la gratitud, la integridad, la unicidad, la armonía, la alegría y la felicidad que es Dios.

Por lo tanto, ahora conozco y reclamo para mí, *[nombre completo]*, mi matrimonio perfecto, amoroso, armonioso, o algo mejor, ahora.

Ahora libero, suelto y dejo ir cualquier cosa que interfiera en mi matrimonio perfecto, amoroso y cariñoso, ya sea conocida o desconocida, consciente o inconsciente. Ahora invoco al Espíritu Santo, el espíritu de la verdad y la integridad, para que libere de mi mente todos y cada uno de los pensamientos de control, coacción, crítica, juicio, desprecio, ira, resentimiento, miedo, frustración, impaciencia, culpa, vergüenza, falta de valía, carencia, imperfección, insatisfacción y desilusión. Estos pensamientos son, todos ellos, elevados, sanados, amados, disueltos, liberados y dejados ir por completo. Y han desaparecido.

Ahora doy la bienvenida en mi corazón y en mi mente a pensamientos positivos, creativos y hermosos de dejar ir, permisividad, perdón, compasión, misericordia, aceptación, aprecio, amabilidad, gentileza, sabiduría, coraje, fe, confianza, paciencia, autodominio, mérito, abundancia, completitud, alegría, satisfacción, ingenuidad e inocencia.

Ahora corto todas y cada una de las ataduras entre mi cónyuge y yo. Estas ligaduras psíquicas son ahora cortadas, elevadas, amadas, sanadas, disueltas, liberadas y dejadas ir por completo cariñosamente en el interior de la luz del amor y la verdad de Dios. Ahora sé que SOY libre de ser yo mismo, y mi cónyuge es libre de ser él mismo.

Ahora sé que tengo un matrimonio feliz y armonioso basado en la confianza, la comprensión, el amor, la gratitud, el respeto, la paciencia, la humildad y el perdón mutuos. Ahora sé que mi relación con mi cónyuge está repleta de amor, armonía y alegría. Ahora doy mis gracias sinceras a Dios por mi cónyuge y mi matrimonio.

Ahora acepto por completo, en conciencia, mi matrimonio perfecto, amoroso y armonioso, o algo mejor, ahora. Ahora libero esta oración en el interior de la ley espiritual, sabiendo que se pone de manifiesto en este preciso momento, bajo el amor y la gracia de Dios, de formas perfectas. Gracias, Dios, y ASÍ SEA.

169. Tratamiento para una vida hogareña armoniosa

Éste es una tratamiento para mí, *[nombre completo]*, para una vida hogareña y unas relaciones familiares perfectas, amorosas, pacíficas y armoniosas, o algo mejor, ahora.

Reconozco que existe una fuente de armonía, paz y amor en el universo: Dios el bueno, el omnipotente y el omnipresente. Dios es la unidad perfecta, el manantial de reposo y la renovación continua. Dios es el puerto seguro de paz.

SOY uno con esta fuente de bien, armonía, amor y paz ahora. Dios es mi único poder y la fuente de unidad para mi vida ahora. SOY un instrumento de la paz y la armonía de Dios en mi hogar. En casa, en el puerto seguro de Dios, encuentro reposo y renovación cada día.

Por lo tanto, reclamo para mí, *[nombre completo]*, una vida hogareña y unas relaciones familiares cariñosas, tranquilas y armoniosas perfectas, o algo mejor, ahora.

Ahora sano y libero todas las negaciones de mi mente que interfieren con esta declaración, ya sean conocidas o desconocidas, conscientes o subconscientes. Mis pensamientos son uno con el pensamiento de Dios, son los mismos que el suyo y están en sintonía con él. Ahora corto estas ataduras psíquicas entre yo y aquellos que viven conmigo. Estas ataduras psíquicas son ahora cortadas, elevadas, amadas, sanadas, liberadas y dejadas ir cariñosamente en el interior de la luz del amor de Dios.

Sé que cualquier ser querido que influye en mi hogar es ahora bendecido, perdonado y liberado en el interior del amor, la luz y la integridad de la divinidad. Estás unido a la verdadera naturaleza de tu ser. El amor y la luz de Dios te llenan y rodean ahora de amor y paz. La tierra ya no te amarra. El miedo y la culpa ya no te mantienen encadenado. Invoco a tu Yo Superior para que te lleve hacia el interior de la luz de Dios ahora. Ve ahora en paz y con amor.

Ahora ESTOY libre de todos los apegos que han evitado el amor incondicional en mi vida hogareña y en mis relaciones familiares ahora. Invoco a la presencia divina para que disuelva de mi mente todos los sentimientos de resentimiento, miedo, coacción, dominación, tristeza, dolor, rechazo y abandono. Son liberados y sanados por la sabiduría divina ahora. En lugar de ello, doy la bienvenida a mi casa y en mi familia a nuevos sentimientos de amor, felicidad, perdón, libertad, autoridad propia, alegría, sanación, amor propio, autoaceptación y autoestima ahora. Ahora libero a todas las personas en mi hogar para que se expresen de su propia forma única y perfecta, y SOY libre de expresarme de mi propia forma perfecta. Sólo veo el bien en mí y en ellos.

Ahora acepto completamente, en conciencia, armonía, paz y amor, o algo mejor, en mi hogar y en mi familia ahora. Ahora doy las gracias a Dios por la plegaria respondida. Gracias, Dios, y ASÍ ES.

170. Tratamiento para la realización sexual

Éste es un tratamiento para mí, *[nombre completo]*, para mi realización sexual completa, o algo mejor, ahora, con mi pareja adulta y que expresa su consentimiento, en una relación gozosa y cariñosa.

Reconozco que Dios es la fuente de placer y realización, el manantial de satisfacción. Dios es amor incondicional, aceptación, alegría y felicidad. Dios es la fuente de amor puro y no juzga. Dios es la expresión plena del amor incondicional, ahora y siempre.

SOY uno con el amor de Dios y la aceptación sin juzgar. La expresión plena del amor de Dios impregna mi vida ahora. La alegría y la felicidad de Dios inundan mi corazón de plenitud. ESTOY repleto del placer del jardín de la alegría y del deleite de Dios ahora. SOY amor incondicional ahora.

Por lo tanto, reclamo para mí, *[nombre completo]*, mi realización sexual perfecta, o algo mejor, ahora, con mi pareja adulta y que expresa su consentimiento, en una relación gozosa y cariñosa.

Ahora sano y libero todas las negaciones que interfieren en esta reclamación, ya sean conocidas o desconocidas, conscientes o subconscientes. Mis pensamientos son ahora uno con el pensamiento de Dios, son los mismos que el suyo y están en sintonía con él. Elimino de mi mente todas y cada una de las ideas de limitación, inhibición, miedo, disgusto, frustración, culpabilidad sexual y autodesprecio ahora. Y han desaparecido.

Ahora doy la bienvenida y acepto la libertad de expresión, la alegría, la falta de inhibiciones, el amor, la plenitud, la realización, el perdón de mi yo y la autoestima. Ahora libero todas las ideas negativas sobre el sexo producto de mi educación. Me desprendo de cualquier idea de que el sexo es malo, sucio o dañino. Ahora acepto que el sexo es una expresión hermosa y gozosa del amor. Ahora acepto que no hay nada de malo en mi expresión sexual segura con mi pareja adulta y que consiente.

Corto todas y cada una de las ataduras psíquicas entre yo y cualquiera que me haya hecho sentir culpable con respecto al sexo. Corto, elevo, amo, sano, libero y dejo ir todas estas ataduras psíquicas ahora, y se disuelven en el amor y la luz de Dios. Ahora acepto por completo mi hermoso cuerpo y mi expresión sexual con mi pareja adulta y que consiente. SOY un ser de Dios cariñoso, sexual y hermoso, y mi amor se expresa ahora sexualmente con gran alegría y realización. Mi expresión sexual es la expresión del amor divino. SOY perfecto exactamente de la misma forma en que SOY ahora, y me expreso (expreso mi Yo) libremente de la forma en que SOY ahora.

Ahora acepto plenamente, en conciencia, mi realización sexual perfecta, o algo mejor, ahora, con mi pareja adulta y que consiente en una relación cariñosa y gozosa. Doy las gracias a Dios por poner de manifiesto este bien en mi vida ahora, bajo la gracia, de formas perfectas. Gracias, Dios, y ASÍ ES.

Capítulo 13

Atrayendo la prosperidad

«Cuando te concentras en ser una bendición,
Dios se asegura de que siempre te veas bendecido en abundancia».

JOEL OSTEEN

Te convertirás en aquello en lo que pienses. Aquello a lo que dediques tu atención crecerá con más fuerza en tu vida. Si tus pensamientos, tu discurso y tus acciones están centrados en la prosperidad, te volverás próspero. Sin embargo, buscar la riqueza *per se* puede ser un empeño solitario e insatisfactorio. Descubrir el verdadero propósito de tu vida y tu plan divino y luego ponerlo de manifiesto de una forma próspera es la clave de la abundancia que te inspira, eleva a los demás y bendice a todo el planeta.

Muchas personas espirituales parecen alérgicas a las riquezas y a la opulencia. Creen que los ricos nunca pueden ser espirituales. En una competición entre la espiritualidad y la riqueza, cualquier persona de fe escogería la espiritualidad. Sin embargo, ¿podrías imaginar que no existiera ninguna competición? Mi experiencia en cuarenta y cinco años de enseñanza espiritual es que el dinero, o su falta, no tienen nada que ver con tu estado de conciencia o de evolución espiritual.

La verdad es que el dinero es energía. Puede emplearse para hacer el bien. Utilizar las afirmaciones y las oraciones de este capítulo puede ayudarte a poner de manifiesto más prosperidad para ti y para tu familia.

171. Oración para la prosperidad

Mereces prosperidad, y puedes obtenerla afirmando y sabiendo que tu Padre/Madre Dios/Diosa celestial es la fuente de tu suministro.

El amor divino bendice y multiplica, a través de mí, todo lo que SOY
y todo lo que tengo, todo lo que doy y todo lo que recibo.
Todos y todo me hacen prosperar ahora.
SOY hijo de Dios, creado a semejanza de Dios.
Mi derecho de nacimiento es la abundancia infinita.
Por lo tanto, heredo una riqueza ilimitada.
Dios es la fuente de mi suministro
y me mantiene con abundancia ahora.
Prospero y tengo éxito en cada área de mi vida.
Todas mis necesidades son satisfechas.
En Dios no tengo carencias.
Dios es mi banquero divino y mi asesor financiero.
Dios está al cargo de todos mis asuntos económicos,
y satisface todas mis necesidades y deseos en este preciso momento.
Gracias, Dios, y ASÍ ES.

172. La abundancia de Dios

Mucha gente bloquea su prosperidad creyendo que el dinero es limitado y que no hay suficiente como para repartirlo. Esa falsa creencia debe revertirse si deseas la abundancia. Esta oración puede ser de ayuda.

Hay en abundancia para todos, incluyéndome a mí.
SOY enriquecido y ESTOY satisfecho,
dirigido divinamente y hecho prosperar profusamente,
mediante la bondad ilimitada de Dios.
ESTOY medrando, SOY rico y acaudalado por dentro y por fuera.
Mi bien está fluyendo hacia mí con tanta riqueza y plenitud
que poseo abundante dinero para poder prestar y compartir.
El bien de Dios circula libremente a través de mi vida
y me hace prosperar poderosamente, en este preciso momento.

Dios es mi fuente de suministro constante,
y grandes sumas de dinero vienen ahora hacia mí rápidamente.
Vivo con unos ingresos ilimitados.
El éxito y la prosperidad acuden fácilmente a mí,
en este preciso momento y siempre, de forma sostenida eternamente.
Gracias, Dios, y ASÍ ES.

173. Mi propósito y mi prosperidad

Cuando tus acciones estén alineadas y en sintonía con tu propósito divino, entonces prosperarás. Se te dará todo lo que necesites para satisfacer ese plan divino.

Mi propósito individual y divino son uno, desplegándose
de forma hermosa y cómoda de acuerdo con la sabiduría
y la gracia perfectas de Dios.
Mi prosperidad se pone de manifiesto y fluye
para respaldarme a mí y a mi propósito de todas las formas posibles.
Mi prosperidad acude con completa libertad
como regalo de la gracia de Dios.
SOY digno de recibir prosperidad.
Me quiero plena y completamente.
Gracias, Dios, y ASÍ ES.

174. Gratitud por la generosidad de Dios

La gratitud es un ingrediente esencial para la prosperidad. Sin embargo, esta oración va un paso más allá. Tiene que ver con el alineamiento de tu voluntad humana con la voluntad de Dios.

Todo lo que SOY, todo lo que tengo y todo lo que pretendo
es creado, mantenido y sostenido eternamente
por el regalo de la gracia que es Dios.
Ahora expreso mi gratitud y mi agradecimiento
por la generosidad que me es concedida

por la Madre/Padre Diosa/Dios celestial,
cuya lluvia cae sobre todos eterna y abundantemente.
Gracias, maravilloso Dios, por todo lo que eres.
Tú eres mi fuente de inspiración,
el faro de mi vida, el mismísimo aliento de mi ser.
Me aferro a ti como mi redentor, mi consolador,
mi puerto seguro de sustento y protección. Te pertenezco, SOY tuyo.
Gracias, Dios, y ASÍ ES.

175. El manantial de riqueza

En la India, Lakshmi es la diosa de la riqueza. Es un manantial eterno de riquezas y otorga abundancia generosamente a aquellos que la invocan con fe.

Invoco a la gran diosa Lakshmi,
la otorgadora celestial de riqueza y felicidad,
para que haga brotar su manantial de riquezas infinitas
en forma de un chorro inagotable otorgador de dicha.
Una catarata eterna de prosperidad y abundancia
hace caer en cascada su fortuna en mi ser.
Una cornucopia de generosidad que siempre fluye
irrumpe ahora en mi vida con una riqueza ilimitada.
SOY bendecido con una buena fortuna, opulencia, dinero,
abundancia y recursos incesantes, ahora y por siempre.
Todo lo que toco se convierte ahora en oro.
Gracias, Dios, y ASÍ ES.

176. Material y suministro infinitos

Dios, la fuente y creador de todo, es un almacén infinito de material divino que puede sacarse para materializar cualquier cosa.

Ahora SOY uno con la esencia infinita, la fuente de todo suministro,
estoy fusionado con ella y soy lo mismo que ella.

Mi mente y mi corazón se unen en gratitud
con un propósito concreto de acceder al material infinito
y poner de manifiesto mi bien.
Independientemente de lo que mi mente conciba y mi corazón crea,
ahora consigo cosas: fácil, natural y deliberadamente.
Ahora materializo sin esfuerzo todos los deseos de mi corazón,
mientras extraigo el material y el suministro ilimitados de Dios.
Dios siempre dice sí a toda petición sincera.
Con fe y confianza en Dios todo es posible.
Gracias, Dios, y ASÍ ES.

177. Afirmación para ser un imán para el dinero

Algunas personas parecen atraer el dinero como un imán. Puedes convertirte en una de esas personas afirmando que lo eres.

SOY un imán para el dinero.
Me gusta el dinero y yo le gusto al dinero.
Viene a mi con frecuencia y se queda conmigo.
SOY un imán para el dinero.
Me gusta el dinero y yo le gusto al dinero.
Se pega a mí ahora y siempre aumenta.
SOY un imán para el dinero.
Me gusta el dinero y yo le gusto al dinero.
El dinero es mi amigo y siempre está conmigo.
Aumenta más y más y yo le doy la bienvenida.
SOY un imán para el dinero, ESTOY agradecido a Dios.
Gracias, Dios, y ASÍ ES.

178. Expresión del trabajo divino

Esta oración puede ayudarte a crear y mantener un puesto de trabajo ideal en el que tus verdaderas fortalezas, talentos y habilidades se expresen alegremente y en el que consigas el éxito completando tus tareas con excelencia.

Mi puesto de trabajo perfecto con mi salario perfecto se pone ahora
de manifiesto de la propia forma y en el tiempo perfectos de Dios.
Mis ingresos crecen constantemente.
Los ascensos vienen a mí con facilidad.
Siempre doy el ciento por ciento en el trabajo, y SOY muy valorado.
Mi trabajo es gratificante, alegre y satisfactorio.
Permaneciendo concentrado y atento llevo a cabo mi trabajo
de forma eficiente, sin esfuerzo, de forma eficaz y precisa y a tiempo.
Pienso de forma clara, concisa y correcta en todas
las tareas que se me ponen por delante.
Es todo un placer ocupar mi puesto de trabajo.
SOY armonioso con todos mis compañeros
en una atmósfera de respeto mutuo.
Mi negocio se expande más allá de mis expectativas.
Siempre atraigo a los mejores clientes, y es un placer servirles.
Atraigo todos los negocios de los que me puedo ocupar tranquilamente.
Gracias, Dios, y ASÍ ES.

179. Tratamiento para una abundancia perfecta

Éste es un tratamiento para mí, *[nombre completo]*, para que la abundancia y la prosperidad perfectas y divinas, o algo mejor, se pongan de manifiesto en mi vida ahora.

Reconozco que Dios es el cuerno de la abundancia y la fuente del dinero, la riqueza y la prosperidad. Dios es el manantial de toda riqueza, la generosidad divina ilimitada y la realización. Dios es el reservorio de bondad, que fluye en forma de un arroyo eterno. Dios es el banquero divino y el benefactor supremo. Dios es la fuente infinita de todas las bendiciones, y siempre hay un exceso divino. La riqueza inconmensurable de Dios circula libremente a través del cosmos.

SOY uno con el flujo inagotable de abundancia de Dios ahora. Dios vierte dinero, riqueza y prosperidad sobre mí en forma de un chorro interminable. El manantial de generosidad ilimitada de Dios inunda mi vida ahora. SOY llenado hasta el borde y me desbordo con abundancia. SOY enriquecido y satisfecho a través de la bondad infinita de Dios. Dios es mi banquero divino. SOY el beneficiario pudiente de un Dios cariñoso, y la riqueza circula perpetuamente por mi vida. El amor de Dios, a través de mí, bendice y multiplica todo lo que tengo, todo lo que doy y todo lo que recibo.

Por lo tanto, reclamo para mí, *[nombre completo]*, una abundancia y una prosperidad divinas y perfectas, o algo mejor, que se pongan de manifiesto en mi vida ahora.

SOY uno con la mente divina de Dios ahora. Mis pensamientos son uno con los de Dios. Ahora me desprendo de todos los pensamientos negativos que me han bloqueado con respecto a mi abundancia y mi prosperidad ilimitadas y divinas ahora. Ahora me desprendo de todas las ideas de que el dinero es malo y de que la gente rica es materialista y no espiritual. Me desprendo de la idea de que se supone que la gente espiritual tiene que ser pobre. Ahora dejo ir todas las ideas de no ser digno o de no merecer la abundancia. Todos estos pensamientos limitantes se ven elevados ahora hacia la luz divina y son dejados ir por el amor de Dios.

Ahora doy la bienvenida, libremente, a la idea de que soy digno de abundancia, de que la prosperidad me pertenece. Adopto pensamientos de que el dinero es energía, que el dinero es bueno, que el dinero es espiritual y que una persona rica puede ser piadosa, estar orientada divinamente y estar inspirada. Por lo tanto, abro los brazos para recibir la abundancia de riqueza divina ahora. REBOSO abundancia de alegría, amor, dinero y riqueza ahora. El dinero, las gemas, las joyas, los lujos, las posesiones, los activos, el efectivo y los cheques son derramados sobre mí ahora. La riqueza infinita de Dios llena mi cuenta bancaria ahora y me proporciona una fuente de crédito interminable. Pongo mi cuenta bancaria en las manos de Dios, y Dios rellena todos mis cheques.

Por lo tanto, ahora ESTOY vinculado a una fuente ilimitada de riqueza y de circulación continua de prosperidad. Dispongo de toda la riqueza, el dinero, los activos y la fortuna que podría necesitar en alguna ocasión. Hago circular esta riqueza libremente ahora. El bien y la profusión abundantes del universo se ponen de manifiesto en mis asuntos económicos ahora. No hay límites para mi bien, que ahora fluye hacia mí tan abundante y plenamente que me sobra el dinero y puedo prestarlo y compartirlo. Recibo ahora el bien abundante que es mío por derecho divino. Todo y todos me hacen prosperar, y yo hago prosperar a todos y a todo ahora. SOY el beneficiario rico de un Dios cariñoso, así que me atrevo a prosperar justo aquí y ahora.

Ahora acepto completamente, en conciencia, mi abundancia y prosperidad divinas y perfectas, o algo mejor, poniéndose de manifiesto en mi vida ahora. Doy las gracias a Dios por mi ilimitada riqueza y prosperidad. Doy las gracias a Dios porque esto sea así ahora, y ASÍ ES.

180. Oración para hacerse rico

Esta oración se basa en el clásico del Nuevo Pensamiento *La ciencia de hacerse rico: el secreto revelado detrás de «El secreto»*, de Wallace D. Wattles (1860-1911).

Existe una sustancia pensante a partir de la cual se hacen todas las cosas y que, en su estado original, impregna, penetra y llena los espacios intermedios del universo. Un pensamiento en esta sustancia da lugar a la cosa que es imaginada por el pensamiento.

Ahora formo cosas en mi pensamiento, y mediante la estampación de mi pensamiento en la sustancia informe, provoco ahora que la cosa en la que pienso se cree. Mientras lo hago, paso ahora de la mente competitiva a la creativa, por lo que ESTOY en armonía con la inteligencia sin forma, que siempre tiene un espíritu creativo y nunca competitivo.

Ahora entro en plena armonía con la sustancia informe albergando una alegre y sincera gratitud por las bendiciones que me otorga. La gratitud une mi mente a la inteligencia de la materia, y mis pensamientos se ven ahora recibidos por lo informe. Ahora permanezco en el plano creativo uniéndome a la inteligencia informe a través de un sentimiento profundo y continuo de gratitud.

Ahora me formo una imagen mental clara y definida de la cosa que quiero tener o en la que quiero convertirme, y ahora mantengo esta imagen mental en mis pensamientos, mientras estoy profundamente agradecido al supremo porque todos mis deseos me sean concedidos. Ahora paso mis horas de ocio contemplando mi visión y agradeciendo sinceramente que la realidad se me esté concediendo. Ahora contemplo frecuentemente mi imagen mental clara sumada a una fe inquebrantable y una gratitud devota.

Éste es el proceso mediante el cual la impresión se aporta a lo informe y las fuerzas creativas se ponen en movimiento. La energía creativa trabaja a través de los canales asentados de crecimiento natural y del orden industrial y social. Todo lo que se incluye en mi imagen mental me es traído, con toda seguridad, ya que mientras sigo estas instrucciones mi fe no flaquea. Lo que deseo ahora viene a mí a través de las vías de negocios y comercio establecidas.

Para recibir lo mío cuando esté preparado para acudir a mí, actúo de forma que provoca que haga algo más que simplemente ocupar mi puesto actual. Ahora tengo presente el objetivo de hacerme rico mediante la materialización de mi imagen mental. Y ahora hago, cada día, todo lo que se puede hacer ese día, poniendo cuidado en llevar a cabo cada acto de forma exitosa. Ahora doy a cada persona un valor de utilidad que supera el valor monetario que recibe, de modo que cada transacción da lugar a más vida, y ahora sostengo el pensamiento en progreso de modo que la impresión de incremento es ahora comunicada a todos con los que entro en contacto.

Ahora ofrezco mi gratitud a Dios por poner de manifiesto riquezas en mi vida, bajo la gracia, de formas perfectas. Ahora libero esta plegaria en el interior de la sustancia divina, que la acepta y la pone de manifiesto ahora, bajo la gracia, de formas perfectas. Gracias, maravilloso Dios, y ASÍ ES.

181. Tratamiento para unos ingresos perfectos

Éste es un tratamiento para mí, *[nombre completo]*, para el salario neto perfecto de *[cantidad]* por mes, o algo mejor, ahora.

Reconozco que Dios es la fuente de toda abundancia y prosperidad en el universo. Dios es la fuente de toda la profusión, de toda fortaleza y de todo el bien. Dios es el árbol que concede los deseos, el suministrador generoso de todas las bendiciones y las ayudas.

El bien de Dios es mi bien ahora. Doy la bienvenida y acepto las bendiciones en mi vida ahora. La prodigalidad de Dios es mía ahora.

No existe ninguna separación entre Dios y yo, y por lo tanto, un manantial interminable de abundancia fluye libremente ahora hacia el interior de mi vida con un orden y una cadencia divinos.

Ahora reclamo para mí, *[nombre completo]*, mi salario neto perfecto *[cantidad]* por mes, o algo mejor, ahora.

Acepto, en conciencia, este salario perfecto ahora. Elimino de mi mente todas las limitaciones que evitan que disponga de todas las fuentes perfectas de ingresos ahora, ya sean estas limitaciones conocidas o desconocidas, conscientes o subconscientes. Mi mente está unida a la mente divina ahora. Por lo tanto, acepto todas las fuentes perfectas de ingresos para mí ahora, incluyendo las fuentes inesperadas. Libero todas las creencias limitantes de negación de ingresos de cualquier ruta ahora y de no merecer la prosperidad. Disipo toda creencia de que la riqueza no es espiritual y de que el dinero es el origen de todos los males. Todo estos pensamientos se ven ahora elevados hacia el amor de Dios y liberados hacia el interior de la luz divina.

Ahora sé, en mi mente, que el dinero es divino, que puede usarse para hacer el bien, y que SOY digno y merezco recibir riqueza y abundancia. Sé que la generosidad inconmensurable de Dios fluye en el interior de mi vida en forma de arroyo perpetuo, sin restricción. Abro mi mente y mi corazón a todas las vías de riqueza, ingresos y abundancia, incluso las que nunca antes había tenido en cuenta. ESTOY dispuesto y abierto ahora a recibir prosperidad. Mi vida es bendecida con la circulación continua y sin restricción de riqueza y fortuna en este preciso momento.

Ahora acepto plenamente, en conciencia, mi abundancia divina en forma de mis ingresos netos de *[cantidad]* por mes, o algo mejor, ahora. Doy las gracias a Dios por la plegaria respondida. Doy las gracias a Dios por mis fuentes de ingresos perfectas ahora, bajo la gracia y de formas perfectas. Libero este tratamiento en el interior de la ley espiritual, sabiendo que se pone de manifiesto ahora. Gracias, Dios, y ASÍ ES.

182. Tratamiento para un empleo perfecto

Éste es un tratamiento para mí, *[nombre completo]*, para un empleo perfecto para mi ahora, con un salario de *[cantidad]* por semana, o algo mejor, en el que haga uso de todos mis talentos y fortalezas en *[talentos]*, o algo mejor, y que me encante llevar a cabo ahora.

Reconozco que Dios es el empleador divino. La voluntad de Dios está en funcionamiento en el universo, y el objetivo de Dios está presente en el interior de todos y de todo. Dios es la fuente de fortaleza y la fuente de poder. Dios es el benefactor generoso de toda vida en este universo.

Dios es mi empleador divino ahora. La voluntad divina de Dios está en funcionamiento en mi vida ahora. La voluntad de Dios es mi voluntad ahora. ESTOY en sintonía con el propósito divino de mi vida, que refleja mis verdaderos deseos y mi verdadero camino ahora. SOY uno con el poder y la fortaleza de Dios ahora. ESTOY abierto y SOY receptivo y fiel al plan divino perfecto de Dios para mi vida. SOY el beneficiario de la voluntad de Dios ahora.

Por lo tanto, reclamo para mí, *[nombre completo]*, el empleo perfecto para mí ahora, con una salario de *[cantidad]* por semana, o algo mejor, que utilice todos mis talentos y fortalezas en *[talentos]*, o algo mejor, y que me encante llevar a cabo ahora.

Ahora acepto, en consciencia, este empleo perfecto ahora. Ahora sano y libero todos los pensamientos que interfieren con esta reclamación, ya sean conocidos o desconocidos, conscientes o subconscientes. Mis pensamientos son ahora uno con los pensamientos de Dios, son los mismos que los suyos y están en sintonía con ellos. Ahora libero mi mente y mi corazón de todos y cada uno de los pensamientos de falta de mérito, carencia, limitación, frustración y miedo. Ahora se ven disueltos por la luz del amor de Dios. Disipo y elimino ahora de mi mente todas y cada una de las creencias de que no puedo encontrar un empleo que me encante y que haga uso de mis fortalezas y talentos.

Ahora abro mi mente a ideas de mérito, abundancia, prosperidad, fortaleza, paz, alegría, diversión, amor por mi trabajo, ser feliz en mi trabajo y encontrar el empleo perfecto para mí que haga uso de mis talentos y fortalezas, o algo mejor.

Ahora corto todas y cada una de las ataduras entre yo y todos los trabajos anteriores que he tenido. Estos vínculos psíquicos son ahora cortados, elevados, amados, sanados liberados y dejados ir cariñosamente por el poder y la presencia de Dios. ESTOY en sintonía con el orden divino y la cadencia divina para encontrar mi empleo perfecto ahora. Dios es mi empleador perfecto ahora, y Dios me otorga ahora mi empleo perfecto en la situación perfecta en mi trayectoria profesional perfecta, o algo mejor, ahora.

Ahora acepto plenamente, en conciencia, mi empleo perfecto, o algo mejor, ahora. Gracias, Dios, por utilizarme para satisfacer tu maravilloso propósito para mí ahora. Doy las gracias a Dios porque este empleo perfecto se ponga de manifiesto en mi vida ahora. Gracias, Dios, y ASÍ ES.

183. *Tratamiento para una vivienda perfecta*

Éste es un tratamiento para mí, *[nombre completo]*, para mi perfecto alojamiento ahora en un hogar cómodo y espacioso con *[número]* habitaciones y *[número]* baños y *[lista otras características]*, en *[lugar]*, o algo mejor, que sea fácilmente asequible para mí y que satisfaga todas mis necesidades, o algo mejor, ahora.

Reconozco que Dios es el único poder y presencia en funcionamiento en el universo. La estabilidad, prosperidad, alegría y abundancia perfectas de Dios llenan el cosmos de amor divino. Dios es el puerto seguro y el refugio perfecto frente a todas las tormentas.

SOY uno con Dios ahora. El sagrado santuario de Dios en el interior de mi corazón es el lugar perfecto en el que residir. Dios es mi única morada. Exactamente en el lugar en el que me ENCUENTRO, ESTOY en casa en presencia de Dios. El templo del amor de Dios reposa en el interior de mi corazón, y ESTOY a salvo en el amor de Dios. La prosperidad, la abundancia y la alegría de Dios satisfacen mi vida ahora. ESTOY a salvo en el puerto perfecto y seguro de amor y cobijo de Dios.

Por lo tanto, reclamo para mí, *[nombre completo]*, el alojamiento completo para mí ahora en un hogar cómodo y espacioso con *[número]* habitaciones y *[número]* baños en *[lugar]*, y *[lista otras características]*, que sea fácilmente asequible para mí y que satisfaga todas mis necesidades, o algo mejor, ahora.

Ahora acepto, en consciencia, este lugar perfecto para vivir. Ahora sano y libero todos los pensamientos negativos que interfieren con esta afirmación, ya sean conocidos o desconocidos, conscientes o subconscientes. Mis pensamientos son ahora uno con los pensamientos de Dios, son los mismos que los suyos y están en sintonía con ellos. Desapruebo y disperso de mi mente todos los pensamientos que evitan que acepte este hogar perfecto ahora. Libero todos los pensamientos de miedo, inseguridad, falta de valía, inestabilidad, falta de compromiso, culpa, tristeza y dolor ahora. Ahora abro mi corazón para abrazar el amor, la esperanza, la fe, la felicidad, la estabilidad, el compromiso, la realización, el propio perdón (el perdón del yo) y la alegría.

Libero todas las ataduras y vínculos psíquicos con cualquier otra morada en la que haya vivido anteriormente. Estas ataduras psíquicas son ahora cortadas, elevadas, amadas, sanadas, liberadas y dejadas ir por el poder del Espíritu Santo. TENGO el control de mi mente ahora. Doy la bienvenida con los brazos abiertos a mi hogar perfecto y hermoso, o algo mejor, ahora.

Doy las gracias a mi hogar perfecto por albergarme con tanta comodidad. Cada rincón y resquicio en él resulta acogedor, Mi corazón se encuentra en casa en mi hogar perfecto. Todo el que entra en mi hogar siente la calidez y el amor de Dios.

Ahora acepto plenamente, en consciencia, el alojamiento perfecto para mí, o algo mejor, ahora. Doy gracias a Dios por poner de manifiesto este hogar en mi vida ahora, bajo la gracia, de las propias formas sabias y perfectas de Dios. Gracias, Dios, y ASÍ SEA.

184. Tratamiento para un vehículo perfecto

Éste es un tratamiento para mí, *[nombre completo]*, para el vehículo perfecto con *[número]* puertas, bueno desde el punto de vista mecánico, seguro, cómodo, agradable de conducir, con un consumo ajustado, fácilmente asequible para mí, que funcione a la perfección y *[lista otras características]*, o algo mejor, ahora.

Reconozco que Dios es la fuente de toda la abundancia en el universo y la única presencia que pone de manifiesto todo el bien ahora.

Dios es la fuente de toda creación. Dios es una perfección buena, muy buena, ahora.

SOY uno con la fuente de la creación ahora. Dios es mi fuente siempre pródiga de prosperidad ahora. Dios es mi manantial constante y siempre presente de abundancia ahora. SOY uno con mi perfección buena, muy buena, ahora.

Por lo tanto, reclamo para mí, *[nombre completo]*, el vehículo perfecto con *[número]* puertas, bueno desde el punto de vista mecánico, seguro, cómodo, agradable de conducir, con un consumo ajustado, fácilmente asequible para mí, que funcione a la perfección y *[lista otras características]*, o algo mejor, ahora.

Acepto mi vehículo perfecto ahora, y sano y libero todas las antiguas creencias y pensamientos que interfieren con esta reclamación, ya sean conocidas o desconocidas, conscientes o inconscientes. Mis pensamientos son ahora uno con el pensamiento de Dios, son los mismos que el suyo y están en sintonía con él. Me desprendo de todos los pensamientos de miedo, resistencia, culpa, reproche, confusión y carencia de mi mente ahora. Disipo de mi mente toda creencia de que no merezco el vehículo de mis sueños ahora.

Sé que merezco mi maravilloso vehículo nuevo ahora. Acojo pensamientos de amor, aceptación, abundancia, perdón de mi yo, apertura para recibir, orden divino y prosperidad ahora. Ahora me desprendo de todos los vehículos que he tenido en el pasado, sabiendo que el pasado se ha ido y que hoy es un día nuevo de oportunidades y posibilidades de Dios frescas y gozosas. Con Dios como mi árbol otorgador de deseos, sé que el vehículo perfecto de mis sueños se pone de manifiesto ahora. Mi vehículo está listo para desplazarse siempre que yo lo ESTÉ. Conducir es una experiencia segura y agradable para mí y para aquellos que vienen conmigo. Mi mecánico hace un buen trabajo por un precio justo.

Ahora acepto por completo, en consciencia, y doy la bienvenida a mi vehículo perfecto, o algo mejor, ahora. Doy las gracias a Dios por poner ahora de manifiesto este bien en mi vida de formas perfectas. Gracias, Dios, y ASÍ ES.

Capítulo 14

Haciendo que la vida sea un éxito

«El éxito no llega de la forma en que crees que lo hace: llega a partir de la forma en la que piensas».

ROBERT SCHULLER

¿Te hacen ser exitoso el dinero, la riqueza, la opulencia o la fama? ¿O es el éxito un producto básico más intangible? Dale Carnegie dijo: «El éxito consiste en obtener lo que deseas. La felicidad consiste en desear lo que obtienes». El verdadero éxito sólo puede aparecer cuando estás satisfecho con tu vida y cuando has aceptado lo que hay, justo ahora.

Sólo hay una cosa que evita tu éxito: tu propia mente. Cuando generas obstáculos con pensamientos de autosabotaje, tú mismo te interpones en tu propio camino. La materialización del éxito viene enteramente determinada por cómo aceptas el éxito. Si le das la bienvenida con los brazos abiertos, llega sin ningún esfuerzo. Si, por otro lado, luchas contra el éxito inconscientemente, tu confusa intención generará resultados vagos.

En general, la gente espiritual no es tendente a dar la bienvenida al éxito, ya que evoca imágenes materialistas. Aquéllos con aspiraciones espirituales suelen tender hacia el no materialismo. Sin embargo, si quisieras reestructurar la idea del éxito, quizás te encontrarías con que significa descubrir tu verdadero Yo y expresar quién eres en realidad.

El verdadero éxito llega mediante la comprensión de la principal verdad de la vida y consiguiendo el despertar y la iluminación espirituales; pero aquellos que se han dado cuenta de esta consciencia superior no tropezaron con ella por accidente. La consiguieron a través de vidas de práctica espiritual paciente, autodisciplina e intención enfocada.

Las afirmaciones y las oraciones de este capítulo pueden ayudarte a conseguir el tipo de éxito que estés buscando, ya sea materialista, no materialista o trascendental.

185. Todas las posibilidades con Dios

Lo que parecen ser logros milagrosos e imposibles pueden conseguirse con Dios como tu aliado. Tu vida puede verse honrada con milagros cada día.

> *Con Dios todas las cosas son posibles.*
> *Dios es la fuente de bendiciones inagotables y de posibilidades infinitas.*
> *El chorro continuo de esencia fluye en el interior de mis manos*
> *desde fuentes esperadas e inesperadas.*
> *Cada día contiene la promesa de nuevos logros.*
> *Cada día es una nueva oportunidad de Dios.*
> *El ayer ya pasó.*
> *Hoy es el primer día nuevo de las bendiciones de Dios.*
> *Cada día es un mundo siempre nuevo de*
> *posibilidades, maravillas y milagros inagotables.*
> *Camino en el círculo encantado del amor de Dios.*
> *En mi vida cada momento es un milagro.*
> *Gracias, Dios, y ASÍ ES.*

186. El mayor bien

Cuando rezas para obtener el mayor bien para ti y para los demás, sin especificar unos objetivos concretos, atraes grandes bendiciones, gracia y milagros.

Ahora reconozco que todo es Dios y que todo es bueno.
Ahora sé que Dios es bueno y sólo bueno.
Ahora doy la bienvenida a todo el bien de Dios para mí.
Ahora acepto mi bien y sólo mi bien.
SOY divinamente irresistible a mi mayor bien ahora.
Mi bien llega en gran medida,
apretado, mezclado y atropellado.
Mi vida está llena hasta el borde
y rebosa con bienes abundantes.
Dios es incapaz de separación o división.
Por lo tanto, mi bien es incapaz de separación o división.
SOY uno con mi bien íntegro ahora.
Dios es una perfección buena, muy buena, ahora.
Reclamo mi perfección buena, muy buena, ahora,
y eternamente mantenida.
Ahora bendigo a todos y a todo, y cada situación
en mi vida como buenos, buenos y muy buenos.
Ahora doy la bienvenida a mi bien,
sabiendo que me VEO realizado.
Acepto el mayor bien para mí
y para el resto de la gente implicada.
Gracias, Dios, y ASÍ ES.

187. Bendiciones de Dios

Mediante la reclamación de bendiciones ilimitadas y de posibilidades infinitas, esperas que tu vida se vea bendecida con el éxito, y eso es exactamente lo que sucede.

Mi alma despierta a nuevas bendiciones del amor y la gracia de Dios.
ESTOY en sintonía con las bendiciones de oraciones respondidas ahora.
Reclamo mis bendiciones ahora.
Cada célula de mi cuerpo está saturada de bendiciones.
Comparto estas bendiciones con todos,
y me regocijo de vivir ahora la vida en plenitud.

Dios ha creado un mundo para mí
rico en bendiciones interminables, posibilidades infinitas,
y oportunidades ilimitadas.
SOY bendecido mientras comparto la luz del Espíritu en mi interior.
Espero lo mejor y digo «Sí»
a todas las bendiciones buenas y maravillosas que me llegan.
Gracias, Dios, y ASÍ ES.

188. La gracia de Dios

La Gracia de Dios es una experiencia de nutrición espiritual que aporta inspiración y fortaleza interior. Con la Gracia divina puedes capear cualquier temporal.

Doy gracias por la Gracia, un don sagrado de Dios.
La Gracia de Dios es amor divino en acción.
La Gracia es el amor de Dios que me eleva, me fortalece
y me motiva a diario.
A través del amor de Dios
ESTOY viviendo en la Gracia eterna de Dios.
La Gracia de Dios me sostiene y realiza.
La Gracia de Dios me bendice todos los días de mi vida.
Gracias, Dios, y ASÍ ES.

189. Una intención perfecta y correcta y unos resultados perfectos y correctos

Cuando vives tu vida en tu mayor bien y ésta está alineada con las leyes de la naturaleza, te ves bendecido por la gracia de la buena suerte y milagros incontables.

ESTOY en el lugar perfecto y correcto en el momento perfecto
y correcto, llevando a cabo las acciones perfectas
y correctas de la forma perfecta y correcta,
poniendo de manifiesto resultados perfectos y correctos.

Ahora pongo de manifiesto mi intención perfecta y correcta,
y vivo mi vida de sincronicidad perfecta.
SOY alegría, belleza, resplandor, libertad,
amor y perfección en todos los niveles de la existencia.
SOY afortunado y atraigo la buena suerte.
Mi vida está llena de maravillas y milagros.
Gracias, Dios, y ASÍ ES.

190. Vida, energía y libertad ilimitadas

La vida puede ser gozosa, plena, divertida y libre cuando manifiestas una expresión creativa, una pasión y un entusiasmo ilimitados.

CAREZCO de límites y SOY libre tal
y como Dios me creó para que fuera.
Respiro profundamente el aliento de la vida
y la libertad de Espíritu.
SOY un Espíritu libre: libre en mi mente, cuerpo y alma.
SOY un centro irradiador de vida divina,
y le doy a mi vida una expresión plena y libre.
El amor de Dios en mi interior está atrayendo hacia mí
nuevas ideas, un nuevo coraje y un suministro diario visible.
ESTOY vivo, atento, despierto, alegre y emocionado con la vida.
ESTOY lleno de energía, pasión y entusiasmo.
El Espíritu me guía hacia oportunidades frescas y nuevas.
Cada momento de cada día está rebosante de posibilidades ilimitadas.
Gracias, Dios, y ASÍ ES.

191. Desprendiéndose de las expectativas

Dispones de control sobre lo que piensas, dices y haces en este momento. Sin embargo, no dispones de control sobre los resultados futuros. Por lo tanto, despréndete de todas las expectativas relativas a los frutos de tus acciones.

Mi mente está ahora completamente fusionada a la mente divina,
la expresión perfecta de mi Yo en forma de una existencia divina.
La inspiración divina orienta mis acciones, reacciones y resultados.
Cedo el control de mi vida al Espíritu Santo.
Liberando y dejando ir el falso ego,
sé ahora que mi mayor bien está de manifiesto
en todos los niveles de expresión y experiencia,
en un orden perfecto y divino, con una cadencia perfecta y divina,
de la forma perfecta y correcta,
poniendo de manifiesto resultados divinos.
No tengo ningún apego a los resultados.
Ahora acepto el mayor bien a todos los niveles de la existencia.
Ahora libero todos los resultados en el conocimiento divino.
Ahora abrazo la verdad y la sabiduría interiores.
Gracias, Dios, y ASÍ ES.

192. Déjate ir y permite la entrada de Dios

Entregándote a la ley de Dios, tu vida adopta un sentido y un significado nuevos. Tu vida se vuelve extraordinaria, bendecida con maravillas y sucesos simultáneos.

Me dejo ir y permito que Dios me muestre el camino.
Me dejo ir y permito que Dios dirija y gestione mi vida.
Me dejo ir y permito que Dios obre maravillas en mi vida.
Me dejo ir y permito que Dios haga el trabajo a través de mí.
Lo dejo ir todo y permito que Dios se ocupe de todo.
Llevo a cabo la voluntad de Dios en todas las pequeñas cosas de mi vida.
No espero grandes cosas.
Permito que la voluntad de Dios se lleve a cabo en todas las cosas.
Ahora lo dejo todo al cuidado de Dios.
Suelto todo peso y toda carga.
La voluntad de Dios para conmigo es buena y sólo buena.
SOY una idea en la mente de Dios.
Permito que la idea de Dios se exprese en mí. SOY la mente de Dios.

ESTOY haciendo la voluntad de Dios. Hago el trabajo de Dios.
Dios no puede fracasar y, por lo tanto, yo no puedo fracasar.
Dios está al cargo de mi vida y mis asuntos
más allá de mis esfuerzos humanos.
Así se haga en la Tierra como en el Cielo.
Gracias, Dios, y ASÍ ES.

193. La expresión perfecta de Dios en acción

Eres una expresión de Dios. Cuando revelas quién eres de verdad, tu vida se vuelve significativa más allá de todas las condiciones y limitaciones humanas. Te conviertes en un regalo de gracia divina perfecta.

Sé que Dios es amor infinito y eterno,
gracia divina, belleza pura y perfecta,
proceso divino, resultados divinos,
perfección presente por doquier ahora y mantenida eternamente.
SOY la expresión perfecta de todo lo que es Dios.
En toda vida a través de ella y como ella.
SOY uno con el/la hermoso/a, maravilloso/a
Dios, Diosa, amor y luz.
SOY Dios en acción, Dios en actividad, el filántropo de Dios.
Ahora voy con él y vivo con el flujo divino,
en él y a través de él, que se desplaza en mi interior
y a todo mi alrededor.
SOY un ser de luz, un cuerpo de luz.
Mi palabra es la expresión perfecta
de mi sabiduría, mi Yo y mi inspiración.
Gracias, Dios, y ASÍ ES.

194. Descubriendo mi plan y mi propósito divinos

La vida de cada uno de nosotros tiene un verdadero plan, propósito, significado y misión divinos. Con esta oración puedes empezar a descubrir los tuyos.

Mi vida tiene un propósito. Mi vida es significativa.
Ahora sé que tengo una verdadera misión divina.
Mi plan y mi propósito divinos me son revelados,
fácilmente y sin esfuerzo, y en un orden y en el momento justo divinos.
Ahora me abro para ser consciente y alcanzar
el verdadero plan y propósito divinos de mi vida.
Ya no tropiezo en la oscuridad.
Ahora camino con seguridad y directamente hacia la luz.
Ya no siento la necesidad de controlar mi vida mediante el ego.
Ahora me dejo ir y permito que Dios me oriente y me muestre el camino.
Ya no tomo decisiones basadas en deseos del ego.
Ahora permito que mi Yo Superior decida cuál
es la sabiduría más elevada.
En cada circunstancia y situación permito ahora la elección mejor
y más elevada para todos los implicados.
SOY un emisario de Dios andante, parlante, viviente y que respira.
SOY el embajador de Dios, el mensajero de Dios.
Mi vida va por buen camino y tiene un objetivo.
SOY bendecido y ESTOY lleno de la gracia de Dios.
Gracias, Dios, y ASÍ ES.

195. Aceptando mi verdadero propósito

Lo que sea que evite que descubras, expreses y satisfagas tu verdadero plan y propósito divinos puede eliminarse cuando lo dejes ir.

Dios en mi interior libera y suelta ahora
todo lo que ya no forma parte del plan divino para mi vida.
Todos y todo lo que ya no sirve
al plan divino para mi vida me libera y suelta ahora.
Acepto plenamente esta nueva libertad interna divina.
A través del poder de Dios en mi interior
reconozco, acepto y sigo ahora el plan divino de mi vida,
tal y como me es revelado, paso a paso.
Me regocijo en el plan divino, que es un plan sublime,

que incluye salud, riqueza, felicidad,
y una autoexpresión perfecta para mí, ahora y siempre.
Sé que Dios en mi interior revela, despliega y pone de manifiesto ahora
el plan divino de mi vida ahora, rápidamente y en paz, con el orden
y el momento preciso perfectos y divinos, bajo la gracia de Dios,
de las propias formas sabias y perfectas de Dios.
Gracias, Dios, y ASÍ ES.

196. Alcanzando el éxito

Cuando afirmas el éxito en tu vida lo obtienes de forma natural.

El éxito viene rápida, poderosa e irresistiblemente
en cada fase y aspecto de mi vida ahora.
El espíritu del éxito está trabajando ahora en mí y a través de mí,
SOY orientado, hecho prosperar
y bendecido desde todos los puntos de vista.
SOY apasionado, fervoroso e irreprimible y ESTOY motivado.
TENGO éxito en todos mis empeños, para el bien de todos.
SOY un triunfador, atraigo el bien.
SOY un ganador. Siempre SALGO victorioso.
SOY positivo, optimista y ESTOY seguro de mí mismo y lleno de fe.
Cada día trae consigo nuevos logros.
Llevo la marca del éxito.
Gracias, Dios, y ASÍ ES.

197. Fe y confianza en Dios

Para tener éxito debes tener fe. Las preocupaciones, las dudas, el miedo y la ansiedad desaparecen cuando pones tu confianza en Dios. Todas tus necesidades se ven satisfechas cuando sabes que Dios te respalda.

Poseo el tipo de confianza
que se basa en mi fe en Dios.
SOY la fe en acción, la fe en actividad.

SOY la fe mantenida eternamente.
Inspiro vida totalmente.
Me relajo y confío en el flujo y el proceso de la vida.
Dios está preparando mi camino
mientras el orden divino es restaurado
y la esperanza es renovada.
Dios sitúa deseos divinos en mi corazón
y provoca que se pongan de manifiesto.
No tengo en cuenta las cosas del mañana,
sino que busco primero el reino de Dios hoy,
sabiendo que todo bien me será añadido.
Gracias, Dios, porque todas mis necesidades se ven satisfechas.
Estas palabras, que ahora pronuncio con fe,
activan una ley del bien universal, y acepto los resultados.
Gracias, Dios, y ASÍ ES.

198. Milagros funcionando en mi vida

Dios puede obrar, y de hecho obra, milagros en tu vida cuando pides con fe y sabes, con convicción, que tu bien acude a ti.

Con Dios todo es posible.
Todas las cosas, fueren las que fueren, por las que rezo,
las recibo, las acepto y las consigo.
Al pedir, me es concedido. Al buscar, encuentro.
Al llamar, las puertas se abren para mí.
No puedo hacer nada de mí,
pero Dios en mi interior puede y está realizando milagros
en mi mente, mi cuerpo, mis relaciones, mis finanzas,
y todos mis asuntos, justo aquí y ahora.
Dios siempre abre un camino allá donde no hay un camino.
Tengo fe en que Dios está obrando milagros en mi vida justo ahora.
Cada precioso momento es un milagro.
Gracias, Dios, y ASÍ ES.

199. *Moldeando y poniendo de manifiesto la esencia*

El secreto para la manifestación consiste en acceder a la sustancia divina, de la que están hechas todas las cosas del universo. Aprende más cosas sobre esto en mi libro *Miracle prayer*.

La esencia divina de Dios es la fuente de todo.
Esa esencia divina está disponible para todo el mundo.
La esencia es la presencia de Dios. No falla.
Mi poderoso «YO SOY» es el que puede moldear la esencia.
La esencia es adaptable a todas mis necesidades y peticiones.
La forma que es necesaria para mi bienestar aparece.
Ahora pongo de manifiesto mi bien perfecto,
de acuerdo con los verdaderos deseos de mi corazón
y mi propósito divino.
Gracias, Dios, y ASÍ ES.

200. *Desarrollando la perseverancia*

Si quieres tener éxito, debes desarrollar perseverancia. No basta con formular un deseo. Con una concentración, persistencia, determinación y acción constantes podrás alcanzar cualquier meta.

ESTOY completamente fusionado con la presencia eterna de Dios,
que no tiene principio ni final.
SOY uno con la dedicación siempre presente
y constantemente vigilante de Dios,
que es incesante, perpetua y eterna.
Ahora sé que persisto, persevero y completo
todos los planes y misiones que valen la pena.
Ya no abandono antes de alcanzar objetivos valiosos.
Estoy concentrado, determinado y decidido, tal y como lo está Dios.
Ahora abro mi corazón para recibir concentración divina,
que me ayuda a acabar lo que empiezo.
Sé que cada día avanzo hacia mi objetivo.
Por lo tanto, SOY persistente, paciente y ESTOY tranquilo,

mientras progreso cada día, paso perfecto tras paso perfecto,
en la dirección de mi mayor bien.
Gracias, Dios, y ASÍ ES.

201. El momento oportuno y la paciencia divinos

La paciencia es una cualidad esencial para el éxito. Cuando caminas incesantemente por un camino, cada paso te acerca cada vez más a tu destino hasta que acabas alcanzando tu meta.

Dispongo de todo el tiempo que hay: la eternidad.
Hay tiempo y espacio para todo lo que tengo que hacer.
SOY paciente, ya que confío en la ley del orden divino de Dios.
No hay prisas en el Espíritu;
por lo tanto, actúo sólo cuando Dios en mi interior me da pie.
Me desprendo del pasado. Me desprendo del futuro.
ESTOY aquí ahora. Ahora vivo sólo en el presente.
El mayor bien de Dios acude a mí en el momento adecuado,
de la forma adecuada y en orden divino.
Cada experiencia me sucede en la secuencia adecuada.
Dios está al cargo.
Doy, con éxito, un paso de cada vez en mi vida.
Y Dios siempre está conmigo.
ESTOY en paz.
Gracias, Dios, y ASÍ ES.

202. El orden divino y la acción correcta

Invocando el orden divino, puedes eliminar el caos y la confusión y convertirte en una persona más ordenada, organizada, eficiente y exitosa.

El orden divino está en funcionamiento en el universo y en mi vida.
Todo en mi vida se encuentra en un orden divino perfecto ahora.
Mediante el orden divino correcto y la acción divina correcta,

todas las cosas en mi vida se encuentran
en una perspectiva adecuada.
Ahora libero todos los hábitos y actitudes negligentes.
No hay desorden ni confusión en mi mente, cuerpo o asuntos.
Sólo existen el orden divino y la acción correcta de Dios.
Cada función de mi mente y mi cuerpo están en orden perfecto,
ya que mi mente y mi cuerpo son el templo pulcro de Dios.
No hay ningún problema que sea demasiado difícil de tratar,
ya que ESTOY en sintonía con el orden divino.
El orden divino está haciendo avanzar cada situación
hacia unos resultados y una resolución
divina correctos y perfectos.
Gracias, Dios, y ASÍ ES.

203. Alcanzando la excelencia

La gente verdaderamente exitosa lo hace lo mejor posible para alcanzar la excelencia en áreas de su vida que son importantes para ella. El éxito significa sacarle el máximo partido a tus talentos, habilidades y capacidades únicos.

SOY uno con la perfección que es Dios.
SOY la perfección por doquier ahora.
SOY la perfección aquí y ahora.
Ahora sé que me esfuerzo y alcanzo la excelencia
en cada aspecto de mi vida.
Ahora sé que me marco unas metas precisas y claras.
Intento alcanzar estas metas con excelencia.
Ahora sé que lo hago lo mejor que puedo en cada actividad.
Espero lo mejor de mí, y consigo lo mejor.
No importa cuáles hayan sido mis acciones pasadas,
Ahora sé que cada día empieza con una pizarra limpia
y una nueva oportunidad de sacarle el máximo partido a ese día.
Cada día es prístino, puro y perfecto desde todos los puntos de vista,
y estampo mi sello de excelencia en ese día.

Reclamo mi perfección excelente, buena, muy buena, ahora.
Gracias, Dios, y ASÍ ES.

204. Ser de utilidad

Nadie ha obtenido nunca el éxito sin poner su corazón y su alma en su trabajo y sin proporcionar el mayor servicio posible. Esfuérzate al máximo por cada persona que conozcas y podrás alcanzar el éxito.

Como Dios da vida a todo en el universo,
entrego todo mi compromiso a todos los que están a mi alrededor.
Ahora hago, cada día, todo lo que puede hacerse ese día.
Me cuido de llevar a cabo cada acto con servicio y dedicación.
Le doy un mayor valor a cada persona con la que me encuentro
que a lo que sea que reciba de él o ella.
ESTOY inspirado, motivado, estimulado y emocionado
para ser de utilidad e inspirador y para alegrar el día
de cada persona con la que me encuentre por el camino.
Mientras SOY de ayuda, encuentro respuestas positivas por doquier,
lo que incrementa mi influencia y me aporta un gran éxito.
Gracias, Dios, y ASÍ ES.

205. Expresando gratitud

La gratitud es esencial para el éxito. Por lo tanto, expresa tu gratitud con frecuencia, por cada regalo que recibas de Dios.

Gracias, maravilloso Dios.
Mi corazón rebosa de gratitud.
Gracias Dios, por caminar a mi lado siempre.
Gracias, Dios, por recibir ahora tus bendiciones y tu gracia perfectas.
Gracias por hoy y por cada día.
Gracias por tu presencia perfecta en mí,
a través de mí y en forma de mí, igual que toda creación.
Gracias, Dios, por este precioso momento y por cada precioso momento.

Gracias, Dios, por SER uno contigo, ahora y siempre.
Gracias, Dios, y ASÍ ES.

206. Volviéndose influyente

No hay nada más influyente que Dios. Por lo tanto, para convertirte en alguien influyente, sintoniza con la presencia y el poder de Dios. Haz que cada momento cuente.

ESTOY unido al resplandor divino que es Dios.
Mi vida está llena de luz. Irradio luz a todos.
SOY faro, y mi luz alumbra a todos por doquier.
Mi energía positiva y mi estado emocional tranquilo, calmado y pacífico
irradian vibraciones optimistas a todos los que hay a mi alrededor.
SOY un imán de la positividad.
Todo lo que es positivo se pega a mí.
Mi vida es una inspiración y un faro.
No sigo el camino de otros. Yo creo mi propio camino.
Aquellos que necesitan apoyo son animados por mí,
mientras les enseño el camino con alegría.
Gracias, Dios, y ASÍ ES.

207. Desarrollando una personalidad ganadora

Nada en el universo es más encantador, carismático y fascinante que Dios. Cada pedacito de encanto y personalidad que expresas es un reflejo de la luz del sol del amor de Dios.

SOY uno con la luz del sol del amor de Dios.
SOY el amor que es Dios: radiante, brillante y reluciente.
SOY interesante porque ESTOY interesado.
SOY fascinante para otras personas,
porque ESTOY fascinado por otras personas.
Ya no pongo las necesidades de mi ego por delante de las de los demás.
Ahora pongo las necesidades de los demás por delante de mi ego.

Ahora sé que mi preocupación por los demás
es mayor que las necesidades de mi ego.
Ahora sé que mi servicio a los demás es más importante que el servicio
a mi ego. Ahora tengo una personalidad ganadora.
Gracias, Dios, y ASÍ ES.

208. Alcanzando el reconocimiento y el protagonismo

Cuando ocultas tu luz por miedo a ser criticado, no estás haciendo justicia a quién eres en realidad. Expresándote y alcanzando protagonismo otorgas honor y respeto a Dios mientras expresas tus talentos como un don de la gracia.

SOY la luz que es Dios.
Mi luz brilla e irradia a todos los que hay a mi alrededor.
Ya no oculto la luz que SOY.
Ahora expreso quién SOY sin miedo.
Ya no reprimo mis talentos ni mis habilidades.
Ahora desarrollo y alimento mis dones y mis aptitudes.
Ya no intento integrarme, ser «normal» o ser como otros.
Ahora me permito ser yo mismo (mi Yo).
Porque SOY único y original. No hay nadie como yo.
Me permito ser exactamente tal y como Dios me creó:
genuino, natural, abierto y libre, como mi Ser y yo.
SOY amado porque SOY cariñoso con los demás.
SOY valorado porque valoro a los demás.
SOY una celebridad porque ensalzo a los demás.
Gracias, Dios, y ASÍ ES.

209. Tratamiento para el orden y la cadencia divinos y perfectos

Éste es un tratamiento para mí, *[nombre completo]*, para el orden y la cadencia divinos y perfectos en cada fase y aspecto de mi vida, o algo mejor, ahora.

Reconozco que hay un legislador divino en el universo: Dios el bueno, el omnipotente. Dios es el gran principio y poder organizador, el diseñador perfecto de patrones auténticos, el despliegue perfecto de toda expresión y acción verdaderas ahora. Dios es la fuente de estabilidad y orden. Dios es la única perfección en funcionamiento en el cosmos. Dios trabaja a través del poder del orden divino.

SOY uno con el orden y la perfección absolutos de Dios ahora. SOY uno con la ley del orden divino y con la ley de la acción correcta. El mayor bien de Dios viene a mí en el momento idóneo perfecto, de la forma perfecta y en el orden divino. La pulcra norma divina del universo ordena mi vida ahora. La ley de Dios del orden divino se asienta ahora en mi mente, mi cuerpo y mis asuntos. El poder divino está en funcionamiento en mi vida ahora, y ESTOY sintonizado armoniosamente con esta ley del orden divino en cada fase y aspecto de mi ser. La entrada y la salida de todas las cosas en mi vida son asentadas con un orden y una armonía divinos.

Por lo tanto, reclamo para mí, *[nombre completo]*, un orden y una cadencia divinos y perfectos en cada fase y aspecto de mi vida, o algo mejor, ahora.

Acepto, en consciencia, el orden y la cadencia divinos y perfectos ahora. Ahora sano y libero todos los pensamientos que interfieren con esta petición, ya sean conocidos o desconocidos, conscientes o subconscientes. Mis pensamientos son ahora uno con el pensamiento de Dios, son los mismos que el suyo y están en sintonía con él. Descargo de mi mente cualquier pensamiento caótico o confuso. Me desprendo de todo desarreglo, caos, falta de mérito, discordancia, confusión, carencia, incoherencia e incongruencia ahora. Estos pensamientos son liberados ahora en la esfera de la perfección por doquier ahora de Dios. Ahora doy la bienvenida y abrazo pensamientos sobre el orden divino, la cadencia divina, la perfección divina, precisión, lógica, inteligencia, claridad, sabiduría, fortaleza, armonía y coherencia ahora.

TENGO el control. SOY la única autoridad en mi vida. ESTOY protegido divinamente por la luz de mi ser. Bloqueo mi aura y mi cuerpo de luz a todo excepto mi propio Yo Divino. El orden divino es la ley de mi mente, mi cuerpo y mis asuntos. Siempre ESTOY en el lugar adecuado, haciendo lo correcto en el momento apropiado. Cada uno de mis deseos tiene su momento y su lugar adecuados y perfectos para su consumación. Confío en Dios y en mi Yo ahora. Todo va bien en mi vida ahora. Mi vida se encuentra en el orden y el momento idóneo divinos y perfectos ahora.

Ahora acepto completamente, en consciencia, el orden y la cadencia perfectos y divinos en mi vida ahora. Doy las gracias a Dios por el orden y la cadencia divinos ahora. Libero este tratamiento en el orden perfecto de la ley divina de Dios ahora, sabiendo que se manifiesta ahora, bajo la gracia, en un orden perfecto. Gracias, Dios, y ASÍ ES.

210. *Tratamiento para optimizar las oportunidades*

Éste es un tratamiento para mí, *[nombre completo]*, para la perfecta optimización de todas las circunstancias y oportunidades favorables, o algo mejor, en mi vida ahora.

Ahora reconozco que hay un poder y una presencia en funcionamiento en el universo y en mi vida: Dios el bueno, el omnipotente y el omnisciente. Dios es la fuente de todo en el universo, el creador de toda la vida y el dador de todas las bendiciones. Dios es el generador de todas las oportunidades, la sincronicidad, la serendipia, la buena suerte y la buena fortuna. Dios es la perfección por doquier ahora. Dios es la perfección aquí y ahora.

Ahora SOY uno con Dios, ESTOY fusionado y alineado con él, y SOY lo mismo que Dios. En Dios vivo, respiro, me muevo y tengo mi ser. SOY el único poder y presencia, la fuente de todo bien. SOY unicidad e integridad. En mi interior yace la fuente de todas las bendiciones, todas las oportunidades, la sincronicidad, la serendipia, la buena suerte y la buena fortuna. SOY la perfección por doquier ahora. SOY la perfección aquí y ahora.

Por lo tanto, ahora conozco y reclamo para mí, *[nombre completo]*, la perfecta optimización de todas las circunstancias y oportunidades favorables, o algo mejor, en la vida ahora.

Ahora libero de mi mente todos y cada uno de los pensamientos, sentimientos, emociones y creencias que ya no me sirven, ya sean conocidos o desconocidos, conscientes o inconscientes. Mi mente es ahora una con la mente de Dios, está llena de ella y está en sintonía con ella. Ahora libero de mi mente todos y cada uno de los pensamientos de vacilación, oportunidades perdidas, procrastinación, pesimismo, pereza, autodestrucción, autosabotaje, miedo a lo desconocido, apatía, preocupación, dudas, falta de confianza, limitación, rechazo, fracaso, falta de armonía y mala suerte. Y ahora han desaparecido. Son quemados en el fuego del amor de Dios.

Me VEO ahora impregnado de pensamientos y emociones poderosos, positivos y hermosos de certeza, firmeza, disposición, acción, impulso, ambición, energía, vida, desempeño, excelencia, éxito, amor propio, determinación, motivación, consecución, logro, optimismo, la propia valía, autoempoderamiento, autoestima, valentía, confianza, fe, calma, estabilidad, falta de límites, aceptación, oportunidad, armonía, sincronicidad, serendipia y buena suerte. Doy la bienvenida a todos estos pensamientos ahora, y son míos.

TENGO el control. SOY la única autoridad en mi vida. ESTOY protegido divinamente por la luz de mi ser. Bloqueo mi aura y mi cuerpo de luz a toda la mala suerte, y ahora doy la bienvenida a la buena suerte en mi campo de energía, ahora y siempre. Ahora sé que siempre que surge una oportunidad, la aprovecho completamente, ahora y siempre. Reclamo mi perfección buena, muy buena, ahora y siempre.

Ahora acepto plenamente, en consciencia, la optimización perfecta de todas las circunstancias y oportunidades favorables, o algo mejor, en mi vida ahora. Doy las gracias a Dios por poner de manifiesto este bien y esta buena suerte en mi vida ahora, bajo la gracia y las bendiciones de Dios, de las formas sabias y perfectas de Dios. Gracias, maravilloso Dios, y ASÍ ES.

Capítulo 15

Disfrutando de la felicidad

«La mayoría de la gente es tan feliz como su mente le permite».
ABRAHAM LINCOLN

Todo el mundo busca una mayor felicidad. Pese a ello, pocos pueden afirmar que sean verdaderamente felices. ¿Surge la felicidad por el hecho de alcanzar un cierto estatus o por encontrar al amor de tu vida? Todos los grandes maestros y las escrituras religiosas nos explican que la felicidad sólo puede encontrarse en nuestro interior. Nada fuera de tu Yo puede aportar una felicidad genuina y duradera.

Si persigues la felicidad en las cosas de este mundo, acabarás desilusionado. No importa cuántas cosas adquieras, cuánto seas admirado o amado, cuánto dinero, estatus o prestigio obtengas, cuán famoso seas, cuántos elogios recibas, cuántos hijos críes, cuánto viajes, cuán esbelto y guapo seas, o lo caros que sean tu casa, tu coche, tu ropa de diseño y tus joyas y diamantes, ya que nunca encontrarás una felicidad duradera con ninguna de estas cosas.

La única felicidad real procede de la satisfacción interior, que se adquiere llevando una vida genuina, con un propósito y con sentido, por el bien de todos. Cuando conectas con quien eres en realidad y expresas tus verdaderos talentos y habilidades poniéndolos al servicio de los demás, materializas una felicidad verdadera y duradera.

211. Siendo feliz

La felicidad procede del interior, donde la presencia de Dios es el manantial del consuelo, el júbilo y la alegría. Puedes conseguir la felicidad uniéndote a Dios.

Ahora sé que en lo más profundo de mi ser
yace la felicidad, el júbilo, la alegría y la realización.
Independientemente de la tristeza y el dolor que haya soportado,
éstos se ven elevados hasta la luz de la paz perfecta de Dios.
ESTOY tranquilo en el corazón del amor de Dios.
Encuentro consuelo en los brazos amorosos de la presencia de Dios.
Encuentro alegría en el centro de mi ser.
SOY la alegría que es Dios. SOY la realización que es Dios.
Por lo tanto, SOY feliz y ESTOY satisfecho y en paz.
Gracias, Dios, y ASÍ ES.

212. Realización y alegría

Dios es totalidad y unicidad. Por lo tanto, no existe más que Dios. Cuando te alineas con la presencia de Dios, entonces todo se ve satisfecho y nada puede fallar ni ser erróneo.

Dios es completo, perfecto y pleno.
A Dios nada le falta.
Dios es la única fuente de satisfacción.
Dios es plenitud y felicidad absoluta.
Ahora me fusiono plena y completamente
con la presencia sagrada de Dios, en el centro de mi ser.
Por lo tanto, SOY completo, perfecto y pleno.
SOY completamente feliz y nada me falta.
Ahora me empapo de las cualidades divinas
y cariñosas de Dios y las expreso.
Ahora pienso, hablo y actúo como el representante de Dios.
Llevo a cabo las obras de Dios por el bien de toda la humanidad.
Pongo de manifiesto la compasión y el perdón de Dios.

Por lo tanto, comparto la alegría de Dios
con todos los que están a mi alrededor.
SOY la felicidad que es Dios. SOY la alegría que es Dios.
Me VEO realizado. ESTOY contento.
Gracias, Dios, y ASÍ ES.

213. Expresando alegría

La alegría es tu verdadera naturaleza. Cuando eres consciente de quién eres de verdad, la felicidad se convierte en tu experiencia cotidiana.

SOY pura alegría. SOY un portador de alegría.
Traigo placer, felicidad y alegría para mí y para los demás.
Mi sentido del humor me ilumina y me alegra a mí y a los demás.
SOY la alegría de la vida, y expreso alegría ahora y siempre.
La alegría fluye a través de mí con cada latido.
Ahora amo mi vida.
Mis canales de alegría están completamente abiertos.
Ahora ESTOY completamente abierto a la alegría
y a la felicidad de la vida.
Gracias, Dios, y ASÍ ES.

214. Canción de celebración

Mientras celebras cada día con gratitud, y elogias cada día como un día de gracia y alegría, tu vida se llena de milagros y maravillas.

Mi alma canta una canción de alegría y celebración en Dios.
Mis palabras amables y cariñosas
regocijan a mi corazón y al corazón de otros.
Vivo en el siempre gozoso ahora. Mi vida es alegría.
Abrazo la alegría y las maravillas que contiene este día.
Me regocijo en este día que el Señor ha creado
y en lo que Dios está satisfaciendo a través de mi ahora.
Gracias, Dios, y ASÍ ES.

215. El camino de la alegría interior

La verdadera alegría surge del interior, cuando haces que Dios sea tu primera prioridad y te asientas en la presencia del amor de Dios.

Ahora permito que Dios me oriente en mi propio camino.
Sigo el camino de Dios, mientras mi corazón se llena de paz.
Encuentro alegría en el interior, en la sencillez.
Me CONMUEVE la inspiración divina.
SOY iluminado por la iluminación divina.
SOY fortalecido por la integridad divina.
SOY elevado por la sabiduría divina.
Me VEO realizado por el amor divino.
Ahora me dejo ir y permito que Dios entre en mi corazón y mi mente.
SOY feliz. ESTOY en paz.
Gracias, Dios, y ASÍ ES.

216. Aceptando lo que hay

Nunca te sentirás completo a no ser que aceptes completamente la vida tal y como es, justo ahora. Aceptando y abrazando completamente el momento actual encontrarás la verdadera alegría espiritual.

Independientemente de lo que haya, es perfecto,
ya que no puede ser de otra forma.
Independientemente de lo que haya, es perfecto,
ya que todo lo que hay es perfección.
Ahora acepto lo que hay, justo ahora.
Ya que lo que hay es todo lo que hay, justo ahora.
Ahora vivo en el momento actual,
en completa aceptación de lo que hay, justo ahora.
SOY completo.
SOY pleno.
Me SIENTO realizado.
ESTOY en paz.
Gracias, Dios, y ASÍ ES.

217. La felicidad justo ahora

La gente cree que será feliz cuando suceda «esto y aquello». Sin embargo, cuando lo consigue, no está contenta, sino que, en lugar de ello, busca la siguiente cosa que cree que le hará feliz. Si no puedes ser feliz en este preciso momento, entonces nunca serás feliz en ningún momento.

Independientemente de lo que hubiera imaginado que me haría feliz,
ya no es necesario para hacerme feliz.
Porque ya SOY feliz tal y como SOY, justo aquí, justo ahora.
Ahora me desprendo de todos los antojos y las adicciones ilusorios
que han evitado que sea feliz justo ahora.
ESTOY satisfecho con mi vida exactamente tal y como es, justo ahora.
ESTOY lleno de satisfacción y ecuanimidad tranquilas.
ESTOY lleno de paz interior, ahora y siempre.
Gracias, Dios, y ASÍ ES.

218. Oración para la paz

Estar en paz consiste en ser feliz y estar satisfecho. No hay nada más grato que la sublime experiencia de la paz.

Que el amor de Dios me llene y me rodee de amor y paz.
Que la gracia de Dios me llene y me rodee de gracia y paz.
Que la alegría de Dios me llene y me rodee de alegría y paz.
Que la fe de Dios me llene y me rodee de fe y paz.
Que la luz de Dios me llene y me rodee de luz y paz.
Que la sabiduría de Dios me llene y me rodee de sabiduría y paz.
Que la fortaleza de Dios me llene y me rodee de fortaleza y paz.
SOY querido. ESTOY en paz.
Gracias, Dios, y ASÍ ES.

219. Tranquilidad

La paz interior es el camino seguro hacia la verdadera alegría. Cuando tu mente está en paz, entonces viene la felicidad.

Paz, paz, estate tranquilo.
Estate tranquilo y en paz.
Paz, paz, estate tranquilo.
Estate tranquilo y en paz.
La presencia de Dios que vive en mi interior
me bendice con tranquilidad.
Conocer a Dios es mi fuente constante de paz.
Me SIENTO seguro y confiado.
Mi mente está ahora relajada, calmada,
centrada, tranquila y serena.
ESTOY profundamente centrado
y en paz en todas las áreas de mi vida.
ESTOY en paz justo donde ESTOY.
Como instrumento de la paz de Dios,
vivo en armonía con mi entorno.
Gracias, Dios, y ASÍ ES.

220. Tratamiento para la paz interior

Éste es un tratamiento para mí, *[nombre completo]*, para una paz interior perfecta, o algo mejor, ahora. Dios es una paz y serenidad perfectas. La paz de Dios impregna y envuelve el universo. Dios es integridad, unicidad y alegría. Dios está tranquilo, incluso entre los mares turbulentos de la vida. Dios es el río de la tranquilidad, el manantial de armonía. Dios es la pérgola de quietud y calma infinita. Dios es la fuente constante de paz.

SOY uno con la paz de Dios ahora. SOY paz. SOY calma, quietud y tranquilidad ahora. ESTOY tranquilo y en paz en medio de toda actividad ahora. Sabiendo que Dios es mi fuente constante de paz, ESTOY sereno y confiado. SOY un instrumento de la paz perfecta de Dios en mi mundo ahora.

Por lo tanto, reclamo para mí, *[nombre completo]*, una paz interior perfecta, o algo mejor, ahora.

Ahora sano y libero todos los conceptos limitantes que interfieren con esta reclamación, ya sean conocidos o desconocidos, conscientes o subconscientes. Mis pensamientos son ahora uno con el pensamiento de Dios, son los mismos que el suyo y están en sintonía con él. Renuncio a toda ansiedad, preocupación, miedo, turbulencia y confusión de mi mente ahora y los libero. Estas negaciones son disueltas por la luz de Dios, y fluyen hacia el interior del océano de la paz de Dios. Disuelvo todos los pensamientos de presión para conseguir algo, todos los sentimientos de compulsión u obsesión, y toda tensión de mi mente y mi cuerpo ahora.

Permito que mi mente y mi cuerpo se tranquilicen hasta alcanzar un estado de paz perfecta. Permito que Dios llene mi mente y mi corazón de quietud mientras me abro al amor sanador de Dios. La paz de Dios está en funcionamiento en mi vida ahora, aportándome tranquilidad y sosiego. TENGO confianza y ESTOY estable, y mi estabilidad procede de mi interior. Me dejo ir y permito que Dios lleve a cabo un trabajo perfecto y tranquilo a través de mí ahora. Me relajo y entrego los resultados de mis acciones a Dios. Confío en Dios ahora. ESTOY en armonía y en paz.

Ahora acepto plenamente, en consciencia, mi paz interior perfecta, o algo mejor, ahora. Doy las gracias a Dios por traer paz interior ahora. Gracias, Dios, y ASÍ ES.

221. Tratamiento para la felicidad interior

Éste es un tratamiento para mí, *[nombre completo]*, para la felicidad interior perfecta, o algo mejor, ahora. Ahora reconozco que Dios es alegría divina. Dios es el tranquilo jardín de la felicidad y la realización. Dios es la unicidad perfecta y la dicha divina. Dios es el manantial interminable de placer y deleite. Nada falta en la compleción que es Dios.

Ahora SOY uno con Dios, estoy fusionado y alineado con Dios en forma de una integridad perfecta y sin fisuras. Dios y yo somos uno: perfectos, completos y plenos. SOY alegría, felicidad y realización divinos. En mi interior, en el centro de mi ser, se encuentra la fuente de toda satisfacción, unicidad y ducha divina. Soy el manantial inagotable de placer y deleite. SOY plenitud, integridad, unicidad y felicidad absoluta. Nada me falta, ya que SOY la compleción que es Dios.

243

Por lo tanto, ahora reclamo para mí, [*nombre completo*], una felicidad interior perfecta, o algo mejor, ahora.

Ahora libero, suelto y me desprendo de todos los pensamientos, sentimientos y emociones que han refrenado y restringido mi felicidad interior ahora. Independientemente de la insatisfacción y los antojos que han tenido mi mente en cadenas, éstos son ahora disueltos y se les deja ir, y desaparecen. Ahora ESTOY lleno de satisfacción, paz y alegría. Libero de mi mente todos los sentimientos de infelicidad, tristeza, dolor y descontento. Estos sentimientos son quemados en el fuego del amor de Dios. Ahora ESTOY lleno de felicidad, consuelo y alegría. ESTOY lleno de la alegría que es Dios. ESTOY lleno del amor que es Dios. ESTOY en paz.

Ahora acepto por completo, en conciencia, mi felicidad interior perfecta, o algo mejor, ahora. Ahora doy las gracias a Dios por poner de manifiesto este bien en mi vida, bajo la Gracia de Dios, de formas perfectas. Gracias, maravilloso Dios, y ASÍ ES.

222. Tratamiento para la alegría

Este es un tratamiento para mí, [*nombre completo*], para mi alegría perfecta, o algo mejor, ahora. Ahora sé y reconozco que existe una única presencia y un único poder en funcionamiento en el universo. Dios el bueno, el omnipotente. Dios es la única fuente de satisfacción y alegría completa y absoluta. Dios es la realización definitiva. Dios es el final de toda búsqueda. Dios es el destino final de todos los caminos.

Ahora estoy plena y completamente fusionado con Dios. Este poderoso «YO SOY», el Yo superior en mi interior, es la única presencia y el único poder en funcionamiento en mi vida. SOY bueno, muy bueno, y perfecto, completo y pleno. SOY la fuente de una satisfacción y una alegría completas y absolutas. En mi interior se encuentra la realización suprema. SOY el final de toda búsqueda. Todos los caminos conducen a mi propio ser interior y a la divinidad interior dentro de mí.

Por lo tanto, ahora conozco y reclamo para mí, [*nombre completo*], mi completa alegría, o algo mejor, ahora.

Ahora libero de mi mente todos y cada uno de los pensamientos, creencias, hábitos y condiciones que ya no me sirven, Me desprendo de todos los pensamientos negativos que han evitado y bloqueado mi alegría perfecta ahora. Ahora suelto, dejo ir y disuelvo todo sentimiento de ira, resentimiento, miedo, culpa, reproche, tristeza, dolor, falta de mérito, frustración, descontento, insatisfacción, desilusión, depresión, arrepentimiento y decepción. Estos pensamientos erróneos son ahora elevados, sanados, disueltos y dejados ir por completo ahora, y desaparecen.

Ahora doy la bienvenida y acepto unos pensamientos y emociones maravillosos, positivos y que respaldan la vida que me lleva hacia mi mayor bien. Ahora afirmo pensamientos y emociones nuevos, hermosos y creativos de perdón, gratitud, paciencia, fe, confianza, seguridad, responsabilidad, felicidad, consuelo, mérito, satisfacción, realización, alegría, inspiración, felicidad, celebración y regocijo.

TENGO el control. ESTOY contento. Soy la única autoridad en mi vida. ESTOY protegido divinamente por la luz de mi ser. SOY hijo de Dios y vivo en el corazón del amor de Dios. Soy un portador de luz radiante: poderoso, fuerte, feliz y realizado. Cada momento de mi vida es un milagro, y vivo en una gratitud perfecta. SOY feliz con lo que SOY y lo que tengo. SOY perfecto exactamente tal y como SOY, justo aquí y ahora.

Ahora acepto plenamente, en conciencia, mi alegría perfecta, o algo mejor, ahora. Ahora doy las gracias a Dios por mi alegría perfecta. Ahora libero esta oración en la ley espiritual, que está trabajando en ella, bajo la gracia de Dios, de formas sabias y perfectas. Gracias, maravilloso Dios, y ASÍ ES.

Capítulo 16

Transformando el planeta

«Sólo soy uno, pero soy uno.
No puedo hacerlo todo, pero puedo hacer algo.
Y como no puedo hacerlo todo,
no renunciaré a hacer ese algo que puedo hacer.
Lo que puedo hacer debería hacerlo.
Y lo que debería hacer lo haré por la gracia de Dios».

EDWARD EVERETT HALE

Aquellos que trabajan en política y en la reforma social argumentarían que la forma de llevar a cabo un cambio a nivel planetario es librar una guerra o aprobar leyes, tratados y otros documentos. Aquellos que comprenden los principios espirituales saben que sólo hay una forma de que el planeta cambie: la gente debe cambiar.

Mi mentor espiritual, Maharishi Mahesh Yogi, con el que estudié como residente durante veintidós años, solía emplear una analogía. Decía que para que un bosque sea verde cada árbol debe ser verde. Para que en el mundo reine la paz, cada persona debe vivir en paz. De hecho, llevó a cabo muchos experimentos para demostrar esta afirmación. Descubrió que cuando grandes grupos de personas meditaban juntos en zonas azotadas por la guerra, el conflicto se serenaba. Cuando meditaban juntos en zonas urbanas peligrosas, la tasa de criminalidad se reducía. Proponía que si un cierto porcentaje de la población meditaba, el planeta estaría en paz y en equilibrio ecológico.

Desde el punto de vista del Espíritu, no puede hacerse nada por cambiar el mundo a no ser que la gente cambie. Por lo tanto, como individuos, cada persona es responsable de contribuir al conflicto o la paz mundial, o al equilibrio o el desequilibrio ecológico. Si piensas, hablas y actúas pacífica y responsablemente, entonces contribuirás a la paz mundial y a un ecosistema equilibrado. Si piensas, hablas o actúas con falta de armonía, entonces harás empeorar el conflicto, la criminalidad, la guerra y los desastres medioambientales.

Empleando las oraciones que aparecen en este capítulo y actuando de forma responsable y en armonía con nuestro planeta, podrás llevar a cabo tu parte para hacer que este mundo sea un lugar mejor.

223. Declaración de paz en la Tierra

Las naciones y las gentes se han declarado la guerra las unas a las otras desde la existencia de la humanidad. Ha llegado el momento de que declaremos la paz.

Ahora declaramos la paz en todos los países.
Ahora declaramos la paz en todas las gentes.
Ahora declaramos la paz en la Tierra.
Que haya paz en la Tierra, justo aquí y ahora.
Permite que el mundo viva en paz, armonía y felicidad.
Permite que el mundo viva con un amor y una unidad fraternales.
Gracias, Dios, y ASÍ ES.

224. La paz empieza conmigo

Cuando suficientes personas irradien paz, la paz en la Tierra se dará de forma natural. La paz en la Tierra empieza con cada uno de tus pensamientos, palabras y actos.

SOY el centro de la paz. SOY la circunferencia de la paz.
La paz irradia desde mi interior hacia todo mi alrededor.
La paz vibra hacia fuera desde el centro de mi ser.

Mi paz interior conmueve a todos por doquier.
SOY un portador de la paz, un heraldo de la paz.
La paz que irradia desde el centro de mi ser
es contagiosa e infecciosa; se disemina por doquier.
La paz que aporto al planeta empieza justo aquí,
porque SOY la fuente de paz y armonía.
Que haya paz en la Tierra, y que empiece por mí.
Gracias, Dios, y ASÍ ES.

225. Haz la paz, no la guerra

La paz es una fuerza poderosa que puede superar al odio, el conflicto, la injusticia y la guerra. Así, en esta oración haremos la paz, y no la guerra. Ahora declararemos la «paz a la guerra».

Ahora declaramos la paz a la guerra.
Todo aspecto aparente de guerra en este planeta,
en cualquier lugar, cualquier momento, cualquier sitio,
es ahora disuelto, sanado, liberado, perdonado,
elevado y dejado ir cariñosamente hacia
el interior de la luz del amor y la verdad de Dios.
Declaramos la paz a toda guerra y conflicto aparentes.
Declaramos la paz a todo odio y prejuicio aparentes.
Declaramos la paz a toda intolerancia e injusticia aparentes.
Declaramos la paz a todo lo que no sirve
al bien superior de todo en el planeta.
Ahora aceptamos y damos la bienvenida a la paz mundial.
Gracias, Dios, y ASÍ ES.

226. Prohibición de la guerra

Imaginemos un mundo en el que la guerra estuviese ilegalizada, prohibida y ya no se permitiese su existencia. Ése sería un lugar de amor del que todo el mundo podría disfrutar.

Declaramos una prohibición planetaria de la guerra.
Toda guerra en este planeta es ahora vetada y prohibida.
Toda apariencia visible de la guerra es ahora disuelta,
sanada, elevada y liberada cariñosamente,
y dejada ir por completo en el interior de la luz del amor de Dios.
Ahora somos un planeta de paz.
Ahora somos un mundo de admiración.
Ahora somos una tierra de éxtasis. Gracias, Dios, y ASÍ ES.

227. Venciendo al crimen

Ninguna ley, estatua, cárcel, prisión o ejecución evitarán nunca el crimen. Sólo cuando la suficiente gente sea pacifica y cariñosa, el crimen dejará de existir.

Ahora sabemos y afirmamos que la población mundial
vive en armonía y prosperidad.
Declaramos la utopía planetaria ahora
para todos los que viven en la paz y la alegría.
Este planeta es un puerto seguro para todos,
y el crimen es ahora proscrito en la Tierra.
Existe un respeto mutuo entre toda la gente,
ya que todos los seres vivos son respetados, valorados y venerados.
Todos los seres vivos asumen su propia responsabilidad.
La culpa, el reproche, la vergüenza y las víctimas ya no existen.
La condena y el castigo ya no existen.
Todos los seres perdonan y son perdonados ahora.
Por lo tanto, el crimen y los delincuentes ya no existen.
Gracias, Dios, y ASÍ ES.

228. Armonía con la naturaleza

Sintonicemos con la armonía de la naturaleza y vivamos de acuerdo con la ley natural. Sabiendo que somos uno con toda forma de vida, encontramos que dañar a los seres vivos es algo impensable.

ESTOY en armonía con la Madre Naturaleza.
ESTOY unido a toda forma de vida.
SOY uno con las cuatro direcciones.
SOY uno con el cielo, la tierra y el agua.
SOY uno con el fuego, el aire y el éter.
SOY uno con todo el tiempo y todo el espacio.
SOY uno con todos los seres vivos.
SOY uno con los animales y las plantas.
SOY uno con la tierra y los minerales.
SOY uno con toda la naturaleza.
Gracias, Dios, y ASÍ ES.

229. Bendiciendo a los seres vivos

Al bendecir a los seres que viven en este planeta nos dedicamos con amor y respeto a todos los seres vivos.

Ya sean humanos, animales, plantas o minerales,
todos los seres de este planeta son hijos de Dios.
Son creados y santificados por la luz de Dios.
Todos los seres son ahora bendecidos y elevados hacia el consuelo
del amor incondicional de Dios, el resplandor de la luz sanadora
de Dios y la gracia de la presencia sagrada de Dios.
La luz de Dios brilla por igual sobre todas las criaturas,
y la compasión de Dios es misericordiosa con todos los seres.
Por lo tanto, todos los seres vivos de la Tierra
son ahora valorados, bendecidos y honrados
con amor, respeto, honor, estima y reverencia divinos.
Gracias, Dios, y ASÍ ES.

230. Tratamiento para restablecer el equilibrio medioambiental

Éste es un tratamiento para el planeta, para restablecer el equilibrio medioambiental perfecto, o algo mejor, ahora.

Ahora sabemos que Dios es una armonía y un equilibrio perfectos. Dios es el creador del universo y de todos los seres vivos. Dios es la energía de la fuerza vital e infunde vida a todo. Dios es la naturaleza y la ley natural. Dios es el estado de equilibrio perfecto: el generador, el director, el destructor y el regenerador de todo lo que existe.

Ahora SOY uno con Dios, estoy fusionado y unido a él. Dios y yo somos uno. Me encuentro en el centro del equilibrio perfecto. SOY uno con el creador de todos los seres vivos: Dios el bueno, el omnipotente. SOY uno con energía de la fuerza vital que es Dios, que le da vida a todo. SOY uno con la naturaleza y con la ley natural. SOY el equilibrio perfecto. SOY uno con Dios: el generador, el director, el destructor y el regenerador de todo lo que existe.

Por lo tanto, ahora reclamo, con el planeta y para él, un equilibrio medioambiental perfecto, o algo mejor, ahora.

Ahora sé que el planeta es restablecido a un equilibrio medioambiental perfecto. Ahora invoco a la Madre Tierra para que libere, disuelva y deje ir todo desequilibrio aparente en su ecosistema. Todos y cada uno de los errores humanos y de las consecuencias antinaturales, anómalos, anormales y deletéreos que han provocado daños al ecosistema son ahora perdonados, sanados, bendecidos, disueltos, liberados y dejados ir cariñosamente. Ahora han desaparecido.

Ahora abro mi corazón para dar la bienvenida a pensamientos nuevos, poderosos y positivos de restablecimiento y renovación y aceptarlos. Ahora sé que la Tierra es devuelta a su estado puro y natural de equilibrio ecológico. Ahora sé que las operaciones de las fuerzas naturales que crean, mantienen, destruyen y regeneran el universo y todo en su interior se encuentran ahora en un equilibrio perfecto, devolviendo al planeta al amor y la armonía. Ahora sé que la población de esta Tierra vive de acuerdo con la Madre Naturaleza. Independientemente de lo grande que sea la población humana, la Tierra sigue manteniendo su equilibrio.

Ahora acepto plenamente, en conciencia, el restablecimiento del equilibrio medioambiental perfecto de la Tierra, o algo mejor, ahora. Ahora libero esta plegaria en el interior de la ley espiritual de la perfección por doquier ahora, sabiendo que se pone de manifiesto justo ahora, bajo la gracia y las bendiciones de la Madre Divina, de formas perfectas. Gracias, Dios, y ASÍ ES.

231. Tratamiento para salvar hábitats en peligro

Éste es un tratamiento para que el planeta salve hábitats en peligro, o algo mejor, ahora.

Ahora reconozco que Dios es el puerto seguro, el lugar de refugio perfecto. Dios es el conservador de toda vida, el mantenedor del equilibrio perfecto de la naturaleza. Dios es una armonía perfecta y una ecuanimidad divina.

Ahora SOY uno con Dios, estoy fusionado y soy lo mismo que Dios. Vivo, respiro, me muevo y tengo mi ser en la presencia de Dios. Ahora SOY uno con Dios, el puerto seguro, el lugar de refugio perfecto. SOY uno con el conservador de toda forma de vida, el mantenedor del equilibrio perfecto de la naturaleza. SOY armonía perfecta y ecuanimidad divina.

Por lo tanto, ahora conozco y reclamo, para el planeta y con él, la perfecta salvación de los hábitats en peligro, o algo mejor, ahora.

Ahora veo y visualizo que los preciosos ecosistemas y los hábitats naturales de la Tierra están ahora conservados en su forma prístina, pura y armoniosa. Veo ahora que las selvas tropicales, los humedales, las praderas, los bosques, los océanos, las montañas y el resto de los preciosos hábitats terrestres están conservados, mantenidos y cuidados. Ahora visualizo que la intrusión humana en los hábitats naturales está reduciéndose, y ahora veo que los humanos se preocupan del planeta con compasión, como guardianes de nuestra preciosa Madre Tierra.

Ahora conozco y acepto que las plantas, los animales, los insectos, los humanos y el resto de los seres de este planeta viven en perfecta armonía. Veo a todas las maravillosas especies de la Tierra viviendo en una sincronicidad divina y un orden divino. Ahora sé que éste es un mundo de amor, compasión y sabiduría.

Por lo tanto, ahora acepto, con plena convicción, para el planeta y con él, la perfecta salvación de hábitats en peligro, o algo mejor, ahora.

Ahora libero esta oración en el interior de la ley espiritual de la perfección por doquier ahora, sabiendo que se pone de manifiesto justo aquí y ahora, bajo la gracia de Dios, de formas perfectas, con compasión divina. Gracias, Dios, y ASÍ ES.

232. Tratamiento para el suministro de alimento

Éste es un tratamiento para que el planeta conserve su suministro de alimento natural, ecológico y sano, o algo mejor, ahora.

Ahora reconozco que Dios es el dador de toda forma de vida y el conservador de la salud. Dios es bienestar perfecto y una salud buena y robusta. Dios crea vida. Dios es la cornucopia de alimentos abundantes, saludables, copiosos y dadores de vida. Dios crea y nutre a las semillas, las plantas, los animales y todos los seres vivos. Dios crea, mantiene, destruye y vuelve a crear, de acuerdo con el funcionamiento de las leyes de la naturaleza, en perfecta armonía.

Ahora SOY uno con Dios, el creador de la vida, el dador de vida y el conservador de la salud. SOY uno con el bienestar perfecto y la salud de hierro de Dios. SOY uno con la cornucopia de alimentos abundantes, saludables, copiosos y dadores de vida. SOY uno con Dios, que crea y nutre a las semillas, las plantas, los animales y todos los seres vivos. Ahora me uno a Dios, que crea, mantiene y destruye, de acuerdo con el funcionamiento de las leyes de la naturaleza, en completa armonía.

Por lo tanto, conozco y reclamo, para el planeta, y con él, la perfecta conservación de su suministro de alimento natural, ecológico y sano, o algo mejor, ahora.

Ahora sé que el suministro de alimento del planeta es devuelto a su perfecto equilibrio y armonía. Ya no se permite que todas y cada una de las modificaciones genéticas dañinas, los pesticidas nocivos, el agotamiento de la Tierra y cualquier práctica agrícola y ganadera perniciosas prosperen en este planeta. Todas estas prácticas dañinas son abandonadas ahora en favor de prácticas positivas y que respalden la vida y que devuelvan y conserven el equilibrio del ecosistema natural de la Tierra.

Ahora sé, por este planeta y con él, que el terreno y la tierra se tratan con respeto, para que así sus nutrientes naturales y sus beneficios aportadores de salud se mantengan y potencien. Sé que las semillas orgánicas y antiguas y tradicionales son conservadas, y que las industrias ecológicas e históricas medran. Ahora sé que las industrias tradicionales productoras de ganado, leche, queso, pollo, pescado y huevos ecológicos medran. Sé que la modificación genética dañina de semillas y plantas es prohibida ahora. Ahora sé que todos los alimentos modificados genéticamente son etiquetados como tales. Ahora sé que ninguna compañía ni corporación puede tomar el control del suministro de alimentos del mundo mediante la creación de cultivos modificados genéticamente que produzcan semillas estériles, o creando cultivos que infecten granjas vecinas mediante la diseminación de semillas estériles.

Ahora sé y acepto que todo el suministro de alimento del planeta regresa ahora a los alimentos orgánicos, y que las prácticas agrícolas y ganaderas perniciosas para la vida son ahora prohibidas para siempre. Ahora acepto, en consciencia, la perfecta conservación del suministro de alimentos naturales, orgánicos y saludables por parte de la Tierra, o algo mejor, ahora.

Ahora doy las gracias a Dios por poner de manifiesto el suministro de alimento perfecto y saludable por parte de la Tierra ahora, bajo la gracia de Dios, de las propias formas sabias y perfectas de Dios. Ahora libero esta oración en el interior de la ley espiritual, sabiendo que se pone de manifiesto justo ahora en la vida del planeta, bajo la gracia, de formas perfectas. Gracias, Dios, y ASÍ ES.

233. Tratamiento para sanar las aguas

Éste es un tratamiento para sanar las aguas de la Tierra, o algo mejor, ahora. Ahora sé que hay un único poder y una única presencia en mi vida: Dios el bueno, omnipotente, omnipresente y omnisciente. Ahora reconozco que Dios personifica el agua. El amor de Dios llena el agua. La luz de Dios brilla a través del agua. La sabiduría de Dios conserva el agua. La energía de Dios da vida al agua. Dios es la divinidad en el agua.

Ahora SOY uno con Dios, en perfecta armonía y con amor divino. SOY uno con el poder y la presencia únicos de Dios, el omnipotente, omnipresente y omnisciente. Ahora SOY uno con el amor de Dios, que llena el agua de belleza y sabiduría. SOY uno con la sabiduría, la energía vital y la divinidad del agua.

Por lo tanto, ahora sé y declaro que todas las aguas en la Tierra son sanadas, o algo mejor, ahora.

Ahora invoco al Espíritu Santo, al espíritu de verdad, luz, integridad y unicidad, que emite su luz perfecta sobre todas las aguas de la Tierra, justo aquí y justo ahora. Ahora sé que toda contaminación y envenenamiento de las aguas cesa en este preciso momento. Veo que la consciencia de la humanidad se eleva ahora hasta alcanzar una consciencia superior y aguda sobre la necesidad vital y urgente de preservar la pureza de las aguas. Ahora sé que se vuelve ilegal, inmoral e imposible para los seres humanos contaminar cualesquiera aguas en el planeta, ya sea en tierra firme o en los mares, ahora.

Ahora veo que las aguas de la Tierra son honradas y tratadas como sagradas. Todas las aguas de la Tierra son bendecidas, consagradas, consideradas sagradas y reverenciadas. Las aguas de la Tierra son santificadas por la gracia de Dios. Todas las aguas de la Tierra son elevadas ahora hasta una vibración superior de pureza, paz, amor, alegría y gracia. Las aguas de la Tierra están ahora vibrando a una octava superior: una octava de amor y luz divinos.

Ahora acepto completamente, en consciencia, la completa sanación de todas las aguas de la Tierra, o algo mejor, ahora. Ahora expreso mi gratitud a Dios por esta sanación, sabiendo que se pone de manifiesto justo aquí y ahora, en todos los lugares del planeta, con las bendiciones y la gracia puras de Dios. Gracias, Dios, y ASÍ ES.

Capítulo 17

Creando el Cielo en la Tierra

«Esperamos con ilusión el momento en el que el Poder del Amor reemplazará al Amor por el Poder. Nuestro mundo conocerá entonces las bendiciones de la paz».

WILLIAM GLADSTONE

Recuerdo, desde que era una niña pequeña, rezar sólo una oración: por la paz mundial. Ésa es la razón por la cual, en 1967, quedé encantada de conocer a una gran alma con la misma visión: mi mentor, Maharishi Mahesh Yogi, fundador de la meditación transcendental, con el que estudié durante veintidós años. Su misión principal era conseguir la paz mundial. Creo que su influencia en la generación de la paz mundial fue mayor que la de ninguna otra persona en el siglo XX, porque él solo, sin ayuda de nadie, hizo del término *meditación* una palabra conocida en Occidente, ya que enseñó a millones de personas a meditar.

Podrías preguntarte qué tiene que ver la meditación con la paz mundial. De hecho, se ha demostrado que la meditación modifica la fisiología humana. Con una mayor coherencia de las ondas cerebrales, un metabolismo más lento, una mayor resistencia de la piel y una menor presión sanguínea, los que meditan pueden calmarse y tranquilizarse. Con un número creciente de gente tranquila y pacífica, el mundo debe volverse más pacífico por definición.

Como adolescente en la década de 1960 que vivía en la región de la bahía de San Francisco, formé parte de la revolución de la paz. Estábamos luchando por un alzamiento de la consciencia. Fue un período de gran transformación, provocado por pioneros espirituales y grandes celebridades que viajaron desde Oriente para levantar a la juventud que estaba hambrienta de conocimiento espiritual. Su aspiración común era la de crear el Cielo en la Tierra, una utopía engendrada por individuos con una consciencia superior.

La canción o himno *Imagine*, de John Lennon, personifica esa época. Su visión, y la de otros grandes predecesores que nos ha conducido hasta esta nueva Tierra, no se olvida. Ahora es tarea nuestra dar un paso al frente y tomar la llama que nos ha sido legada. Es el momento de dirigir a este planeta hacia su destino: un paraíso terrenal de paz, prosperidad, armonía, amor y felicidad.

Las oraciones de este capítulo pueden ayudarte a hacer exactamente eso.

234. *Libertad e independencia para todos*

Imagina un mundo de libertad en el que todos aquellos que se han visto aparentemente oprimidos encuentran ahora la libertad para creer, hablar y actuar de acuerdo con su propia verdad: los verdaderos deseos de su corazón.

Ahora declaramos la libertad y la independencia para todos.
Ahora vemos a todas las gentes, a todas las naciones, a toda la Tierra,
bendecidos con libertad e independencia para todos.
Todos aquellos que han sido aparentemente oprimidos,
cuyas creencias, religiones e ideas políticas
han sido censuradas y asfixiadas, son ahora liberados
cariñosamente de todos los grilletes que les han tenido encadenados.
Todos aquellos que han sido coaccionados, controlados, maltratados,
y mantenidos bajo las cadenas de la opresión son ahora elevados
cariñosamente hacia la luz de la libertad, sobre las alas de águilas.
Vemos ahora libertad y justicia para todos.

Los pisoteados son ahora liberados de sus opresores.
Ya estén amarrados por la intolerancia racial, religiosa,
sexual o de credo, o por cualquier otro prejuicio,
toda la gente es ahora bendecida, amada, elevada, liberada,
dejada ir y alzada cariñosamente hacia el interior de la luz
de la justicia, la libertad, la independencia, la autodeterminación,
la soberanía, la autonomía y la libertad para todos divinas
y perfectas de Dios.
Gracias, Dios, y ASÍ ES.

235. Justicia para todos

Pese a que este mundo parece injusto e inmoral, la justicia divina está en funcionamiento. En la superficie, la justicia parece estar ausente, pero la realidad es que los seres humanos crean sus propias leyes y su propia justicia mentales, de acuerdo con sus propias creencias.

Éste es un mundo justo creado por un Dios justo.
Dios nos trata a todos con ecuanimidad.
Dios nos ve a todos con los mismos ojos.
Todo es perfecto en este mundo; no hay injusticia.
Lo que sea que percibamos como injusticia es una ilusión,
ya que sólo existe justicia para todo el mundo.
Cada persona es responsable de sus propias acciones,
y ha creado su propia realidad.
Ahora vemos la verdad; la verdad es justicia divina perfecta.
Todo es justo y correcto en este mundo de justicia divina perfecta.
Ahora afirmamos una justicia divina perfecta para todo el mundo.
Gracias, Dios, y ASÍ ES.

236. Bienestar planetario

El planeta necesita sanación, y podemos rezar para que sea sanado y devuelto a un equilibrio y bienestar perfectos.

Este planeta es ahora aliviado y consolado
por el bálsamo sanador del amor perfecto de Dios.
El planeta es ahora sostenido en los brazos de Dios:
seguro, en buen estado, resguardado y protegido,
bajo el refugio poderoso e invencible que es Dios.
Todos los seres vivos de este planeta se encuentran ahora
en armonía y de acuerdo entre sí y con Dios.
El amor está presente por doquier en cada corazón y mente.
El planeta se ve ahora sanado, amado, elevado y bendecido
por el restaurador del equilibrio perfecto: la presencia de Dios.
El mundo está en reposo en el corazón del amor de Dios,
con una salud y un bienestar planetarios perfectos.
Gracias, Dios, y ASÍ ES.

237. El Cielo en la Tierra

Podemos crear el Cielo en la Tierra. Podemos vivir en el paraíso en este preciso instante. Este planeta puede ascender hasta una octava de vibración superior y expresar su verdadero potencial divino.

Nuestro planeta Tierra es un paraíso hermoso:
un jardín floreciente y fragante de deleite.
Nuestro planeta Tierra es un arroyo de abundancia
que nunca deja de manar: una cornucopia de abundantes frutos,
semillas y plantas.
Nuestro planeta Tierra es una sinfonía armoniosa:
una melodía de la dulzura y el amor más puros.
Nuestro planeta Tierra es un lugar de consuelo y solaz:
un puerto seguro, protegido bajo el ala del Todopoderoso.
Nuestro planeta Tierra es la morada de todos los seres vivos:
alimentado y protegido por el ojo de Dios, que todo lo ve.
Nuestro planeta Tierra es un lugar de paz perfecta:
los Campos Elíseos del Cielo en la Tierra.
Gracias, Dios y ASÍ ES.

238. Ser uno con toda forma de vida

La verdad es que no sólo estamos relacionados mediante este cuerpo. Estamos conectados con todo y todos en el universo. Somos uno con todo lo que existe.

SOY mi hermano y mi hermana en este planeta.
SOY toda la humanidad puesta de manifiesto aquí.
SOY todos los machos y hembras de todas las edades.
SOY todas las criaturas de la tierra y el cielo.
SOY todas las naciones y todos los sistemas políticos.
SOY todas las filosofías, religiones e ideologías.
SOY todas las razas, todos los lugares y todas las etnias.
SOY todos los estados de consciencia.
SOY todos los seres en todos los ámbitos y todas las dimensiones.
SOY todo lo que hay .
SOY uno con toda forma de vida.

239. Hermandad y sororidad planetarias

Podemos crear un mundo de armonía, hermandad, sororidad y paz planetarias para toda la humanidad. Mediante la oración y la meditación, este mundo puede transformarse para bien de todos.

Imaginemos un mundo en el que todos nos mantengamos unidos:
un mundo en el que todas las etnias se den la mano en armonía,
un mundo en el que las diferencias se aparquen,
un mundo en el que la política y la religión no dividan,
un mundo en el que todas las familias vivan de acuerdo,
un mundo en el que dar sea su propia recompensa,
un mundo en el que la amistad y la compasión prevalezcan,
un mundo con respeto entre cada hombre y mujer,
un mundo en el que los progenitores sean honrados
por cada uno de sus hijos,
un mundo en el que los seres humanos sean cariñosos y agradables,
un mundo en el que todos los seres vivos estén seguros y a salvo,

un mundo libre de violencia, odio y guerra,
un mundo de paz, gratitud y amor fraternal,
un mundo dirigido desde el interior, con orientación desde arriba.

240. Familia de Dios

Toda la gente del mundo unida en una familia cariñosa con armonía, felicidad, unicidad e integridad: ése es el lugar en el que queremos vivir.

El Espíritu de Dios une a la familia de Dios por todo el mundo.
La familia de la humanidad se une con amor y armonía.
Todos estamos fusionados, unidos y somos uno en la familia de Dios.
Como familia, lo tratamos todo en nuestra familia
con amor, respeto y honor.
Valoramos a cada ser vivo en la Tierra.
Gracias, Dios, y ASÍ ES.

241. Tratamiento para la paz mundial

Éste es un tratamiento para la Tierra y con ella, para una paz mundial perfecta, o algo mejor, ahora.

Ahora reconozco que Dios es el océano de paz, el mar eterno de la serenidad, la tranquilidad, la compostura, la calma y la gracia. Dios es el puerto seguro de protección, la morada de refugio y amparo. Dios es el bálsamo sanador y aliviador del bienestar, el ánimo, el consuelo y el solaz. Dios es una sinfonía eterna de armonía, sincronicidad, acuerdo, unicidad y unidad.

Dios está presente aquí, allí y por doquier, en esto, en aquello y en todo. Dios está en todo el planeta Tierra. Dios está en este mismísimo lugar. Por lo tanto, el océano de paz de Dios está justo aquí, en este preciso momento, en mi interior. ESTOY completamente fusionado con la serenidad, la tranquilidad, la compostura, la calma y la gracia eternas que es Dios. SOY uno con el puerto seguro de protección, refugio y cobijo de Dios. Ahora me impregno del bálsamo sanador y que alivia, de bienestar, ánimo, consuelo y solaz de Dios. Ahora sintonizo con la eterna sinfonía de armonía, sincronicidad, acuerdo, unicidad y unidad de Dios.

Por lo tanto, ahora reclamo, para la Tierra y con ella, una paz mundial perfecta, o algo mejor, ahora.

Ahora sé que cualquier cosa que no sea la paz en este mundo es sanada, elevada, liberada, disuelta, bendecida y dejada ir en el interior de la luz de la verdad eterna de Dios. Todo lo que ha bloqueado o evitado la paz en la Tierra, ya sea consciente o inconsciente, conocido o desconocido, es ahora quemado en el fuego del amor de Dios.

Ahora libero de mi mente, y de la mente y el corazón de todo ser vivo, todos los pensamientos de intolerancia, fanatismo, injusticia, prejuicio, arrogancia, dominación, antagonismo, conflicto, tensión, odio, hostilidad, crueldad, brutalidad, agresividad, falta de misericordia, insensibilidad, violencia, asesinato, guerra y batalla. Estos pensamientos son ahora elevados, sanados, liberados y dejados ir cariñosamente. Y han desaparecido.

Ahora doy la bienvenida a pensamientos y emociones positivos, que respaldan la vida y son pacificadores en mi mente y en la mente, el corazón y el alma de cada ser vivo. Ahora invito y acepto pensamientos de tolerancia, aceptación, paciencia, justicia, modestia, humildad, fortaleza interior, ingenuidad, cooperación, apoyo, concordia, alivio, consuelo, unidad, relajación, amor, amabilidad, gentileza, sensibilidad, afabilidad, paz, respeto, reverencia y honor.

TENGO el control. SOY la única autoridad en mi vida. ESTOY protegido divinamente por la luz de mi ser. ESTOY en paz en el corazón de Dios. Sé que las gentes del mundo se desprenden ahora de sus pequeñas diferencias y que ahora perciben la unidad de toda la humanidad. El mundo está de acuerdo. El mundo está en paz.

Ahora acepto plenamente, en consciencia, para la Tierra y con ella, una paz mundial perfecta, o algo mejor, ahora. Ahora libero esta plegaria en la mente y el corazón de Dios, sabiendo que se pone de manifiesto justo ahora, por todo el mundo, en la voluntad divina y el orden perfecto de Dios. Gracias, Dios, y ASÍ SEA.

242. Tratamiento para el amor universal

Éste es un tratamiento para el amor planetario universal, o algo mejor, ahora.

Hay un poder y una presencia en funcionamiento en el universo: Dios el bueno, el omnipotente, el omnipresente y el omnisciente. Dios es la presencia totalmente cariñosa y poderosa, que todo lo abarca, y completamente misericordiosa y compasiva en el universo. Dios es el amor incondicional perfecto. El amor de Dios se encuentra por doquier, en el interior de todos y de todo. Todo lo que Dios es, es amor.

Ahora SOY uno con Dios, ESTOY fusionado y alineado con él y SOY lo mismo que Dios. En Dios vivo, me muevo y tengo mi ser. Dios está en mi interior y a todo mi alrededor. ESTOY lleno de la presencia completamente cariñosa y poderosa, que todo lo abarca, y totalmente misericordiosa y compasiva de Dios. ESTOY fusionado con el amor perfecto e incondicional de Dios. SOY uno con el amor divino, que está por doquier y en el interior de todos y de todo. SOY el amor que Dios es.

Por lo tanto, ahora reclamo, para la Tierra y con ella, un amor planetario universal perfecto, o algo mejor, ahora.

Ahora sé que la Tierra está llena, rodeada, impregnada y saturada de amor divino puro. Este planeta está ahora bañado y sumergido en el mar del amor de Dios. Todo el mundo es ahora sanado y bendecido por el amor incondicional perfecto. La Tierra está ahora rebosante de la gracia del amor divino. Todo lo que no es querido o no es cariñoso en el planeta es ahora cariñosamente liberado, mejorado y dejado ir. Todas las formas de pensamiento y las creencias en la Tierra que no se parecen al amor son ahora transmutadas y transformadas cariñosamente por la luz de Dios.

Invoco al Espíritu Santo, al espíritu de la verdad y la unicidad, para que libere ahora de la mente planetaria todos los pensamientos de odio, resentimiento, ira, reproche, culpa, frustración, miedo, dolor, crueldad, coacción, dominación y opresión. Estos sentimientos son disueltos, elevados, sanados, liberados y dejados ir cariñosamente. Son quemados en el fuego del amor divino. Son dispersados, quedando inofensivos y sin forma, en la nada, que es donde pertenecen de verdad.

Ahora doy a bienvenida e invito, en el interior de la mente planetaria, a pensamientos y emociones poderosos y positivos de amor, perdón, paciencia, paz, responsabilidad propia, rendición de las propias cuentas, honradez, autoaceptación, autoestima, satisfacción, alegría, consuelo, amabilidad, gentileza, libertad, autonomía, liberación, permisividad, apertura mental y de no juzgar.

Ahora sé que la mente de la humanidad se ve elevada hacia una consciencia superior, un mayor amor incondicional y una paz perfecta. El amor universal está aumentando en el mundo en este preciso instante. Ahora conozco y acepto, para la Tierra y con ella, el amor planetario universal perfecto, o algo mejor, ahora.

Ahora doy las gracias a Dios por poner de manifiesto el amor universal perfecto en el planeta ahora, bajo la gracia de Dios, con bendiciones divinas, justo aquí y ahora. Ahora dejo ir esta plegaria y la libero en el interior del corazón de Dios, que ahora la pone de manifiesto a la perfección, tal y como se ha recitado, o algo mejor, justo aquí y ahora. Gracias, Dios, y ASÍ ES.

243. Tratamiento para tener el Cielo en la Tierra

Éste es un tratamiento para asentar el Cielo en la Tierra en este planeta, o algo mejor, ahora.

Ahora sé y reconozco que no hay más que una vida, una mente, un poder y una dicha en el universo, y que es Dios. Sólo existe una presencia en funcionamiento en el cosmos: Dios el bueno, el perfecto, el completo y el pleno. No hay ningún lugar en el que Dios no esté, ya que Dios está presente por doquier. Dios es vida que todo lo sana, sabiduría que todo lo orienta y amor que todo lo consuela. Dios es el Cielo. Dios es el paraíso. Dios es la perfección por doquier ahora. Dios es la perfección aquí y ahora.

Ahora abro mi corazón a la sagrada presencia de Dios, y confío en el amor imperecedero de Dios. SOY uno con la vida, la mente, el poder y la dicha que es Dios. Sólo hay una presencia en funcionamiento en mi vida: Dios el bueno, el perfecto, el completo y el pleno. Dios está por doquier y, por lo tanto, Dios está justo aquí, en mi interior. En el verdadero centro de mi ser se encuentra Dios. La vida de Dios me sana, la sabiduría de Dios me guía, y el amor de Dios me consuela; porque ESTOY unido, fusionado y SOY uno con la presencia del amor de Dios, justo aquí y ahora. SOY el Cielo y el paraíso que es Dios. SOY la perfección por doquier ahora. SOY la perfección aquí y ahora.

Por lo tanto, ahora conozco y reclamo, para y con todo este planeta, el perfecto asentamiento del Cielo en la Tierra, o algo mejor, ahora.

Ahora sé que este planeta está lleno de la luz de Dios. Cada centímetro y átomo del planeta están completamente sumergidos en el amor, la luz y la perfección de Dios. Invoco a Saint Germain para que genere su llama violeta incontenible, que se dirige, gira, calienta y se mueve circularmente por todo el planeta, agitando, dando vueltas, arremolinándose, transmutando, transformando, limpiando y purificando todo este mundo, transformándolo en un planeta de luz divina y consciencia superior. Todo este planeta está ahora elevándose hasta una octava superior: la vibración de la Consciencia de Dios.

Todos los patrones de pensamiento limitantes por todo el mundo que han bloqueado o evitado el Cielo en la Tierra son ahora liberados y dejados ir. Ahora invoco al Espíritu Santo para que elimine, sane, libere y deje ir todas las formas de pensamiento, las emociones, los sentimientos, los hábitos y las condiciones que no sirven a la humanidad. Todos los pensamientos de limitación, dualidad, ignorancia, negativismo, pesimismo, conflicto, superioridad, inferioridad, sufrimiento, enfermedad, muerte, crimen, guerra y el resto de las creencias destructivas, ya sean conocidas o desconocidas, conscientes o inconscientes son ahora elevados, bendecidos, sanados, liberados y dejados ir cariñosamente en el interior de la luz del amor de Dios.

Toda la nube astral de formas de pensamiento negativo que rodean a la Tierra es ahora sanada y perdonada, elevada en el amor, unificada con la verdad, disuelta, liberada y dejada ir cariñosamente. Ahora corto todas y cada unas de las ataduras psíquicas, los lazos kármicos que encadenan y las creencias negativas que han atado a la Tierra a la nube astral con sus hábitos y patrones perniciosos. Ahora estas ataduras son cortadas, cortadas, cortadas, cortadas, cortadas, cortadas, cortadas, cortadas, cortadas, cortadas, cortadas, cortadas, cortadas, cortadas, queridas, sanadas, elevadas, liberadas y dejadas ir.

Ahora sé, para el mundo y con él, que doy la bienvenida y recibo formas de pensamiento, emociones y sentimientos poderosos, positivos, nuevos y optimistas. La Tierra está ahora llena de belleza, verdad, inexistencia de límites, unicidad, integridad, sabiduría, iluminación, positivismo, optimismo, concordia, armonía, igualdad, libertad, una salud de hierro, bienestar, energía de la fuerza vital, responsabilidad personal, fe, confianza y serenidad.

Este planeta es un paraíso, lleno de paz, amor y felicidad. Todos los seres vivos viven ahora en armonía con la naturaleza y los unos con los otros. El equilibrio natural de la Madre Tierra está ahora en perfecta armonía. Todo el planeta es un santuario celestial de bendiciones divinas y gracia perfecta. Todos los seres de este planeta están ahora en sintonía con Dios, expresando sus verdaderos talentos, propósito y misión con gran pasión, resolución y determinación. Por lo tanto, el planeta progresa con paso seguro y ágil en dirección de un bien superior, una luz superior, una consciencia superior y una evolución espiritual.

Ahora acepto completamente, en conciencia, el perfecto asentamiento del Cielo en la Tierra, o algo mejor, ahora. Ahora expreso mi gratitud a Dios por esta perfecta transformación del planeta ahora, bajo la gracia, de las propias formas sabias y perfectas de Dios. Ahora libero este tratamiento plena y completamente en el interior de la ley espiritual de la perfección por doquier ahora, que se pone de manifiesto ahora y muestra esta afirmación ahora bajo la gracia de Dios, de formas perfectas. Gracias, maravilloso Dios, y ASÍ ES.

Lista de lecturas recomendadas

Doctora Susan Shumsky
Miracle prayer
Exploring auras
Divine revelation
How to hear the voice of God
Exploring meditation
Ascensión: conectando con los maestros inmortales y los seres de luz (Ediciones Obelisco)
Exploring chakras

Catherine Ponder
The dynamic laws of prayer
The dynamic laws of prosperity
The prosperity secret of the ages
The prospering power of love

Florence Scovel Shinn
El juego de la vida (Ediciones Obelisco)
El poder de la palabra hablada (Ediciones Obelisco)
Tu palabra es una varita mágica (Ediciones Obelisco)
La puerta secreta del éxito (Ediciones Obelisco)
The writings of Florence Scovel Shinn

Louise Hay

Sana tu cuerpo: las causas mentales de la enfermedad física y la forma metafísica de superarlas (Ediciones Urano)
Usted puede sanar su vida (Books4pocket)

Ernest Holmes

The science of mind
How to use the science of mind

Joseph Murphy

El poder de su mente subconsciente (Arkano Books)
Tu poder infinito para enriquecerte: utiliza el poder de tu mente subconsciente para enriquecerte (Arkano Books)
The amazing laws of cosmic mind power

Frederick Bailes

Hidden power for human problems

Thomas Troward

The creative process in the individual
The Edinburgh and Doré lectures on mental science

Emma Curtis Hopkins

High mysticism
Scientific Christian mental practice
Self treatments including the radiant I AM

Venice Bloodworth

Key to yourself
Golden keys to a lifetime of living

Agradecimientos

Gracias a todos los que han hecho posible este libro. Quiero expresar mi gratitud a todos en New Page Books, y especialmente a Michael Pye, cuyo entusiasmo por este libro supone una gran inspiración. Estoy agradecida a Adam Schwartz y Laurie Kelly-Pye, sin cuya experiencia este proyecto nunca hubiera dado frutos.

Gracias a mis maestros del Nuevo Pensamiento, que me instruyeron acerca de la afirmación, la oración y el poder de nuestra palabra, y a todos mis queridos maestros interiores, los hermosos seres divinos de luz, por su continua orientación divina y por generar milagros a lo largo de este proyecto.

Estoy agradecido a Maharishi Mahesh Yogi, mi mentor espiritual, con el que estudié durante veintidós años. Le expreso mi gratitud al doctor Peter Meyer, fundador de Teaching of Intuitional Metaphysics (Enseñanza de la Metafísica Intuitiva), que me enseñó los métodos de oración usados en este libro. Gracias también a Rich Bell, que escribió y contribuyó en varias oraciones sanadoras. Gracias, Prem Raja Baba, por abrirme los ojos al verdadero poder de la mente subconsciente y a sus leyes y órdenes. Mi agradecimiento a Rian Leichter y P. J. Worley por su generosidad y hospitalidad, y por seguir respaldando y apoyando las hermosas enseñanzas y la sabiduría reflejadas en este libro. Gracias a Terry Cole-Whittaker por su respaldo y su amistad.

Gracias a todos mis alumnos, que hacen que mis esfuerzos valgan la pena. Doy las gracias a todos aquellos que participan en mis programas educativos.

Por encima de todo, estoy agradecida a Jeff y Deborah Herman. Gracias por vuestra fe, entusiasmo, apoyo, amistad y lealtad constantes. Gracias por seguir creyendo en mí, pase lo que pase.

Acerca de la autora

La doctora Susan Shumsky es una importante experta en espiritualidad, pionera en el campo del autodesarrollo, una oradora profesional muy admirada y respetada, pastora del Nuevo Pensamiento y doctora en Teología. Ha escrito *Divine Revelation*, que la editorial estadounidense Simon & Schuster edita continuamente desde 1996, además de sus cuatro libros galardonados: *Miracle prayer, Exploring chakras, How to hear the voice of God* y *Ascensión: conectando con los maestros inmortales y los seres de luz*; además de los libros *Exploring meditation* y *Exploring auras*. Sus libros se han publicado en varios idiomas en todo el mundo.

La doctora Shumsky ha practicado disciplinas de autodesarrollo desde 1967. Durante veintidós de esos años vivió en el Himalaya, los Alpes suizos y otras regiones recónditas, bajo la orientación personal de Maharishi Mahesh Yogi, el maestro iluminado de la India, fundador de la meditación transcendental y gurú de los Beatles y de Deepak Chopra. Formó parte del grupo de empleados personales de Maharishi durante siete de esos años. A continuación estudió el Nuevo Pensamiento y Metafísica durante otros veinticuatro años y se doctoró en Teología.

La doctora Shumsky ha enseñado yoga, meditación, oración e intuición a miles de alumnos de todo el mundo desde 1970 como verdadera pionera del Nuevo Pensamiento. Ha aparecido en las revistas, periódicos y programas de televisión *Woman's World, GQ, Cosmopo-*

273

litan, *Los Angeles Times*, *Fox News,* en la red de televisión pública de Estados Unidos, en el programa *Weird or What?*, con William Shatner, y en *Coast to Coast AM*, con George Noory.

Es fundadora de Divine Revelation (Revelación Divina), una tecnología completa para contactar con la presencia divina y para oír la voz divina interior. Ahora viaja mucho, facilitando talleres; seminarios; retiros espirituales; seminarios en el mar, en cruceros; además de recorridos por la India, Perú y otros destinos sagrados del mundo. La doctora Shumsky también ofrece *coaching* espiritual, sesiones de terapia con oraciones y sesiones de descubrimiento.

En su portal web, www.divinerevelation.org, puedes:

- Unirte a su lista de correo.
- Ver el itinerario de la doctora Shumsky.
- Leer el primer capítulo de todos los libros escritos por la doctora Shumsky.
- Escuchar docenas de entrevistas y cursillos a distancia con la doctora Shumsky.
- Invitar a la doctora Shumsky a charlar con tu grupo o a que dé una clase en tu área.
- Encontrar a maestros de la Revelación Divina en tu región.
- Ver el plan de estudios de la Revelación Divina.
- Inscribirse en retiros de la Revelación Divina y en cursillos de formación de maestros.
- Encargar CD, DVD, archivos descargables o tarjetas plastificadas de oraciones sanadoras.
- Encargar libros y productos de audio o vídeo, o cursillos para estudiar en casa.
- Encargar preciosas copias de las ilustraciones de la doctora Shumsky.
- Inscribirte a sesiones telefónicas y a cursillos a distancia con la doctora Shumsky.
- Apuntarte a viajes espirituales a destinos espirituales de todo el mundo.

Cuando te unas a la lista de correo de *www.divinerevelation.org*, recibirás una minimeditación orientada descargable y gratuita, además de acceso a un círculo de oración semanal por teleconferencia y a un foro grupal *online* de la comunidad.

Como regalo por leer este libro, emplea el siguiente código especial de descuento cuando te inscribas en uno de los retiros o viajes en www.divinetravels.com: HEALING108.

La doctora Shumsky quiere recibir noticias tuyas. Comparte tus experiencias personales de sanación instantánea enviando un testimonio por correo electrónico a divinerev@aol.com.

Índice analítico

A

Índice

Segunda parte. *Mejorando tu entorno*

Tercera parte. Haciendo que los sueños se hagan realidad